高等职业教育汽车制造类专业系列教材

汽车电气系统检修

主　编　郝孟军　陈　丹
副主编　王　伟　陈　林
参　编　陈森林　许　波　康朝国　吴　沉

中国轻工业出版社

图书在版编目（CIP）数据

汽车电气系统检修/郝孟军，陈丹主编. —北京：中国轻工业出版社，2021.3

高等职业教育汽车制造类专业系列教材

ISBN 978 - 7 - 5184 - 3069 - 7

Ⅰ. ①汽… Ⅱ. ①郝… ②陈… Ⅲ. ①汽车 - 电气系统 - 检修 - 高等职业教育 - 教材 Ⅳ. ①U472.41

中国版本图书馆 CIP 数据核字（2020）第 119048 号

责任编辑：张文佳　宋　博

策划编辑：张文佳　　责任终审：李建华　　封面设计：锋尚设计

版式设计：砚祥志远　　责任校对：朱燕春　　责任监印：张　可

出版发行：中国轻工业出版社（北京东长安街 6 号，邮编：100740）

印　　刷：三河市国英印务有限公司

经　　销：各地新华书店

版　　次：2021 年 3 月第 1 版第 1 次印刷

开　　本：787 × 1092　1/16　印张：16.5

字　　数：380 千字

书　　号：ISBN 978-7-5184-3069-7　定价：49.80 元

邮购电话：010 - 65241695

发行电话：010 - 85119835　传真：85113293

网　　址：http：//www.chlip.com.cn

Email：club@chlip.com.cn

如发现图书残缺请与我社邮购联系调换

200198J2X101ZBW

前　言　PREFACE

近年来，国家不断探索适应经济社会发展、符合企业生产需要的现代职业教育新模式，要做好职业教育改革，需要得到多方面的支持和配合，其中教材建设就是重要工作之一，本书即为职业院校汽车运用与维修技术专业开发的项目化教材。

为了适应高职高专教育改革与发展形势的步伐，结合目前整个汽车维修服务行业的人才需求，大力推进工学结合人才培养模式的教学改革，落实和强化工学结合的人才培养模式教育理念，强化高职高专办学特色，提高高职高专学生职业素养与职业技能，提升教学质量，我们改革了现有的课程体系和教学方法，探索和落实理论与实践一体化教学模式，加大课程建设与改革的力度，融“教、学、做”为一体；同时加强与校外实训基地的合作力度，紧密结合生产实际，通过校企合作进行生产任务分析和教学项目的提炼等，特编写了本教材。为了达到更好的教学效果，本书采取项目教学的方法进行编写。

本书以现代典型轿车车型为例，介绍了汽车电气系统总成及零部件的组成、类型、构造原理、常见故障诊断及其检修；在任务实施中，以生产实际为例，按照实际检修流程，对各电气系统进行基本的检查与调整，对常见故障诊断与排除等内容进行能力训练安排。通过各个项目的学习实践，可以让学生掌握各电气系统的基本理论知识，并且能排除各电气系统的常见故障。

本书由宜宾职业技术学院郝孟军、陈丹主编，王伟（宜宾市职业技术学校）、陈林副主编，陈森林（企业）、许波（兴文县职业技术学校）、康朝国、吴沅参编，宜宾职业技术学院刘福华审稿。

本教材的编写参考了大量的资料和文献，在此向原作者表示崇高的敬意和感谢。由于编者水平所限，加之时间仓促及实践经验不足，书中难免有不足之处，恳请广大读者批评指正。

编者

目　录

CONTENTS

项目一　汽车电气基础

学习目标

1. 知识目标

（1）懂得汽车电工维修的基础知识。

（2）了解汽车电气系统的基本内容。

（3）熟知常用汽车电工检测设备的使用。

2. 能力目标

（1）能够正确识别出电气符号。

（2）会正确地使用及维护汽车电工检测设备。

（3）能够在车上和车下使用电工检查设备进行正确检测。

任务一　汽车电气基础

任务描述

在现代汽车尤其是新能源汽车中，电气系统是重要的系统之一，随着市场对汽车动力性能、燃油经济性能、安全性能、舒适性能等要求的提高，越来越多的部件都与电控有关。作为一名汽车维修工，要确保正确地诊断和排除车上复杂的电气系统故障。重点应该了解汽车电气系统基础知识。

任务分析

本任务主要讲述了汽车电气系统基础知识，只有对汽车电气系统有了初步的认识，才有助于我们以后对汽车复杂电气故障的诊断、维修打下坚实的基础。

知识链接

一、电气与电器

电气是电能的生产、传输、分配、使用和电工装备制造等学科或工程领域的统称。

电器泛指所有用电的器具。

二、汽车电气设备的组成

1．电源

蓄电池和交流发电机。

2．用电设备

车辆启动、照明、信号、仪表与报警、空调、娱乐、电控等系统以及其他用电设备。

3．全车电路及配电装置

中央接线盒、保险装置、继电器、电线束及插接器、电路开关等。

三、汽车电气设备的特点

1．电源

汽车电气系统拥有两个电源：一个是蓄电池；另一个是交流发电机。蓄电池主要用于启动发动机，交流发电机主要用于启动发动机后，给电气系统提供电源以及给蓄电池充电。

2．低压

汽车电气系统的额定电压有12V、24V两种，汽油车普遍采用12V电气系统，而柴油车多采用24V电气系统。对用电设备电压在0.9～1.25倍额定电压范围内变动时应能正常工作。

3．直流

汽车电气系统采用直流电，是由于启动发动机的起动机为直流串励式电动机，其工作时必须由蓄电池供电，蓄电池也必须用直流电来充电。

4．单线制

单线制是指从电源到用电设备只用一根导线连接，另一根导线由金属部分，如车架、发动机等代替作为电器回路的接线方式，具有节省导线、简化线路、方便安装检修、电器元件不需与车体绝缘等优点。但在个别情况下，也采用双线制。

5．负极搭铁

采用单线制时，蓄电池的负极必须用导线接到车体上，称为负极搭铁。这是国家标准规定的，也是交流发电机正常工作的必要条件。

任务工单

任务1－1　　**汽车电气基础**

班级		姓名		学号	
地点				等级	
任务目的					

续表

<table>
<tr><td>任务过程</td><td colspan="5">一、判断题（正确的打“√”，错误的打“×”）
1. 汽车在正常运行时，向用电器供电的是发电机。(　　)
2. 汽车上用的电和日常生活中用的电是一样的，都是交流电。(　　)
3. 因为汽车上用电器都是一条导线连接的，所以称为串联单线制。(　　)
4. 汽车上采用单线制时，必须是负极搭铁。(　　)
二、问答题
1. 汽车电气设备主要组成是什么？
2. 汽车电气设备有哪四个共同的特点？</td></tr>
<tr><td rowspan="9">考核评价</td><td colspan="2">考评项目</td><td>分值</td><td>教师考核</td><td>备注</td></tr>
<tr><td rowspan="3">素质考评</td><td>团队协作</td><td>10 分</td><td></td><td></td></tr>
<tr><td>语言表达</td><td>10 分</td><td></td><td></td></tr>
<tr><td>实训纪律</td><td>10 分</td><td></td><td></td></tr>
<tr><td rowspan="4">过程考评</td><td>工具使用</td><td>10 分</td><td></td><td></td></tr>
<tr><td>任务实施</td><td>30 分</td><td></td><td></td></tr>
<tr><td>完成情况</td><td>20 分</td><td></td><td></td></tr>
<tr><td>工位整理</td><td>10 分</td><td></td><td></td></tr>
<tr><td>合计</td><td colspan="4"></td></tr>
</table>

任务二　汽车基础电学

任务描述

见任务一“任务描述”。

重点应掌握电工基础知识。

任务分析

本任务讲述了电压、电流、电阻、常见的电子元件、电学效应等电工基础知识。只有对物理电学有了全面的理解和掌握，才能让我们对复杂的汽车电气故障的维修诊断打下坚实的基础。

知识链接

一、电路

（1）电路：就是电流经过的途径。

（2）电路的组成：电路是由电源、负载、导线、开关等组成。

（3）负载：所有用电设备。

（4）电源：将其他形式的能量转换成电能的装置。

二、基本物理量

1. 电流

（1）电流的形成：自由电子在导体中的定向运动形成电流。

（2）电流形成的条件：一是有高低的电位差；二是有闭合的电路。

（3）电流强度：电流的大小用电流强度来表示，其等于单位时间内通过导体截面的电荷量，用字母 I 表示。

（4）电流强度的单位是 A（安）。常用的单位为：A（安）、mA（毫安）、μA（微安），1A = 1000mA，1mA = 1000μA。

（5）直流电流（恒定电流）：电流大小和方向都不随时间的变化而变化的电流，用大写字母“*DC*”表示，简称直流电。

（6）交流电：指大小和方向都随着时间作周期性变化的电压或电流，用大写字母“*AC*”表示。交流电也称作“交变电流”，简称“交流”。

2. 电压

（1）电压的形成：物体带电后就具有一定的电位，电路中任意两点之间的电位差，称为该两点间的电压，用字母 U 表示。

（2）电压的方向：一是由高电位指向低电位；二是电位跟随参考点的选取不同而改变。

（3）电压的单位是 V（伏）。常用的单位有：kV（千伏）、V（伏）、mV（毫伏）、μV（微伏），1kV = 1000V，1V = 1000mV，1mV = 1000μV。

3. 电动势

（1）电动势的定义：一个电源电路两端维持一定电位差，使电流持续不断地沿电路流动。这种电路两端维持和产生电位差的能力就称为电源电动势。

（2）电动势的单位是 V（伏），用字母 E 表示，计算公式为 $E = \frac{A}{Q}$。

4. 电阻

（1）电阻的定义：导体对电流的阻碍作用，对于这种导体所表现的能力称为电阻。

（2）电阻的单位是 Ω（欧），用字母 R 表示。

5. 欧姆定律

（1）欧姆定律是表示电压、电流、电阻三者关系的基本定律。

（2）欧姆定律：通过电路的电流大小与两端所加的电压成正比，与电阻成反比。计算公式为：$I=\frac{U}{R}$。

6. 电路的连接

（1）串联电路。

①将电路中的元件首尾依次相连。

②电路串联的特点为各元件的电流与总电流相等。

③总电压等于各元件上电压之和。

④总电阻等于各元件电阻之和。

⑤总电动势等于各电源电动势之和。

（2）并联电路。

①电阻的并联：将电路中若干个元件并列连接起来，称为并联。

②并联电路的特点：各元件两端的电压均相等；总电流等于各支路电流之总和；电路总电阻 R 的倒数等于各支路电阻倒数之和。

③通过各支路的电流与电阻成反比，即 $I_1/I_2=R_2/R_1$。

④并联电源的特点：可以获得较大的电流，即总电流等于各电源电流之和。

7. 电功率和电功

（1）电功率。表示电流做功快慢的物理量，用字母“P”表示。计算公式为：

$$P=\frac{A}{t}=UI=I^2R=\frac{U^2}{R}$$

电功率单位名称为“W（瓦）”或“kW（千瓦）”。

（2）电功。电功是指电流在一段时间内通过某一电路，电场力所做的功。计算公式为：$W=Pt$，W 表示电功，单位是 J（焦耳），也用 kW · h（千瓦 · 时）表示，$1\text{kW}\cdot\text{h}=3.6\times10^6\text{J}$。

8. 短路

电源未经过负载而直接由导线接通成闭合回路。

三、电磁和电磁感应

（1）磁的基本知识。任一磁铁均有两个磁极，即 N 极（北极）和 S 极（南极）。同性磁极相斥，异性磁极相吸。

磁场：磁场是一种看不见、摸不着的特殊物质，磁场不是由原子或分子组成的，但磁场是客观存在的。

（2）电流的磁效应。通电的导线周围会产生磁场，电磁铁的磁场强度与导线的缠绕圈数成正比。

（3）电磁感应。当导体在磁场切割磁感线运动就会产生感应电动势。

任务实施

一、实施环境

（1）电工电子实训室。

（2）电压表、电流表、蓄电池、小灯泡、开关、导线。

二、实施步骤

（1）测量电压。测量电压要把电压表表笔并联到被测电路中。

（2）测量电流。测量电流时将电流表表笔串联到被测电路中。

任务工单

任务 1－2　　　　汽车电学基础

班级		姓名		学号	
地点				等级	
任务目的					
任务过程	1. 电工学中有哪些基本物理量？ 2. 交流电的定义是什么？ 3. 电流的磁效应是什么？ 4. 常用的测量仪表有哪些？ 5. 计算测量蓄电池电压、电流、内阻大小。 6. 计算电路功率。				

续表

<table>
<tr><td rowspan="9">考核评价</td><td colspan="2">考评项目</td><td>分值</td><td>教师考核</td><td>备注</td></tr>
<tr><td rowspan="3">素质考评</td><td>团队协作</td><td>10 分</td><td></td><td></td></tr>
<tr><td>语言表达</td><td>10 分</td><td></td><td></td></tr>
<tr><td>实训纪律</td><td>10 分</td><td></td><td></td></tr>
<tr><td rowspan="4">过程考评</td><td>工具使用</td><td>10 分</td><td></td><td></td></tr>
<tr><td>任务实施</td><td>30 分</td><td></td><td></td></tr>
<tr><td>完成情况</td><td>20 分</td><td></td><td></td></tr>
<tr><td>工位整理</td><td>10 分</td><td></td><td></td></tr>
<tr><td>合计</td><td colspan="4"></td></tr>
</table>

任务三　常用汽车电工检测设备使用

任务描述

在检测汽车电气系统故障时，需要使用到以万用表为主的多种电工检测设备。因此，作为一个汽车维修技术人员，应对汽车电工检测设备有足够了解和认识，并能正确地使用。

任务分析

本任务主要讲述了几种常见的汽车电工检测设备。

知识链接

常用检测仪表的使用（万用表、钳形表、测试灯）。

一、万用表

1. 万用表的使用

万用表的外形及结构：由表笔、表头、测量线路、拨盘、面板及表壳等组成，如图1-1所示。

2. 万用表的使用

（1）使用前的准备工作。

①检查表笔的安装，红表笔装“+”字孔，黑表笔装“-”字孔。

②测量。

a. 电阻的测量。选量程200、2k、20k、200k、2M；把表笔接于所测电阻两端；读数。

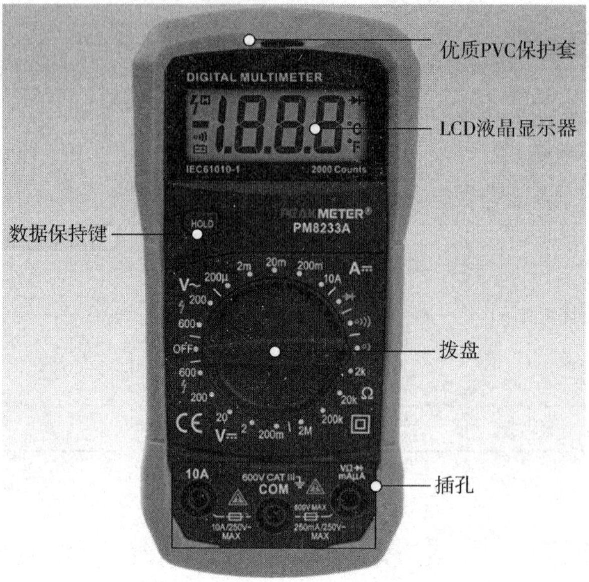

图 1－1　华谊 PM8233 万用表

b. 测量电流、电压。电压测量时用并联接入方式，电流测量时用串联接入方式。

（2）注意事项。

①万用表用完后应将转换开关转到“OFF”，以免浪费电池电量。

②万用表的电池应根据使用频率及时检查，以免电解液流出腐蚀电极或元件；长时间不使用，应将电池取出保管。

二、钳形表

钳形表的构造如图 1－2 所示。

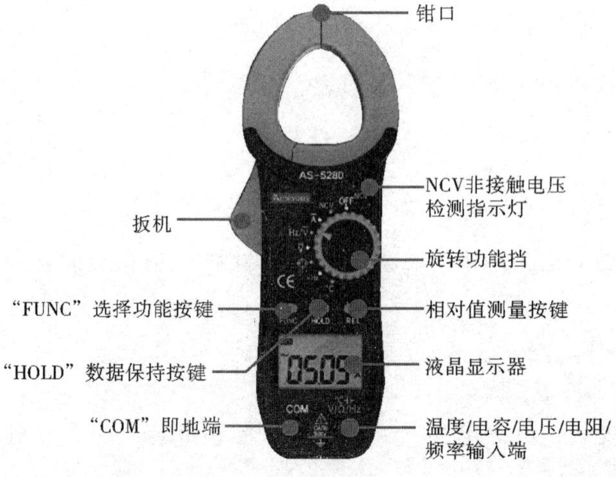

图 1－2　艾沃斯 AS528 钳形表

（1）测量方法：选用适当的量程，把导线放入钳口，读出读数；当被测电流过小时，可把导线在钳口多绕几圈再进行测量，此时电流值 = 读数/圈数。

（2）注意事项：

①测量前不知道电流大小时，应选用最大量程进行测试。

②测量时只能放入一条导线，不能多线同时进行测量，防止触电或短路事故。

三、测试灯

测试灯也称测电笔，其原理与接跨线基本相同，增加了显示导通状态的指示灯，可以根据明暗程度判断被测线路电压的大小。测试灯分为无源和有源，如图 1－3 所示。

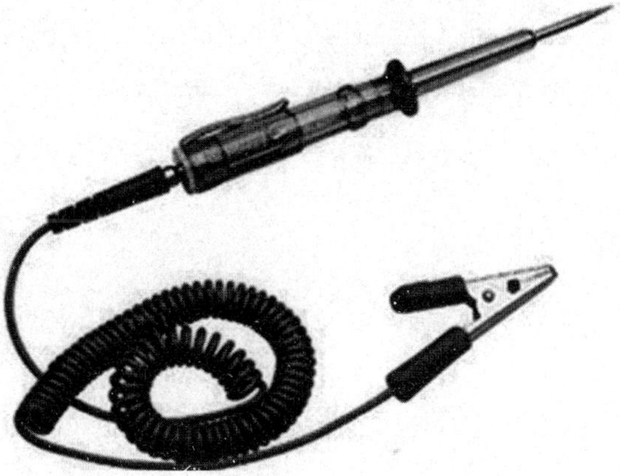

图 1－3　测试灯

（1）测量方法。

首先断开电源电路，将测试灯一端搭铁，另一端接电路各接点（从电路首端开始），用来检查电路中的断路和短路故障。

（2）注意事项。

①不可用于检查发动机微机控制系统线路，除非有特殊说明，方可进行。

②切勿用通、断试灯接带电的电路。

任务实施

一、实施环境

（1）电工电子实训室。

（2）万用表、蓄电池、蓄电池充电机。

二、实施步骤

万用表的使用方法与步骤：

（1）测量电压。测量直流电压将指针转至直流挡，把表笔并联到电路中。

（2）测量交流电压。测量交流电压将表笔转到交流电压挡，把表笔并联到电路中。

（3）测量电流。估测一下电流值，把指针转到 A，mA，μA 挡，把表笔串联到电路中。

（4）测量电阻。把指针箭头转向欧姆挡，表笔并联到电路中。

（5）使用完之后，应把指针转到 OFF 挡，节省电源。

任务工单

任务 1－3　　常用汽车电工检测设备使用

<table>
<tr><td>班级</td><td></td><td>姓名</td><td></td><td>学号</td><td></td></tr>
<tr><td>地点</td><td colspan="3"></td><td>等级</td><td></td></tr>
<tr><td>任务目的</td><td colspan="5"></td></tr>
<tr><td>任务过程</td><td colspan="5">1. 汽车电气常用的电工检测设备有哪些？
2. 万用表常用的功能有哪些？
3. 万用表测量电压、电阻的正确操作是什么？
4. 如何维护保养万用表？
5. 使用电工检测设备检测汽车电气系统，应做的防护工作有哪些？</td></tr>
<tr><td rowspan="9">考核评价</td><td colspan="2">考评项目</td><td>分值</td><td>教师考核</td><td>备注</td></tr>
<tr><td rowspan="3">素质考评</td><td>团队协作</td><td>10 分</td><td></td><td></td></tr>
<tr><td>语言表达</td><td>10 分</td><td></td><td></td></tr>
<tr><td>实训纪律</td><td>10 分</td><td></td><td></td></tr>
<tr><td rowspan="4">过程考评</td><td>工具使用</td><td>10 分</td><td></td><td></td></tr>
<tr><td>任务实施</td><td>30 分</td><td></td><td></td></tr>
<tr><td>完成情况</td><td>20 分</td><td></td><td></td></tr>
<tr><td>工位整理</td><td>10 分</td><td></td><td></td></tr>
<tr><td>合计</td><td colspan="4"></td></tr>
</table>

项目小结

本项目讲述了汽车电气设备基础知识和电工基础知识，重点讲解了汽车电气系统的组成特点和故障检测中几种常用的检测工具。

思考题

1. 电路的连接有________、________和________三种。
2. 如何使用和维护万用表？
3. 使用电工检测设备检测汽车电气系统，应做的防护工作有哪些？

项目二　汽车电源系统及检修

学习目标

1. 知识目标

（1）熟知汽车电源系统的组成、原理。

（2）熟知汽车交流发电机的构造和基本工作原理。

（3）熟知汽车电路整流的工作原理及特点。

（4）熟知整流器的工作原理及特点。

2. 能力目标

（1）能正确识别蓄电池的型号。

（2）能正确维护保养蓄电池。

（3）能正确拆装发电机、蓄电池。

（4）能对汽车交流发电机及蓄电池进行常规检测及排除故障。

任务一　汽车蓄电池的检修

任务描述

铅酸蓄电池是汽车两大电源之一，是汽车电源系统重要的组成部分，它的好坏及性能直接影响汽车启动系统的正常工作。为此，作为一名合格的汽车维修人员，必须掌握铅酸蓄电池的结构及工作原理，要能对铅酸蓄电池进行正确检测及故障诊断。

任务分析

本任务讲述了铅酸蓄电池的作用、结构组成及工作原理，常规检查项目、日常维护等。要求学生掌握铅酸蓄电池的原理，掌握铅酸蓄电池常见故障诊断及排除方法等。

知识链接

一、蓄电池的作用

蓄电池与发电机是汽车的两个直流电源，全车用电设备均与电源并联连接。电路如图 2－1 所示。

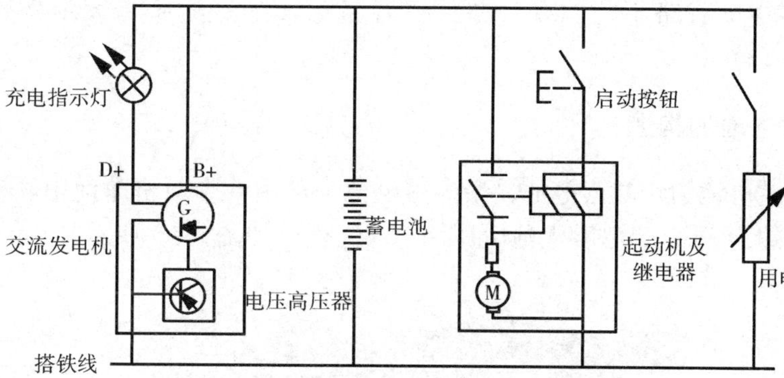

图 2－1　汽车电源系统组成

蓄电池的作用：

（1）发动机低速运转时，向用电设备和发电机励磁绕组供电。

（2）发动机中、高速运转时，将发电机剩余电能转化为化学能储存起来。

（3）发动机启动时，向启动系统和点火系统供电。

（4）蓄电池相当于一个大电容器，能吸收出现的瞬时过电压，保护电子元件，保持电气系统电压稳定。

二、蓄电池的型号

按机械行业标准 JB/T 2599—2012《铅酸蓄电池名称、型号编制与命名办法》的规定，铅酸蓄电池型号由三部分组成，如图 2－2 所示。

图 2－2　蓄电池的型号组成

（1）串联单格电池数。串联单格电池数是指该电池总成所包含的单格电池数目，用一位阿拉伯数字表示。

（2）电池类型。根据其主要用途划分，用一个汉语拼音字母表示，如启动型铅酸蓄电池用“Q”表示。

（3）电池特征。为附加部分，用一个汉语拼音字母表示，仅在同类用途的产品中有某种特征，必须加以区别时采用。当产品具有两种特征时，应按表 2－1 顺序将两个代号并列标注。

表 2－1　　常见电池产品特征

序号	1	2	3	4	5	6	7
产品	干荷电	湿荷电	免维护	少维护	激活式	密封式	胶质电解液
代号	A	H	W	S	I	M	J

（4）额定容量。额定容量是指 20h 放电率额定容量，用阿拉伯数字表示，单位为“A · h”，在型号中可省略不写。有时在额定容量后面加一个字母表示特殊性能，如“D”表示低温启动性好。

三、铅酸蓄电池的构造

汽车常用的蓄电池为铅酸蓄电池，铅酸蓄电池一般由 6 个单格电池串联而成，每个单格电池的电压约为 2V，铅酸蓄电池电压为 12V，外形如图 2－3 所示。

图 2－3　铅酸电池的外形图

铅酸蓄电池的结构如图 2－4 所示，其构件主要有极板、隔板、电解液、外壳、联条、接线柱等。

1. 极板

极板上的物质称为活性物质，主要由铅粉、添加剂混合形成。为防止龟裂和脱落，还掺有牵引附着物。

正极板上的活性物质为二氧化铅（PbO_2），呈棕红色，负极板上的活性物质为海绵状纯铅（Pb），呈青灰色。

2. 隔板

为了减少蓄电池的内阻和尺寸，蓄电池的正、负极板距离很近。为了防止相邻正负极板接触而短路，正、负极板之间用隔板隔开。

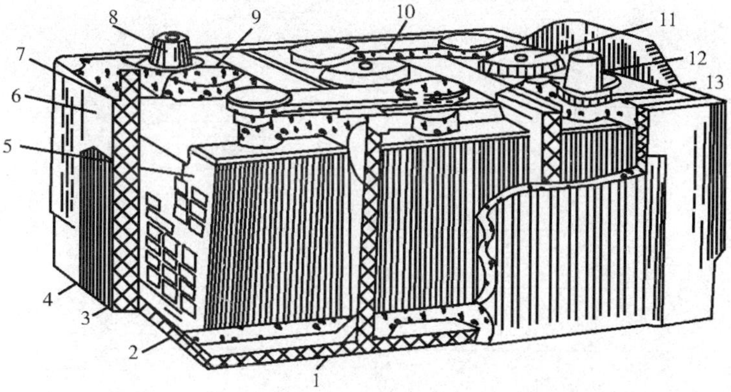

图2-4　铅酸蓄电池的结构

1—隔壁　2—凸筋　3—负极板　4—隔板　5—正极板　6—电池壳　7—防护板

8—负极接柱　9—通气孔　10—联条　11—加液孔盖　12—正极接柱　13—安全阀帽子

3. 电解液

电解液（俗称电瓶水）是用纯硫酸和蒸馏水按一定比例配制而成的稀硫酸溶液。

电解液的密度对蓄电池的性能和寿命影响很大。

（1）组成：铅酸蓄电池的电解液，是由密度 1.84g/cm^3 的纯硫酸和蒸馏水配制而成。

（2）密度：一般在 1.24～1.31g/cm^3。气温低时用高密度（防冻）。

4. 外壳

外壳用来盛装电解液和极板组，使蓄电池构成一个整体。

外壳顶部有观察孔，可以用来检查蓄电池电量。

5. 接线柱

铅酸蓄电池首尾两极板组的横板上焊有接线柱（也称极桩）。

为了便于区分，正接线柱附近标有“+”或“P”记号，负接线柱附近标有“-”或“N”记号，有些正接线柱上涂有红色油漆。

6. 联条

联条的作用是将单格电池串联起来，提高蓄电池的端电压。

四、铅酸蓄电池工作原理

铅酸蓄电池在充、放电过程中的化学反应是可逆的，其电化学反应方程式可简化为：

$$\underset{\text{正极板}}{PbO_2} + \underset{\text{负极板}}{Pb} + \underset{\text{电解液}}{2H_2SO_4} \underset{\text{充电}}{\overset{\text{放电}}{\rightleftharpoons}} \underset{\text{正极板}}{PbSO_4} + \underset{\text{负极板}}{PbSO_4} + \underset{\text{电解液}}{2H_2O}$$

铅酸蓄电池充、放电反应原理如图2-5所示。

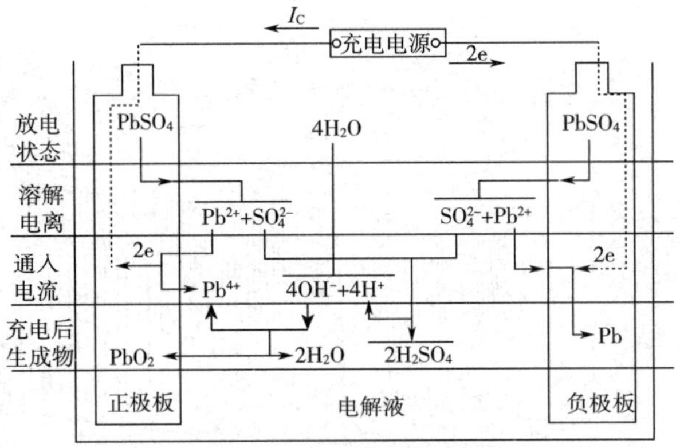

（a）充电过程

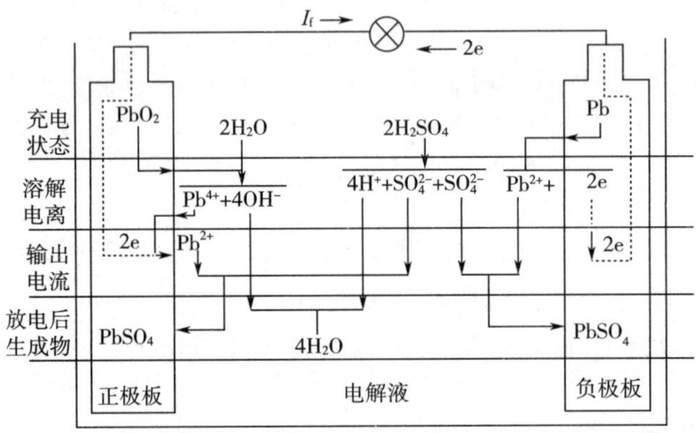

（b）放电过程

图 2－5　铅酸蓄电池的工作原理

在蓄电池处于过充电时，会引起水的电解，其反应式为：

$$2H_2O \xrightarrow{\text{电解}} O_2\uparrow + 2H_2\uparrow$$

五、免维护蓄电池

1. 定义

使用过程中不需要添加蒸馏水的蓄电池，具有高性能、长寿命、无污染、免维护、安全可靠的卓越性能。使用寿命一般为普通蓄电池的两倍。

2. 结构

免维护蓄电池是用铅钙合金制造，用钙代替锑，改变完全充电后的反电动势，减少过充电流，溶液汽化速度降低，从而减低了电解液的损失。

3. 免维护蓄电池的特点

不需添加任何液体，对接线桩头、电线腐蚀少，抗过充电能力强，启动电流大，电量储存时间长等优点。

大多数免维护蓄电池在盖上设有一个孔形液体比重计，根据电解液比重的变化而改变颜色。当比重计的指示眼呈绿色时，表明充电已足，蓄电池正常；当指示眼绿点很少或为黑色时，表明蓄电池需要充电；当指示眼呈淡黄色时，表明蓄电池内部有故障，需要修理或进行更换。

4. 免维护蓄电池使用维护

免维护蓄电池充电方式与普通蓄电池的充电方法基本一样。

5. 免维护蓄电池正确维护

蓄电池的正确使用和维护主要有以下 4 点：

（1）检查蓄电池在支架上的固定螺栓是否拧紧，安装不牢靠会因行车振动而引起壳体损坏。

（2）查看极柱和接线头连接得是否可靠。

（3）当需要用两块蓄电池串联使用时，两块蓄电池的容量最好相等，否则会影响蓄电池的使用寿命。

（4）蓄电池应充满电放置，不得长期亏电。

六、蓄电池容量及其影响因素

1. 蓄电池容量的概念

蓄电池在规定条件（包括放电强度、放电电流及放电终止电压）下放出的电量多少或放电时间长短称为蓄电池容量，单位 A · h（安 · 小时）或 A · min（安 · 分钟）。

2. 容量的影响因素

（1）极板的构造：极板的数量、厚薄、面积、多孔性等因素。

（2）放电电流的大小。

（3）电解液的温度、密度。

3. 蓄电池容量降低原因

造成容量下降的原因主要有以下几个方面：

（1）极板硫化：即极板表面逐渐生成的白色粗大晶粒硫酸铅。为防止极板硫化，应经常保持蓄电池在充足电的状态，电解液应淹没极板上缘，并且根据温度和季节的不同正确地选择电解液比重。

（2）自行放电：充足电的蓄电池放置不用，逐渐失去电量的现象。

（3）极板活性物质脱落：蓄电池极板活性物质缓慢脱落的现象。主要原因是充电时电流过大或温度过高，经常过充电等；放电时电流过大，引起活性物质脱落。

（4）壳体裂纹或封口胶破裂使电解液漏出。造成裂纹的主要原因是电池座螺钉旋得过紧；敲打过猛；冬季冻裂；行车中振动过大等。

七、铅酸蓄电池的正确使用与维护

1. 蓄电池的选用

更换时，一般选择与原车电池容量相同的蓄电池。当车上另外增加额外的电器，或车辆用电器较多时选用较大容量的蓄电池。

2. 蓄电池的更换顺序

（1）依次拆卸蓄电池负极接线、正极接线。

（2）拆卸蓄电池夹持器螺栓，拆卸蓄电池夹持器及蓄电池。在拆卸蓄电池时的倾斜角度不能超过40°。

（3）安装蓄电池时，工序相反。

3. 车辆长时间停驶时蓄电池的储存

若车辆存放超过30天，为保持蓄电池正常的充电技术状态，应做到：

（1）断开蓄电池负极。

（2）当发现蓄电池亏电时，应及时充电或更换蓄电池。

4. 日常维护

（1）经常保持蓄电池表面的清洁。

（2）按照规定对蓄电池进行充电、放电和补充电工作。

（3）充电过程，电解液的温度不得超过45℃，严防过量充电。

（4）放电过程，严禁大电流放电和过量放电。

（5）发现故障应及时排除。

（6）蓄电池充电期间应保持清洁、干燥、空气流通，光线充足。

5. 定期维护

（1）每半个月应认真地检查接线的牢固程度，彻底清除金属部位（如接线端子）的氧化物和锈蚀，更换极柱上的凡士林。

（2）检测蓄电池电量，及时进行充电。

6. 蓄电池充电

汽车蓄电池在日常使用中，易出现电池亏电，因此应定期从车上拆下蓄电池，进行补充电。进入冬天时最好进行一次补充电。

充电方法：

（1）恒流充电。充电电流为额定容量的10%（如60A·h蓄电池用6A电流），直到充足电为止。

（2）恒压充电。充电电压为12V，直到充足电为止。

任务实施

一、实施环境

（1）汽车实训基地。

（2）汽车整车1台，铅酸蓄电池4~6个。

（3）万用表、充电器。

二、实施步骤

铅酸蓄电池常见故障及处理方法。

1. 电池漏液

（1）故障现象：蓄电池表面出现电解液泄露状况。

（2）检查与处理方法：先做外观检查，观察是否渗酸漏液。如有，则更换蓄电池。

2. 变形

（1）故障现象：蓄电池发生变形、突起。

（2）故障的检查和处理：观察蓄电池壳体有无凸起变形，如有更换蓄电池。

3. 短路

（1）故障现象：电池电压下降 2 的整数倍。

（2）故障的检查和处理：用万用表检测电池单格电压。如短路，更换蓄电池。

4. 断路

（1）故障现象：充不进电，放不出电。

（2）故障的检查和处理：用万用表检测电池电压，若为 0V，且充不进电，即为断路。如断路，更换蓄电池。

5. 反极

（1）故障现象：用万用表检测电池电压出现负值。

（2）故障的检查和处理：先将电池放电至 0V，再用维护充电器将电池充满电。

6. 硫化

（1）故障现象：充电时电压上升很快，温度上升过快；放电时电压下降过快，电池容量过小。

（2）故障的检查和处理：蓄电池硫化过重时，更换蓄电池。

7. 活性物质脱落

（1）故障现象：电解液呈现浑浊，带有红褐色，容量过小。

（2）故障的检查和处理：检测电池容量是否正常，容量不足予以报废。

任务工单

任务 2－1　　**汽车蓄电池的检修**

<table>
<tr><td>班级</td><td></td><td>姓名</td><td></td><td>学号</td><td></td></tr>
<tr><td>地点</td><td colspan="3"></td><td>等级</td><td></td></tr>
<tr><td>任务目的</td><td colspan="5"></td></tr>
<tr><td rowspan="9">任务过程</td><td colspan="5">1. 蓄电池的检测。
（1）用万用表检测蓄电池极柱电压降。</td></tr>
<tr><td colspan="2">正极与电缆之间电压</td><td colspan="3"></td></tr>
<tr><td colspan="2">负极与电缆之间电压</td><td colspan="3"></td></tr>
<tr><td colspan="5">（2）用万用表检测蓄电池开路电压。</td></tr>
<tr><td></td><td>电压数值</td><td colspan="2">充满电</td><td>欠充电</td></tr>
<tr><td>电池 1</td><td></td><td colspan="2"></td><td></td></tr>
<tr><td>电池 2</td><td></td><td colspan="2"></td><td></td></tr>
<tr><td>电池 3</td><td></td><td colspan="2"></td><td></td></tr>
<tr><td>电池 4</td><td></td><td colspan="2"></td><td></td></tr>
</table>

续表

任务过程

（3）使用高率放电计测量蓄电池的容量。

	电压数值	容量
电池 1		
电池 2		
电池 3		
电池 4		

2. 判断蓄电池的状态。

通过以上步骤的检测判断蓄电池的状态是：

	充满电	欠充电	报废
电池 1			
电池 2			
电池 3			

3. 汽车蓄电池容量的定义及分类。

考核评价

考评项目		分值	教师考核	备注
素质考评	团队协作	10 分		
	语言表达	10 分		
	实训纪律	10 分		
过程考评	工具使用	10 分		
	任务实施	30 分		
	完成情况	20 分		
	工位整理	10 分		
合计				

任务二　发电机的检修

故障案例

一辆捷达轿车行驶时发现仪表盘发电机工作指示灯亮，行驶一段时间后发动机熄火，且无法启动。4S 店维修检查，发现蓄电池电压为 6.7V，借用外部电源启动发动机后，发现发电机工作指示灯常亮，经检查为发电机故障，更换发电机后，故障排除。

任务描述

发电机是汽车电源系统的重要组成部分，它的好坏直接影响着整车电源系统的整体性能。为此，作为一名合格的汽车维修技术人员，要明确汽车发电机的组成、作用及工作原理，在分析检测的基础上，快速排除故障，确保发电机正常工作。

任务分析

本任务讲述了汽车发电机的组成、结构及检修方法。

知识链接

一、发电机的分类

汽车用发电机可分为直流发电机和交流发电机。目前绝大多数汽车均采用交流发电机，交流发电机按照不同的分类方法分为以下几类。

1. 按总体结构分

普通交流发电机；带泵交流发电机；无刷交流发电机；永磁交流发电机；整体式交流发电机。

2. 按整流器结构分

六管、八管、九管、十一管交流发电机。

二、交流发电机的构造

交流发电机一般由转子、定子、整流器、端盖四部分组成，如图 2－6 所示。

图 2－6　交流发电机组成

1. 转子

转子的功用是产生旋转磁场，如图 2－7 所示。

交流发电机的磁路为：磁轭→N 极→转子与定子之间的气隙→定子→定子与转子之间的气隙→S 极→磁轭。

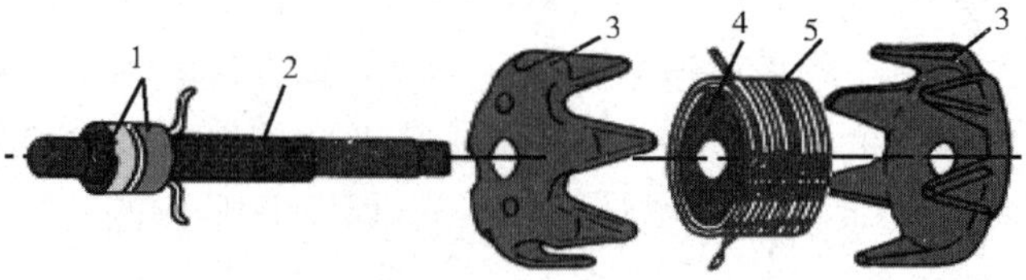

图 2－7　转子结构

1—滑环　2—转子轴　3—爪极　4—铁芯　5—励磁绕组

2. 定子

（1）定子由定子铁芯和定子绕组组成。

（2）定子的功用是产生三相交流电。

（3）定子铁芯由内圈带槽的硅钢片叠成，定子绕组的导线嵌在铁芯的槽中，如图 2－8所示。

图 2－8　发电机定子

3. 整流器

整流器的作用是将定子绕组产生的三相交流电变为直流电。6 管发电机整流器结构如图 2－9 所示，6 只整流管分别压装（或焊装）在两块板上。

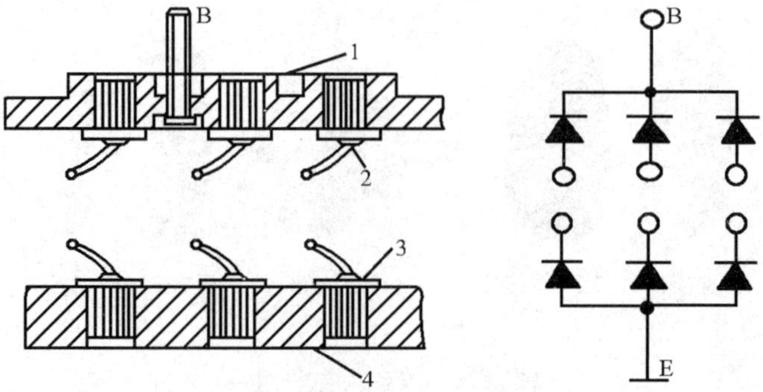

图 2－9　整流器结构图

1—正整流板　2—正硅整流二极管　3—负硅整流二极管　4—负整流板

B—发电机正极输出端　E—搭铁

4. 端盖

端盖一般分两部分（前端盖和后端盖），起固定转子、定子、整流器和电刷组件的作用。端盖一般采用铝合金铸造，铝合金散热性能好，可以有效地防止漏磁。

磁场绕组（两只电刷）和发电机连接方式不同，可分为内搭铁型和外搭铁型两种。

（1）内搭铁型发电机。磁场绕组负电刷直接搭铁的发电机（和壳体直接相连）。

（2）外搭铁型发电机。磁场绕组的两只电刷都和壳体绝缘，负极（负电刷）接调节器，通过后再搭铁。

5. 电刷组件

（1）作用：将电源通过滑环引入励磁绕组。

（2）组成：电刷、电刷架、弹簧。

电刷组件装在后端盖内，通过弹簧力作用与转子轴上的集电环保持接触，如图 2－10所示。

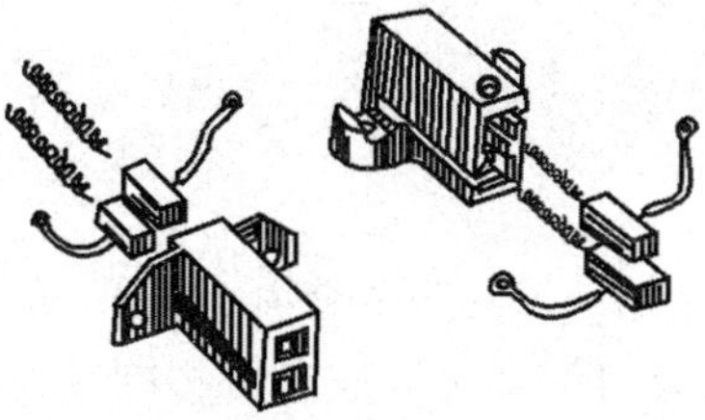

（a）外装式　　（b）内装式

图 2－10　电刷总成组成图

6. 风扇及带轮

风扇用于散热；发动机通过带轮连接。

三、多管交流发电机

1. 8 管交流发电机

8 管交流发电机和 6 管交流发电机结构基本相同，不同的是除和 6 管相同的整流电路外，还有 2 只中性点二极管，1 只正极管接在中性点和正极之间，1 只负极管接在中性点和负极之间，对中性点电压进行全波整流（图 2－11）。

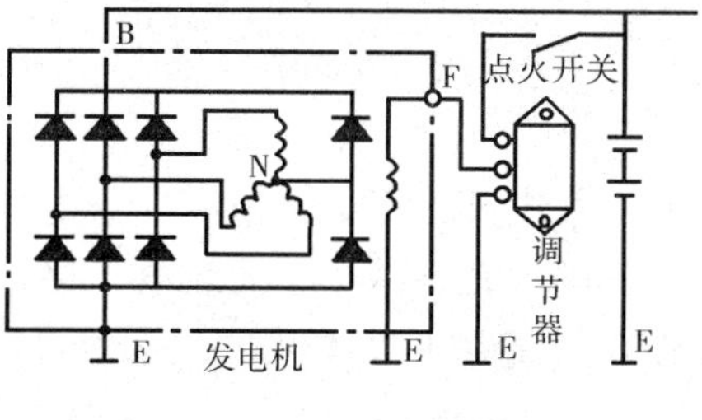

图 2－11　8 管交流发电机电路

2. 9 管交流发电机（日系车应用较多）

9 管交流发电机的结构和 6 管交流发电机的结构基本相同，不同的是 9 管交流发电机整流器是由 6 只大功率整流二极管和 3 只小功率励磁二极管组成，其中 6 只大功率整流二极管组成三相全波桥式整流电路，对外负载供电的 3 只小功率管二极管与 3 只大功率二极管也组成整流电路专门为发电机磁场供电（图 2 – 12）。

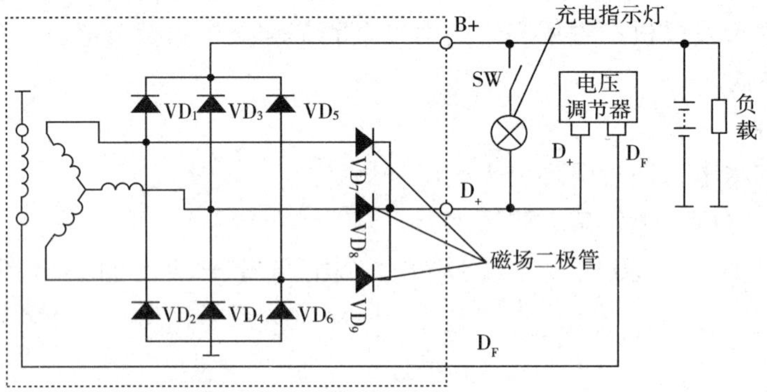

图 2 – 12　9 管交流发电机电路

3. 11 管交流发电机

11 管交流发电机的整流器由 8 只大功率整流二极管（其中 2 只为中性点二极管）和 3 只磁场二极管组成，其他结构和 6 管交流发电机相同（图 2 – 13）。

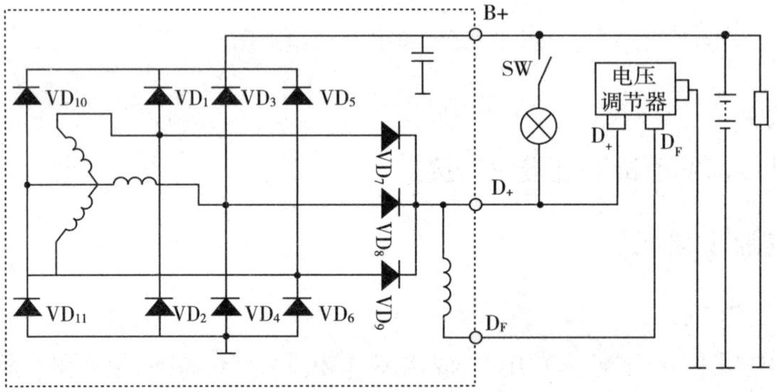

图 2 – 13　11 管交流发电机电路

四、无刷交流发电机

1. 无刷交流发电机

无刷交流发电机没有电刷、集电环，不会因电刷、集电环磨损和接触不良造成激磁不稳或不发电等故障。同时工作无火花，减小了无线电干扰。

无刷交流发电机分为爪极式、激磁机式和永磁式三种。

（1）优点。

1）结构简单、维护方便、工作可靠。

2）不存在因电刷与集电环接触不良导致发电不稳或不发电故障。

（2）缺点。

1）爪极间连接工艺困难。

2）由于磁路间隙加大，发电机相同输出功率下需要加大励磁电流。

2. 带泵交流发电机

带泵交流发电机与普通发电机完全一样，不同的是转子轴伸出与真空泵的转子相连，为制动系统真空增压器提供真空源，主要用于没有真空源的柴油机。

3. 汽车双整流发电机

双整流发电机是一种新型交流发电机，大大改善了普通交流发电机低速时的充电性能，高速时保障最大功率输出，又不增设比较复杂的控制电路，因此也没有增加充电系统的故障率。

五、交流发电机的型号

根据中华人民共和国汽车行业标准 QC/T 73—1993《汽车电器设备产品型号编制方法》的规定，汽车交流发电机型号组成如图 2－14 所示。

图 2－14　交流发电机结构型号的组成

第一部分为产品代号，由字母表示，例：JFW——无刷交流发电机、JFB——带泵的交流发电机 。

第二部分为电压等级代号，用一个阿拉伯数字表示，其中有：1—12V、2—24V、6—6V。

第三部分为电流等级代号，用一个阿拉伯数字表示，1——发电机额定电流小于19A，2——小于 29A，3——小于 39A，4——小于 49A。

第四部分为设计序号，按产品的先后顺序，用阿拉伯数字表示。

第五部分为变形代号，交流发电机以调整臂的位置作为变形代号。

六、发电机的工作原理

1. 发电原理

（1）在发电机内部有一个由发动机带动的转子产生旋转磁场。

（2）磁场外有一个定子绕组，绕组有 3 组线圈（3 相绕组），3 相绕组彼此相隔 120°。

（3）当转子旋转时，旋转的磁场使电枢绕组切割磁力线，使电枢绕组磁通量发生变化而产生电动势。

2. 整流原理

交流发电机定子绕组产生的交流电，通过硅整流二极管组成的整流电路转变为直流电（图 2－15）。

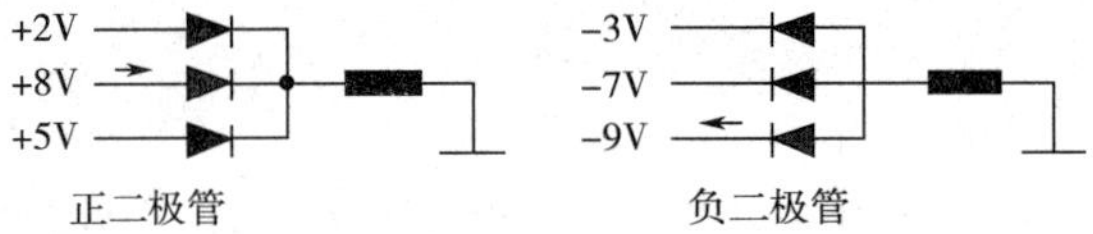

图 2－15　整流原理

二极管的导通原则：

当 3 只二极管负极端相连时，正极端电位最高者导通。

当 3 只二极管正极端相连时，负极端电位最低者导通。

二极管的整流原理：通过 6 只二极管组成的三相桥式整流电路，将发电机定子产生的三相交流电转变为直流电流输出，其工作原理如图 2－16 所示。

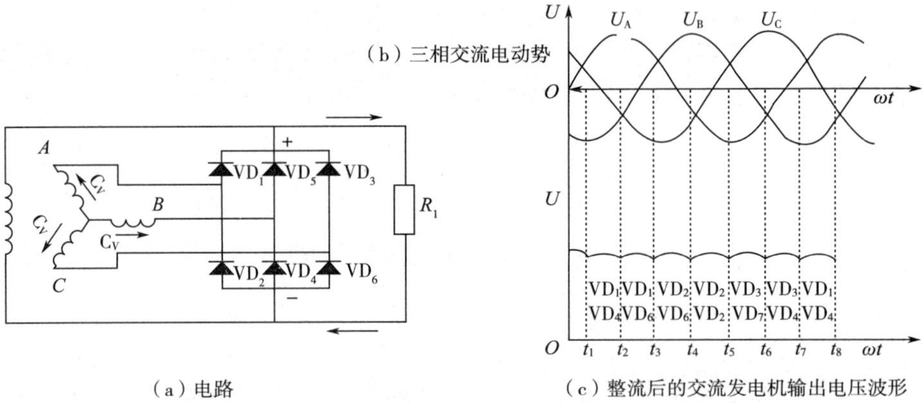

图 2－16　整流原理图

3. 励磁方式

交流发电机的励磁方式为先他励、后自励。当发电机的转速较低时，感应电压低于蓄电池电压，此时由蓄电池向发电机磁场绕组供电，为他励方式；当发电机转速升高时，其感应电压高于蓄电池，发电机向自身的磁场绕组供电，为自励方式。

七、电压调节器

交流发电机电压调节器是把交流发电机电压控制在一定的范围内，当发电机的转速发生变化时，自动调节发电机输出电压并使电压保持恒定，防止输出电压过高而损坏用电设备和避免蓄电池过量充电。

交流发电机电压调节器按工作原理可分为：

（1）触点式电压调节器。触点式电压调节器应用较早，因触点易产生火花，可靠性差，寿命短，现已被淘汰。

（2）晶体管调节器。优点是晶体管开关频率高，调节精度高，且不产生火花，同时重量轻、体积小、可靠性高、寿命长等，现广泛应用于多种中低档车型。

（3）集成电路调节器除具有晶体管调节器的优点外，体积更小，安装于发电机的内部（又称内装式调节器），减少了外接线，其冷却效果得到改善，现广泛应用于奥迪等多种轿车上。

（4）电脑控制调节器。由电负载检测仪测量系统总负载后，发动机控制模块控制发电机电压调节器，适时地接通或断开磁场，既能可靠地保证电气设备正常工作，又能让蓄电池正常充电，减轻了发动机负荷，提高燃料经济性，应用于广州本田、上汽别克等轿车上。

任务实施

一、实施环境

（1）汽车实训基地。

（2）汽车整车4台，4~6个发电机。

（3）万用表、呆扳手1套、螺钉旋具各4个、千分尺、游标卡尺、“00”号砂纸若干。

二、实施步骤

（一）交流发电机的拆装

1. 分解前的检查

（1）清洁发电机外表。

（2）手持带轮试前轴承轴向及径向间隙。

（3）转动转子，检查轴承阻力、噪声和转子与定子之间有无摩擦及异响。当发现阻力较大时，可拆除电刷再试，以确定阻力是来自电刷还是来自轴承。

（4）转动转子轴，检查带轮的摆差大小，以判断转子轴是否弯曲。

（5）检查外壳、挂脚等处有无裂纹及损坏。

2. 硅整流发电机的分解

（1）拆下后轴承盖及油封，旋下转子轴紧固螺母。

（2）拆下前后端盖的紧固螺钉，使装有转子的前端盖与装有定子的后端盖分离，并在前后端盖及定子铁芯上作同一记号，以便装复时用。

（3）拆下带轮紧固螺母，取下带轮、风扇、半圆键，使转子与前端盖分离，注意不要使定子线圈引线拉断。

（4）拆下前轴承盖，取出前轴承。

（5）拆下后端盖上的防护罩。

（6）拆除元件板上的定子线圈线端的连接螺母与中性线线端的连接螺母，使定子与元件板（散热板）分离，取出定子总成。

（7）拆下后端盖上紧固元件板总成的螺母与电枢接线柱的紧固螺母，取下元件板总成。

3. 发电机的装配

（1）首先在轴承中加1～3号复合钙钠基润滑脂，填充量不宜过多，以免易发生溢出而溅在集电环上，造成电刷接触不良。

（2）分别组合好前后端盖的轴承。

（3）将整流元件板装到后端盖上（不要漏装绝缘垫）。

（4）将定子总成装到后端盖上，与整流元件板连接好（定子绕组上4个接线柱应顺其自然，不要强拉、强折，以免转子刮碰）。

（5）转子总成装入定子及后端盖上。

（6）前后端盖组合连接。

（7）装配半圆键、风扇、带轮、转子轴前后固定螺母。

（8）装配电刷架总成。

（9）装配好的发电机，应转动灵活，无卡滞，无刮碰声，转子轴无窜动现象。

（二）硅整流发电机的检修

（1）检修发电机壳体。

（2）检修发电机碳刷及弹簧。

（3）检测整流二极管。用万用表检测二极管，正向电阻值为8～10Ω，反向电阻值为10kΩ以上。

（4）转子线圈的检测。用万用表R挡检测磁场接柱对地的阻值，12V发电机的电阻值应在5～7Ω，说明线圈正常，阻值过低或过高，说明磁场绕组有短路或断路，绕组与集电环之间的连接有了故障。

（5）定子线圈的检测。用万用表R挡测量定子线圈3个连接端的电阻，阻值应一致，若测出值过大或过小（接近于零）时，则表示线圈内部已断路或短路。

（6）检查集电环。

（7）励磁绕组的检查。

①励磁绕组短路与断路的检查。检查前先清除两个集电环，观察有无明显的断头或烧焦现象。用万用表测量励磁绕组的电阻值，如果电阻值在规定范围内，则说明励磁绕组良好；如果测量值偏小，则励磁绕组间有短路；如果测量电阻值无穷大，则说明励磁绕组断路。

②励磁绕组搭铁检查。两个集电环与转子轴之间的电阻值应无穷大，若不是，则说明励磁绕组搭铁有故障。

（8）转子轴的检查。

（9）电刷的检查。电刷的高度低于7mm时应该更换，更换时注意电刷的规格型号要求一致。

任务工单

任务2-2　**发电机的检修**

<table>
<tr><td>班级</td><td></td><td>姓名</td><td></td><td>学号</td><td></td></tr>
<tr><td>地点</td><td colspan="3"></td><td>等级</td><td></td></tr>
<tr><td>任务目的</td><td colspan="5"></td></tr>
<tr><td>任务过程</td><td colspan="5">一、交流发电机的拆装
记录拆装步骤：

二、交流发电机的检测
1. 不解体的检查
（1）目测交流发电机外壳是否有破损：
正常 □　损伤 □
（2）用手转动发电机皮带轮，检查发电机轴承完好情况：
正常 □　运转噪声 □
（3）用万用表检测发电机“B”端子与外壳之间的电阻，判断整流器的好坏：
正向测量值：　反向测量值：
正常 □　不同极性二极管被击穿 □　同一极性二极管被击穿 □
2. 解体后的检查
（1）转子的检查
①转子绕组短路与断路的检查：
测量值：
正常 □　短路 □　断路 □
②转子绕组绝缘检查：
测量值：
正常 □　不绝缘 □
③滑环的检查：
正常 □　脏污 □　损坏 □
（2）定子的检查
①定子绕组短路与断路的检查：
<table>
<tr><td>测量点</td><td>A-N</td><td>B-N</td><td>C-N</td></tr>
<tr><td>测量值</td><td></td><td></td><td></td></tr>
<tr><td>正常</td><td></td><td></td><td></td></tr>
<tr><td>短路</td><td></td><td></td><td></td></tr>
<tr><td>断路</td><td></td><td></td><td></td></tr>
</table>
②定子绕组绝缘检查：
测量值：
正常 □　不绝缘 □</td></tr>
</table>

续表

<table>
<tr><td>任务过程</td><td colspan="5">(3) 整流器的检查
①检测正极管：
正向测量值：　　　　　反向测量值：
正常 □　　　损坏 □
②检测负极管：
正向测量值：　　　　　反向测量值：
正常 □　　　损坏 □
(4) 碳刷组件的检查
长度测量值：　　　　　长度标准值：
异常磨损情况：

三、问题与思考
1. 请判断出你所拆装的交流发电机的搭铁形式。如果是内搭铁式，怎样用外搭铁电压调节器与之匹配使用？

2. 交流发电机总成从车上拆下时为什么要先拆下蓄电池负极？</td></tr>
<tr><td rowspan="9">考核评价</td><td colspan="2">考评项目</td><td>分值</td><td>教师考核</td><td>备注</td></tr>
<tr><td rowspan="3">素质考评</td><td>团队协作</td><td>10 分</td><td></td><td></td></tr>
<tr><td>语言表达</td><td>10 分</td><td></td><td></td></tr>
<tr><td>实训纪律</td><td>10 分</td><td></td><td></td></tr>
<tr><td rowspan="4">过程考评</td><td>工具使用</td><td>10 分</td><td></td><td></td></tr>
<tr><td>任务实施</td><td>30 分</td><td></td><td></td></tr>
<tr><td>完成情况</td><td>20 分</td><td></td><td></td></tr>
<tr><td>工位整理</td><td>10 分</td><td></td><td></td></tr>
<tr><td>合　计</td><td colspan="4"></td></tr>
</table>

任务三　汽车电源系统故障诊断与检修

任务描述

汽车电源系统是汽车电气系统的重要组成部分，也是故障出现较多的部分，作为一名汽车维修技术人员，要熟知汽车电源系统的基本构成，能熟练排除常见的故障，保证汽车的正常启动，保证汽车交流发电机对蓄电池正常充电等。

任务分析

本任务讲述了电源系统常见的故障和排除方法，要求学生能掌握电源系统常见故障诊断和排除方法。

知识链接

汽车电源系统常见故障：充电指示灯不亮（发动机不运转时）、充电指示灯时亮时灭、充电系统不充电、蓄电池充电不足等。

一、电源系统不充电故障

1. 故障现象

发动机启动后，仪表上充电指示灯不熄灭，或是发动机正常运转过程中，充电指示灯常亮。

2. 故障原因

发电机磁场绕组出现故障，定子绕组短路、断路；或搭铁故障，整流器故障，电刷故障；调节器故障；交流发电机的传动故障；连接的有关电路故障。

3. 故障诊断与排除

当充电指示灯常亮时，说明点火开关、熔丝及充电指示灯良好；断开点火开关，检查交流发电机传动带的张紧度是否符合规定，若过大，应予调整；拆下调节器导线，接通点火开关，用万用表检测调节器电压，若电压为零，充电指示灯亮，说明仪表板与调节器间的电路搭铁，应予检修或更换，若调节器接电压等于蓄电池的电压，则继续检查；检查电刷与电刷弹簧，检查接触状况是否良好，如接触不良应予调整或更换，若接触良好，则继续检查；检查调节器有无故障，如有则需更换；检测发电机的定子、转子绕组有无断路、短路、搭铁故障，检测整流器有无故障，如有应予更换。

二、发动机不工作时充电指示灯不亮故障

1. 故障现象

接通点火开关和发动机正常运转时，充电指示灯始终不亮。

2. 故障原因

电指示灯灯丝断路、熔丝烧断；指示灯或调节器导线断路或松动；蓄电池极柱接头松动；点火开关故障；电刷与集电环接触不良；调节器内部电路故障。

3. 故障诊断与排除

（1）首先断开点火开关，检查仪表熔丝，若断路，更换相同容量的熔丝，若熔丝良好，则继续检查。

（2）接通点火开关，用万用表检测熔丝上的电压，如电压为零，说明点火开关及点火开关与熔丝之间电路有故障，应予检修或更换，若电压等于蓄电池的电压，则继续检查。

（3）拆下调节器导线，接通点火开关，用万用表检测调节器接线柱上电压，如电压为零，说明仪表板上的充电指示灯或旁通电阻断路，或仪表板与调节器之间断路，应予检修或更换，若电压等于蓄电池的电压，则继续检查。

（4）检查电刷与电刷弹簧，检查电刷与集电环接触是否良好，如接触不良应予检修或更换，如接触良好，则继续检查。

（5）检查调节器有无故障，如有则需更换调节器总成。

检查发电机的转子绕组有无断路、短路、搭铁故障，如有则需更换。

三、蓄电池充电不足故障

1. 故障现象

接通点火开关，充电指示灯亮，发动机启动后充电指示灯熄灭，但蓄电池很快出现亏电，并且启动发动机时，起动机运转无力。

2. 故障原因

（1）发电机传动带过松或损坏。

（2）发电机输出端子至蓄电池之间电路断路或导线接触不良。

（3）电刷与集电环接触不良。

（4）调节器调节电压过低或内部电路有故障。

（5）发电机转子绕组短路，磁场变弱而导致发电机输出功率降低。

（6）发电机整流器故障。

（7）蓄电池使用时间过长、极板硫化、损坏，全车电路中有导线搭铁漏电。

3. 故障诊断与排除

依据相应的原因进行诊断与排除。

四、充电指示灯时亮时灭故障

1. 故障现象

接通点火开关和发动机正常运转时，充电指示灯时亮时灭。

2. 故障原因

发电机传动带张紧度过大出现打滑；发电机个别整流二极管断路；定子绕组故障；发电机电刷磨损过多；调节器调节电压过低；相关电路接触不良。

3. 故障诊断与排除

（1）检查传动带的张紧度是否符合规定。

（2）检查相关电路的连接情况。

（3）拆下调节器和电刷组件总成，并按前述方法检查，若正常，则需检修发电机总成。

任务实施

一、实施环境

（1）汽车实训基地。

（2）汽车（通用）整车4台。

（3）万用表、翼子板布、车内三件套、拆装工具、解码器、举升机各4套及汽车维修手册。

二、实施步骤

故障现象：发动机工作时，充电指示灯点亮。

第一步：记录（读取）车辆故障码或者观察故障现象。

第二步：从故障车整车维修手册中正确拆画充电指示灯控制电路图。

第三步：分析充电指示灯控制逻辑。

第四步：根据控制电路及控制逻辑分析充电指示灯点亮的故障可能原因。

第五步：有序做相应的检测，诊断及排除故障。

任务工单

任务2－3 **汽车电源系统故障诊断与检修**

<table>
<tr><td>班级</td><td></td><td>姓名</td><td></td><td>学号</td><td></td></tr>
<tr><td>地点</td><td colspan="3"></td><td>等级</td><td></td></tr>
<tr><td>任务目的</td><td colspan="5"></td></tr>
<tr><td>任务过程</td><td colspan="5">1. 请按内搭铁方式连接下列电路。
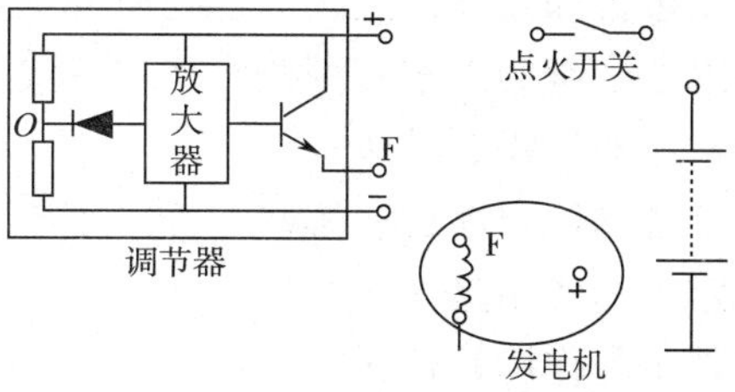
</td></tr>
</table>

续表

<table>
<tr><td rowspan="3">任务过程</td><td colspan="5">2. 充电指示灯时亮时灭故障的现象及原因有哪些？</td></tr>
<tr><td colspan="5">3. 蓄电池充电不足故障的现象及原因有哪些？</td></tr>
<tr><td colspan="5">4. 发动机不工作时充电指示灯不亮故障的现象及原因有哪些？</td></tr>
<tr><td rowspan="9">考核评价</td><td colspan="2">考评项目</td><td>分值</td><td>教师考核</td><td>备注</td></tr>
<tr><td rowspan="3">素质考评</td><td>团队协作</td><td>10 分</td><td></td><td></td></tr>
<tr><td>语言表达</td><td>10 分</td><td></td><td></td></tr>
<tr><td>实训纪律</td><td>10 分</td><td></td><td></td></tr>
<tr><td rowspan="4">过程考评</td><td>工具使用</td><td>10 分</td><td></td><td></td></tr>
<tr><td>任务实施</td><td>30 分</td><td></td><td></td></tr>
<tr><td>完成情况</td><td>20 分</td><td></td><td></td></tr>
<tr><td>工位整理</td><td>10 分</td><td></td><td></td></tr>
<tr><td>合计</td><td colspan="4"></td></tr>
</table>

项目小结

本项目讲述了汽车电源系统的作用、结构组成及工作原理，分析了电池和发电机的常规检查项目、日常维护，最后分析了电源系统常见故障诊断思路和排除故障的方法。

思考题

1. 12V 铅酸蓄电池由几个单格电池串联而成？
2. 铅酸蓄电池正极板和负极板上的活性物质分别是什么？
3. 影响汽车蓄电池容量的因素有哪些？
4. 铅酸蓄电池常见的故障有哪些？
5. 铅酸蓄电池常规的检查项目有哪些？
6. 汽车发电机定子的作用是什么？
7. 汽车发电机转子的作用是什么？
8. 汽车发电机整流器的作用是什么？
9. 请阐述汽车电源系统常见故障及诊断的方法和基本步骤。

项目三　汽车启动系统及检修

学习目标

1. 知识目标

（1）掌握汽车启动系统的组成和作用。

（2）掌握起动机的结构与工作原理。

（3）掌握起动机的拆装与检测方法。

（4）掌握启动控制电路的读图方法。

2. 能力目标

（1）能看懂汽车启动系统的基本电路。

（2）能对起动机进行检测维修。

（3）能完成汽车启动系统的常见故障诊断与排除。

任务一　起动机的检修

任务描述

起动机是汽车启动系统重要的组成部分，其工作状况好坏直接决定发动机能否正常启动。为此，作为一名合格的汽车维修人员，要掌握起动机的结构及工作原理，能正确地拆装起动机，对起动机进行就车和解体的检测等。

任务分析

本任务讲述了起动机的结构及工作原理，要求学生掌握起动机的结构及工作原理，能正确检修起动机总成及零部件。

知识链接

一、启动系统的组成

启动系统主要由蓄电池、点火开关、启动电路、起动机、启动继电器等部件组成（图3－1）。

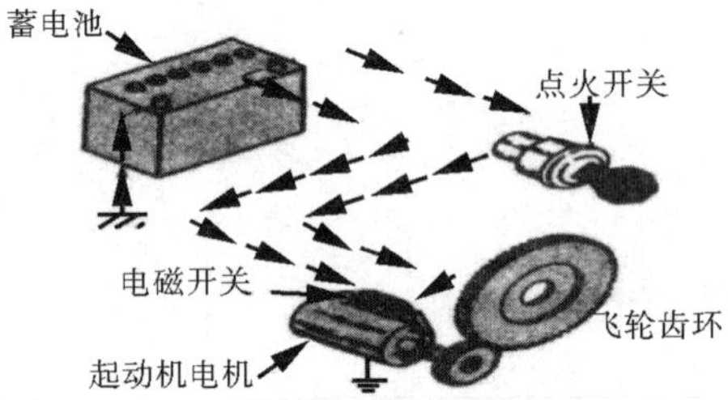

图3－1　典型的启动系统组成

1. 起动机

起动机是启动系统的核心部件，是将蓄电池电能转化成机械能，传递给发动机飞轮，使发动机开始运转。

2. 蓄电池和启动控制电路

蓄电池和启动控制电路是为起动机提供电能的部件。启动系统有关故障多数都与蓄电池及其相关部件有关，查找故障时，应首先检查蓄电池及其相关部件。

二、起动机分类、型号、工作原理及特性

1. 起动机的分类

各种起动机中，电动机部分一般没有本质的差别，差异主要在控制方法和传动机构的啮入方式。起动机按控制方法、传动机构啮入方式的不同来分类。

（1）按传动机构啮入方式的不同分类。起动机可分为以下几种方式：

1）强制啮合式。依靠人力或电磁力拉动杠杆，拨动驱动齿轮啮入飞轮齿环。

2）同轴式。依靠与起动机同轴安装的电磁开关，直接吸动驱动齿轮与飞轮齿环啮合。

3）惯性啮合式。起动机旋转时，驱动齿轮借惯性力自动啮入飞轮齿环。

4）齿轮移动式。电磁开关推动安装在电枢轴孔内的啮合杆使齿轮啮入飞轮齿环。

5）电枢移动式。依靠磁极电磁力，使电枢轴向飞轮齿环方向移动，将齿轮啮入飞轮齿环。

除上述以外，还有永磁铁的永磁式起动机、内装减速齿轮的减速式起动机等。

（2）按控制方法的不同分类。起动机可分为以下几种方式：

1）电磁控制式。由按钮或钥匙控制电磁铁，电磁铁控制主电路开关，接通或切断

主电路，可进行远距离控制，因此现代汽车大多采用这种方式。

2）机械控制式。由脚踏或手拉联动机构直接控制起动机主电路开关来接通或切断主电路。由于起动机、蓄电池靠近驾驶室，受安装布局的限制操作不便，因此已很少采用。

2. 起动机的型号

根据汽车电气设备产品型号编制方法的规定，起动机的型号如图 3－2 所示。

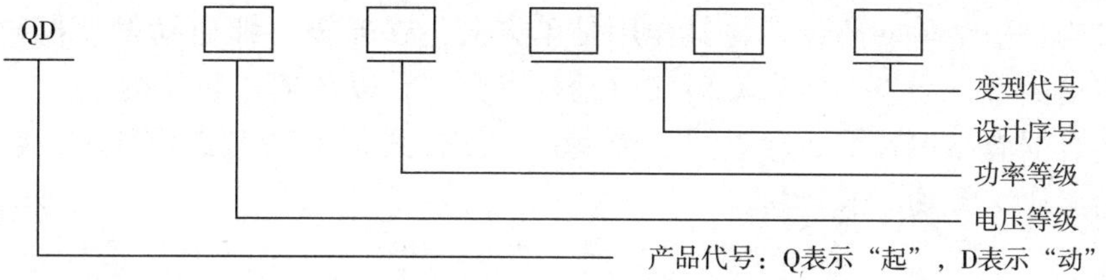

图 3－2　起动机的型号

电压等级：1 表示 12V，2 表示 24V。

功率等级：1 表示 0～1kW，2 表示 1～2kW。

设计序号：按产品设计先后顺序，按 1～2 位数字表示。

变型代号：变型代号分别用 A、B、C、…表示。

3. 起动机总体结构组成及作用

起动机的作用是将蓄电池的电能通过起动机转换为机械能，再通过传动机构将发动机拖转。起动机一般由以下三部分组成：

（1）直流串励电动机。将蓄电池的电能转换为机械能，产生电磁转矩。

（2）传动机构。又称起动机离合器、啮合器。传动机构的作用是在发动机启动时，将起动机轴上小齿轮啮入飞轮齿环，将起动机的转矩传递给发动机；在发动机启动后起动机小齿轮与飞轮齿环自动脱开。

（3）控制装置。又称起动机开关，用来接通和断开电动机与蓄电池之间的电路，同时还能接入和切断点火线圈的附加电阻。

三、起动机的工作原理

直流电动机是根据通电导体在磁场中受到力的作用这一原理制成的，其工作原理如图 3－3 所示。

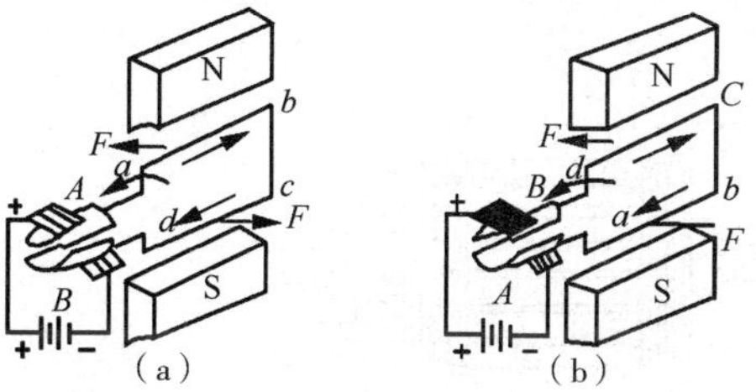

图 3－3　直流电动机的工作原理

实际上电动机的电枢上有很多绕组，换向片数也相应增加，从而保证产生足够的转矩和稳定的转速。

四、起动机的组成与结构

起动机一般由直流电动机、传动机构和电磁开关三部分组成，如图 3－4 所示。

1. 起动机传动机构

传动机构是一个单向离合器，其作用是单方向传递转矩，即启动发动机时，将起动机的转矩传给曲轴，当发动机启动后又自动打滑分离，以免损坏起动机。

单向离合器有摩擦片式、滚柱式、弹簧式、棘轮式等不同形式，其中，摩擦片式的单向离合器多用于大功率起动机。

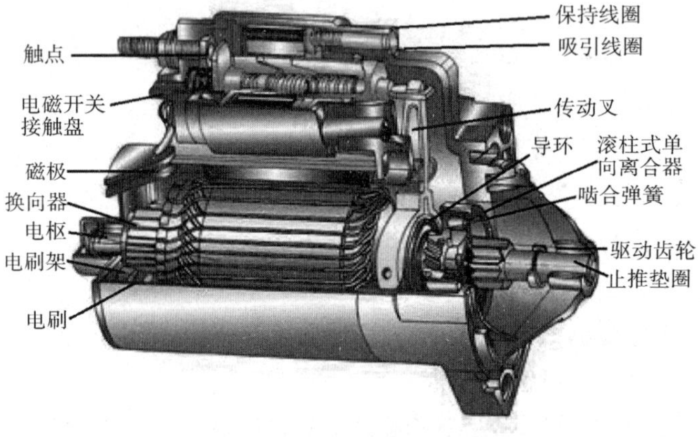

图 3－4　起动机的结构

2. 串励式直流电动机

直流电动机由外壳、磁极、电枢、电刷、电刷架等组成。

（1）磁极由铁芯和激磁绕组构成，作用是在电动机中产生磁场。磁极铁芯一般由低碳钢制成，并通过螺钉固定在电动机壳体上。磁极一般由 4 个激磁绕组形成两对两两相对的磁极，常见的激磁绕组一般与电枢绕组串联在电路中。

（2）电枢用来产生电磁转矩，由电枢铁芯、电枢绕组、电枢轴及换向器组成，如图 3－5 所示。电枢铁芯由多片互相绝缘的硅钢片叠加而成；电枢绕组采用粗扁铜线，用波绕法绕制而成；换向器的铜片较厚，相邻铜片之间用云母片绝缘，如图 3－6 所示。

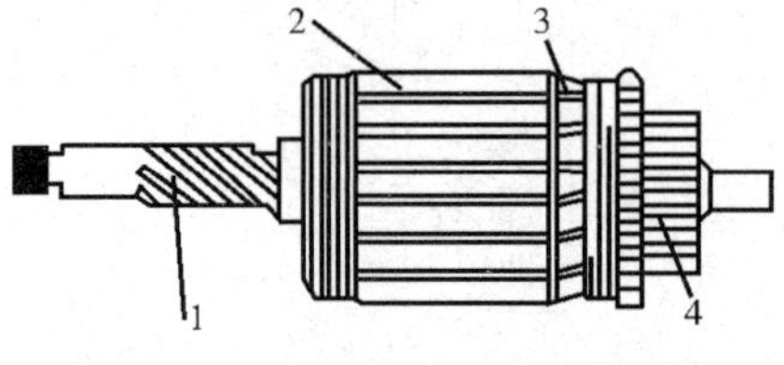

图 3－5　电枢

1—电枢轴　2—电枢铁芯　3—电枢绕组　4—换向器

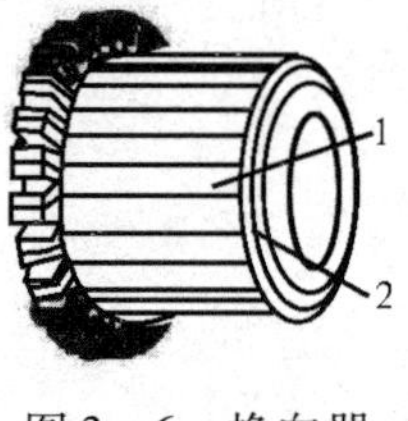

图 3－6　换向器

1—铜片　2—云母片

（3）电刷和电刷架。将电流引入电枢，使电枢产生连续转动。电刷一般用铜和石墨压制而成，有利于减小电阻、增加耐磨性。电刷装在电刷架中，借弹簧压力压紧在换向器上。

（4）外壳由低碳钢卷制而成，或由铸铁铸造而成。

3. 电磁操纵机构

图 3－7 所示是电磁操纵机构电路图，主要由吸引线圈、保持线圈、驱动杠杆、启动开关接触片等组成。

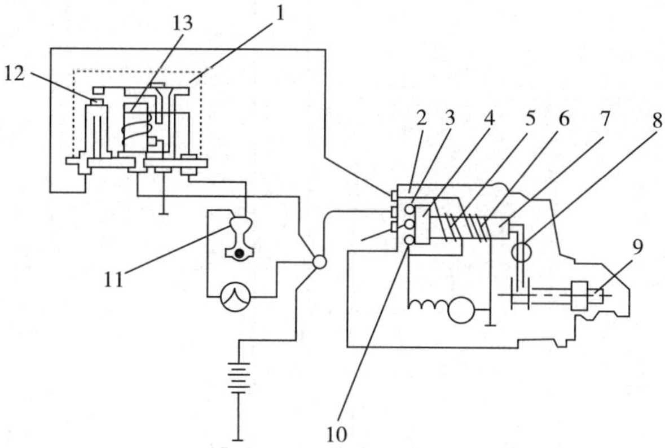

图 3－7　起动机电磁操纵机构电路

1—启动继电器　2—起动机　3—起动机蓄电池接线柱　4—接触片　5—吸引线圈
6—保持线圈　7—铁芯　8—驱动杠杆　9—小齿轮　10—电动机接线柱
11—启动开关　12—启动继电器触点　13—启动继电器线圈

启动后，松开启动开关，启动继电器断电磁场消失，在回位弹簧的作用下，铁芯右移回到原位，起动机电路切断。同时，驱动杠杆也在弹簧的作用下回位，并使齿轮退出啮合。

五、减速起动机的基本结构和工作原理

减速起动机与常规起动机的区别是在传动机构和电枢轴之间安装一套齿轮装置。工作原理是：通过减速装置，把力矩传递给单向离合器，降低电动机速度并增大输出力矩，减轻起动机的体积和质量。齿轮减速装置主要有平行轴外啮合减速齿轮装置和行星齿轮减速装置两种形式。

六、典型启动系统电路

1. 上海帕萨特 B5 轿车起动机控制电路

如图 3－8 所示为上海帕萨特 B5 轿车起动机控制电路图。该电路工作过程：将点火开关 D 拨至启动挡位，电磁开关电路接通，其电路是：蓄电池正极→中央配电盒→起动机接线柱→吸引线圈→保持线圈→搭铁→蓄电池负极。由于通电后，使铁芯产生吸力，吸动衔铁前移，接通电动机主电路，使电枢通电旋转，产生的转矩经传动机构/驱动齿

轮传给曲轴飞轮，启动发动机，吸引线圈断电。发动机启动后，点火开关退出启动挡位，保持线圈电路切断，吸力消失，衔铁回放，起动机停止工作。

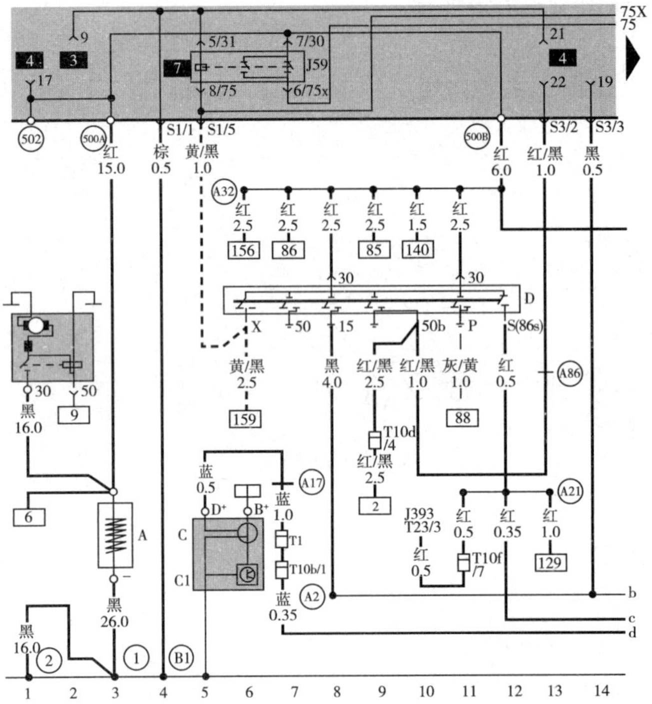

A – 蓄电池
B – 起动机
C – 发电机
C1 – 调压器
D – 点火开关
J59 – X轴点燃电器，在继电器板上2号位（370继电器）
J393 – 舒适电子的控制单元
T1 – 单针插头，蓝色，在发动机缸线体的右侧
T10b – 10针插头，黑色，在发动机室控制单元防护罩内的左侧（1号位）
T10d – 10针插头，棕色，在发动机室控制单元防护罩内的左侧（2号位）
T10f – 10针插头，蓝色,在左A柱处（6号位）
T23 – 23针插头，在舒适系统控制单元上
(A2) – 正极连接在（15），在仪表板线束内
(A17) – 连接线（61），在仪表板线束内
(A21) – 连接线（86s），在仪表板线束内
(A32) – 正极连接线（30），在仪表板线束内
(A86) – 连接线（50b），在仪表板线束内
(1) – 接地点，蓄电池与车身
(2) – 接地点，变速器与车身
(81) – 接地连接线，在仪表板线束内
(500A) – 螺栓接地点1（30c火线），在继电器板上
(500B) – 螺栓接地点1（30c火线），在继电器板上
(502) – 螺栓接地点3（30c火线），在继电器板上

图3－8　上海帕萨特B5轿车起动机控制电路

2. 别克君威轿车起动机控制电路

别克君威2.5GL、3.0GS起动机控制电路如图3－9所示。该电路的工作情况是：当点火开关转到启动位置时，蓄电池电压→驾驶室内熔断器A3→A4熔断器→接线盒的D9端子→PCM插头C3→23端子，作为启动信号；PCM收到此信号后，其C2－76端子接地，启动继电器工作，12V电源经“曲轴Maxi熔丝40A”→“启动继电器触点”→“自动变速器P/N位置”→起动机电磁吸力开关，起动机工作。

当以下情况出现时，PCM即使收到启动信号也不接通起动机：

（1）发动机启动5s后。

（2）起动机连续工作15s。

（3）防盗口令不正确。

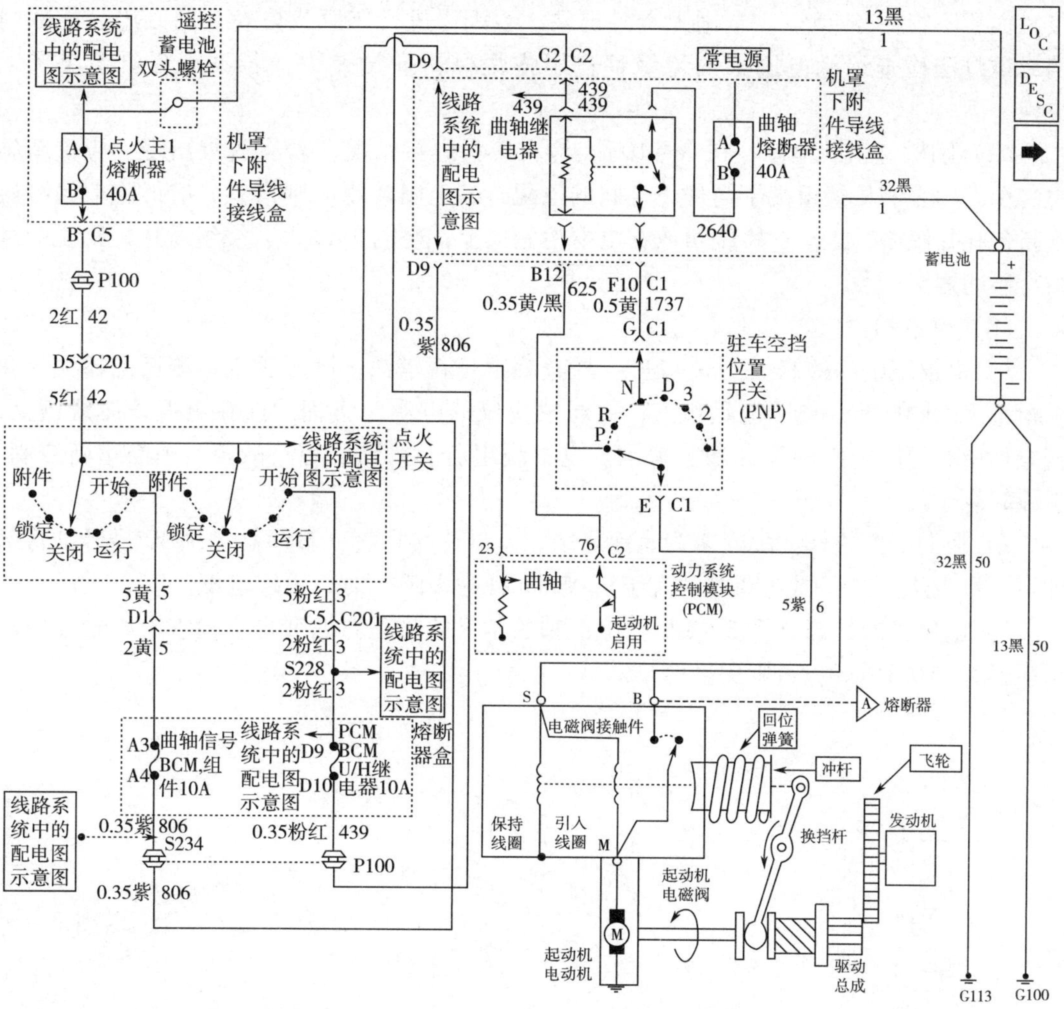

图 3－9　别克君威 2.5GL、3.0GS 起动机控制电路

任务实施

一、实施环境

（1）汽车实训基地。

（2）起动机 4 个。

（3）万用表 4 个、呆扳手 4 套、一字及十字螺钉旋具各 4 个。

二、实施步骤

1. 起动机的检修

（1）电刷与电刷架的检修。检查电刷的长度，一般不得低于标准的 2/3，电刷的接触面积不得少于75%，电刷无卡滞现象，否则需进行修磨或更换；用万用表的欧姆挡或试灯法检查绝缘电刷架的绝缘性；用弹簧秤测弹簧弹力，若不符合要求应予以更换。

（2）励磁绕组的检修（图3－10）。检查接头焊接情况，若有脱焊出现，应重新施焊；用万用表测量绕组端子与外壳之间的电阻，若电阻较小，则搭铁，应拆除旧绝缘层重新包扎并浸漆，烘干；将绕组放在电枢检验仪上，通电5min，若绕组发热，则说明绕组有匝间短路。

（3）电枢的检修。

1）电枢绕组的检修（图3－11）。检查绕组是否搭铁，用万用表检测换向器铜片和电枢轴之间的电阻，电阻应足够大；接通感应仪的电源，将钢片放在电枢铁芯线槽上，若电枢中有短路，则钢片在槽上振动。电枢绕组若有搭铁、短路故障，则需重新绕制、浸漆、烘干。

2）换向器的检修。故障多为表面烧蚀、云母片突出等。轻微烧蚀用30号砂纸打磨即可；严重烧蚀或失圆（圆跳动大于0.05mm视为失圆）时，更换电枢。

3）电枢轴的检修（图3－12）。电枢轴的常见故障是弯曲变形。检查电枢轴径向跳动应不大于0.15mm，否则更换电枢。

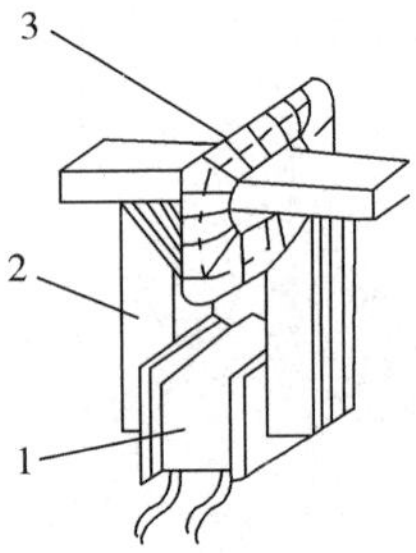

图3－10　励磁绕组的检修

1—感应仪　2—铁芯　3—励磁绕组

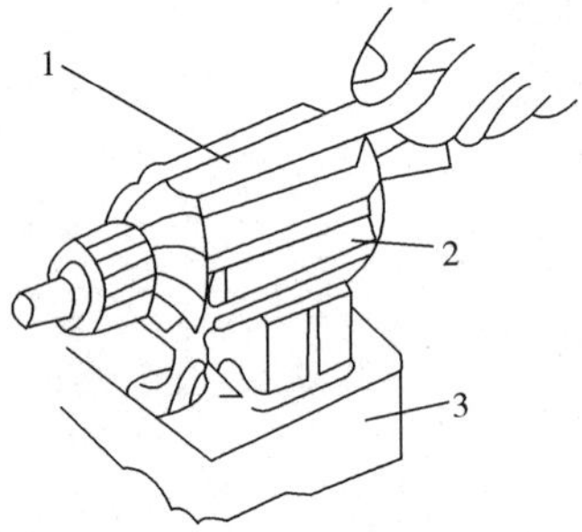

图3－11　电枢绕组的检修

1—钢片　2—电枢　3—感应仪

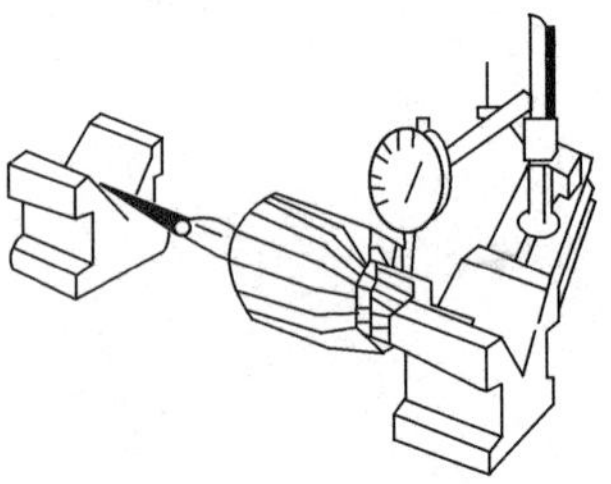

图3－12　电枢轴的检修

（4）电磁开关的检修。常见故障为线圈断路、短路和搭铁，接触盘及触点表面烧蚀等。可用万用表检测线圈是否断路、搭铁；如果线圈工作不良，予以更换；接触盘及触点轻微烧蚀的位置可以用锉刀或砂布修整；回位弹簧过弱应予以更换。

（5）单向离合器的检修。常见故障是打滑，用扭力扳手检测单向离合器转矩，若转矩小于规定值，说明打滑，应予以更换。摩擦片式单向离合器，可以通过调整垫圈厚度使其达到要求。

2. 起动机的试验

（1）空载试验。将起动机夹紧，接通电路，如图3－13所示，起动机应运转均匀，电刷无火花产生。若电流大于标准且转速低于标准，则可能是起动机装配过紧，电枢绕组、激磁绕组有搭铁或短路故障；如果电流、转速都低于标准，则起动机内部电路接触不良。

注意：空载试验不应超过1min，以免过热。

（2）全制动试验。指在空载试验后，通过测量起动机全制动时的电流和转矩来检验起动机的性能。将起动机放在万能试验台上，通电后迅速记录电流表、弹簧秤、电压表的读数；如果电流大而转矩小，则绕组有短路或搭铁不良；如果转矩和电流都小，则起动机内接触电阻过大；如果电枢轴有缓慢转动，则单向离合器打滑。

注意：全制动试验动作要迅速，一次试验不得超过5s以上，以免烧坏电动机、影响蓄电池寿命。

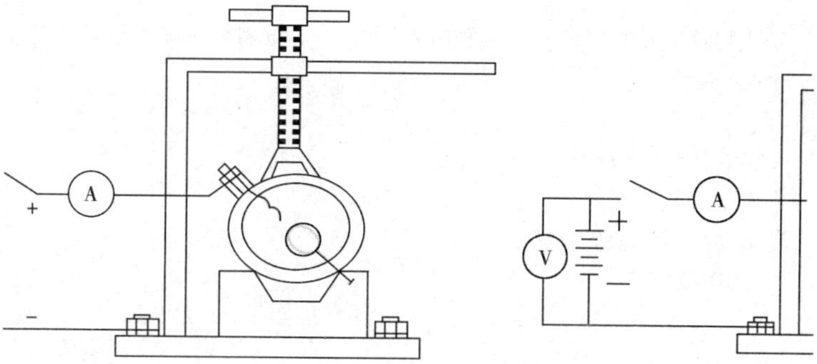

图3－13　起动机空载实验

3. 起动机使用与维护

（1）起动机的使用注意事项。

1）每次启动时间不应超过5s，重复启动应间隔15s，否则会严重影响蓄电池和起动机的使用寿命。

2）启动发动机时，变速器应置于空挡，严禁通过挂挡启动来移动车辆。

3）发动机启动后，应立即松开点火开关或启动按钮，使起动机停止工作，以避免单向离合器不必要的磨损。

4）发动机工作时，严禁拧点火开关至启动挡，一般点火开关上设有防启动保护。

5）当发动机连续几次都无法启动时，应对启动电路以及发动机进行检查，排除故障后再启动。

（2）起动机的维护要点。

1）经常检查电路各导线连接是否牢固，绝缘是否良好。

2）经常保持起动机的清洁干燥。

3）经常检查活动部件，并按规定加以润滑。

4）起动机一般每年可进行一次维护性检修。

任务工单

任务 3－1　**起动机的检修**

班级		姓名		学号	
地点				等级	
任务目的					

任务过程

一、基本概念

1. 起动机的作用是什么？由哪几部分组成？各部分的作用是什么？

2. 直流电动机由____、____、____、____与____等组成。

3. 电枢总成用来产生____，磁极用来产生____，电刷与电刷架是将____引入电枢，使电枢产生连续运动。

4. 齿轮传动装置的作用是：

5. 起动机型号识别（说明其意义）

QD123

序号	代表的含义
QD	
1	
2	
3	

6. 电磁操纵机构主要由____、____、____、____等组成。

二、操作步骤

1. 如果出现启动运转无力，首先检查____，如果无问题，则应拆检____。首先检查____的接触情况，其次检查____和____。

2. 起动机的拆解步骤为：

3. 用万用表检测电磁开关接线柱 50 与电磁开关壳体之间的电阻，应为____，否则表示____，应____。你的检测结果是：____。电磁开关接线柱 60 与接线柱 50 之间的电阻，应为____，否则表示____，应____。你的检测结果是：____。

4. 拆下起动机电刷，换向器表面应无____现象，电刷在电刷架内应活动自如，电刷与换向器的接触面积不应小于____，电刷长度不应小于新电刷的____。电刷弹簧的张力应在____之间。你的检查结果是：____。

5. 用万用表检测磁场线校正端与碳刷之间的电阻，应为____，否则表示____，应____。你的检测结果是：____。磁场线校正端与定子壳体之间的电阻，应为____，否则表示____，应____。你的检测结果是：____。

6. 起动机的电枢检查应在____上进行，当测试仪通电后，将铁片置于电枢的铁芯上，一边转动电枢，一边移动铁片，当铁片 3 在某一部位产生振动时，说明电枢____，应____。

续表

考评项目			分值	教师考核	备注
考核评价	素质考评	团队协作	10 分		
		语言表达	10 分		
		实训纪律	10 分		
	过程考评	工具使用	10 分		
		任务实施	30 分		
		完成情况	20 分		
		工位整理	10 分		
	合计				

任务二　汽车启动系统故障诊断与检修

任务描述

汽车启动系统是汽车重要的组成部分，它的正常工作是汽车能正常行驶的前提条件。为此，对一名合格的汽车维修人员来说，必须掌握启动系统常见故障的诊断及排除方法。

任务分析

本任务讲述了起动机不转、启动无力、空转、接地线接触不良导致起动机转速低等汽车启动系统常见故障诊断及排除方法。

知识链接

一、起动机不转

1. 故障现象与故障原因

发动机无法启动的故障诊断流程如图 3－14 所示。

发动机启动时，起动机不转，可能故障如下（以带启动继电器为例）：

（1）电源故障：蓄电池严重亏电、启动电路导线连接松动等。

（2）起动机故障：换向器与电刷接触不良，绕组有断路或短路，绝缘电刷搭铁。

（3）启动继电器故障：启动继电器线圈断路、短路、搭铁或其触点接触不良。

（4）点火开关故障：点火开关接线松动、接触不良。

（5）启动系统电路故障：启动电路有断路、导线接触不良或松脱等。

2. 故障诊断流程

在蓄电池电量充足，电磁开关各接线接触良好的前提下，按图 3－15 进行故障诊断。

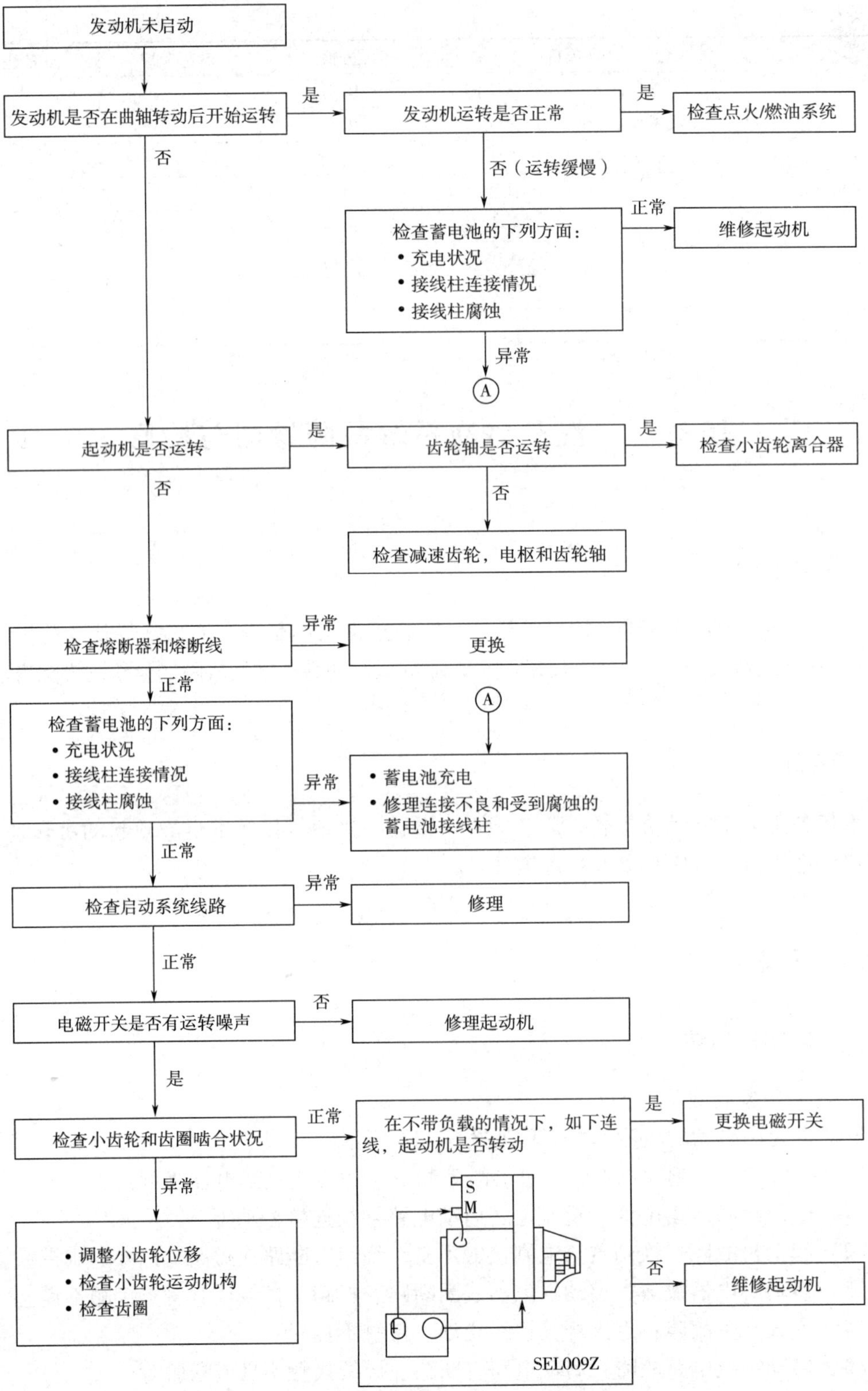

图 3－14　发动机不能启动故障诊断流程

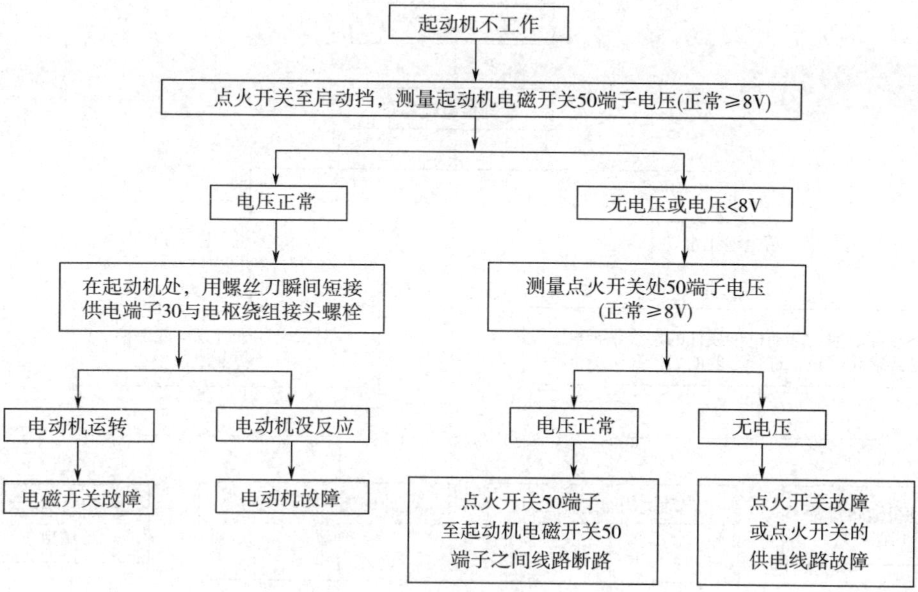

图 3－15　起动机不工作故障诊断流程

3. 相关操作步骤

（1）检查电源。用万用表检测蓄电池连线、电压是否正常。

（2）检查起动机。若电源无问题，则将起动机短接，若起动机不转，则说明是起动机内部有故障，应拆检起动机；如果起动机空转正常，则进行后面步骤。

（3）检查电磁开关。将启动继电器两接线端短接，若起动机不转，则说明电磁开关有故障，应拆检电磁开关；如果起动机运转正常，则说明故障在启动继电器或有关的电路上。

（4）检查启动继电器。将两接线柱短接，若起动机转动，则说明启动继电器内部有故障，否则应再做下一步检查。

（5）检查点火开关及电路。用万用表检测启动继电器至点火开关线路，有无短路、断路情况发生。

二、起动机启动无力

1. 故障现象与故障原因

起动机启动时，起动机转速明显偏低甚至于停转，可能有如下故障：

（1）电源故障。蓄电池亏电、接线柱松动。

（2）起动机故障。换向器与电刷接触不良，电磁开关接触不良，电动机绕组局部短路等。

2. 故障诊断流程

（1）检查电源电压，若正常，则应拆检起动机。

（2）拆检起动机：检查电磁开关、换向器与电刷的接触情况；检查绕组有无短路。诊断流程如图 3－16 所示。

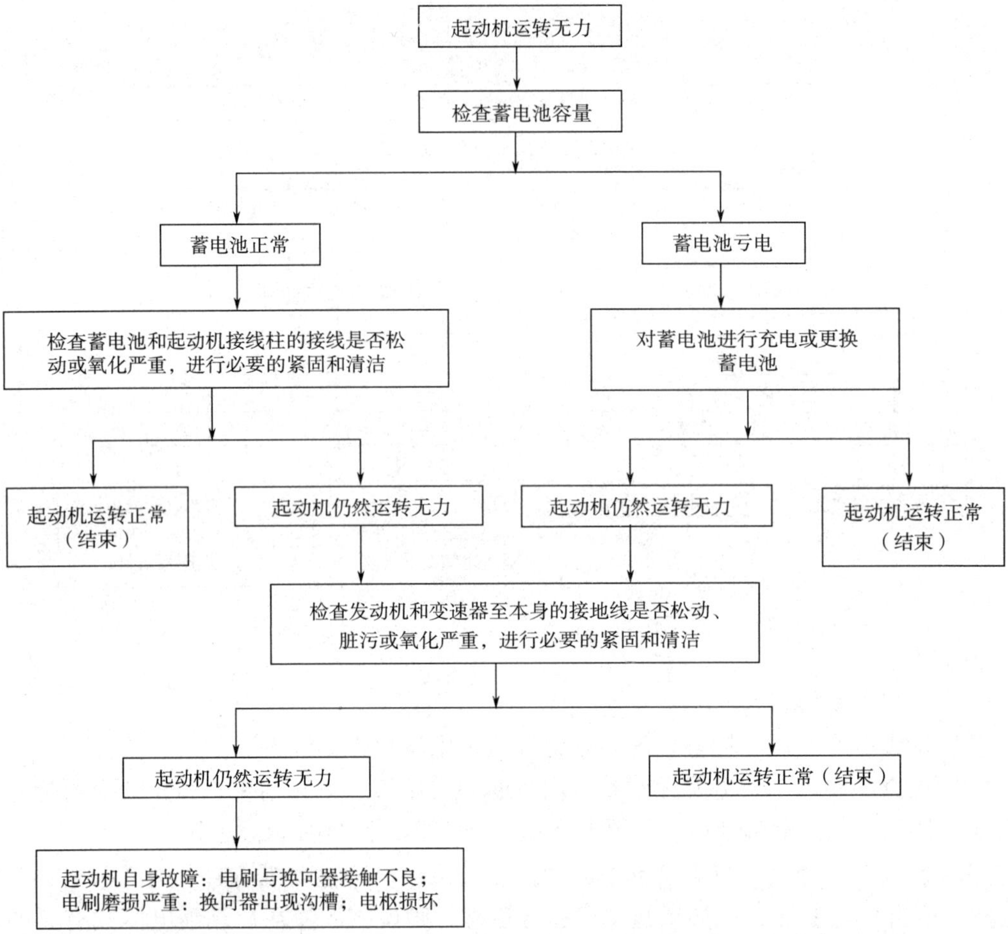

图 3－16　起动机运转无力故障的诊断流程

三、起动机空转

1. 故障现象与故障原因

接通启动开关后，起动机空转，说明故障原因在起动机的传动装置和飞轮等处。

2. 故障诊断方法

（1）若起动机空转，同时有齿轮的撞击声，则表明飞轮齿环或起动机小齿轮磨损严重或已损坏，不能正确地啮合。

（2）起动机传动装置故障有：单向啮合器弹簧损坏、滚子磨损严重、花键槽锈蚀。

（3）起动机传动装置采用一级行星齿轮减速装置的，使用中常出现载荷过大而烧毁卡死。摩擦片式离合器、压紧弹簧损坏，花键锈蚀卡滞、摩擦离合器打滑，也会造成起动机空转。

任务实施

一、实施环境

（1）汽车实训基地。

（2）大众 13 捷达汽车整车一台。

（3）万用表、呆扳手 1 套、一字及十字螺钉旋具各 4 个、拆检工具 4 套。

二、实施步骤

典型汽车启动系统故障诊断与排除方法：

1. 大众 13 捷达汽车启动系统

大众捷达汽车启动系统主要由 QDY1212 型电磁操纵式启动机、启动继电器、电源及点火开关等组成，启动电路如图 3 – 17 所示。启动系统常见的故障有起动机不转、空转、运转无力和驱动齿轮与飞轮齿圈发出撞击声等故障，现对启动系统故障诊断与排除方法进行分析。

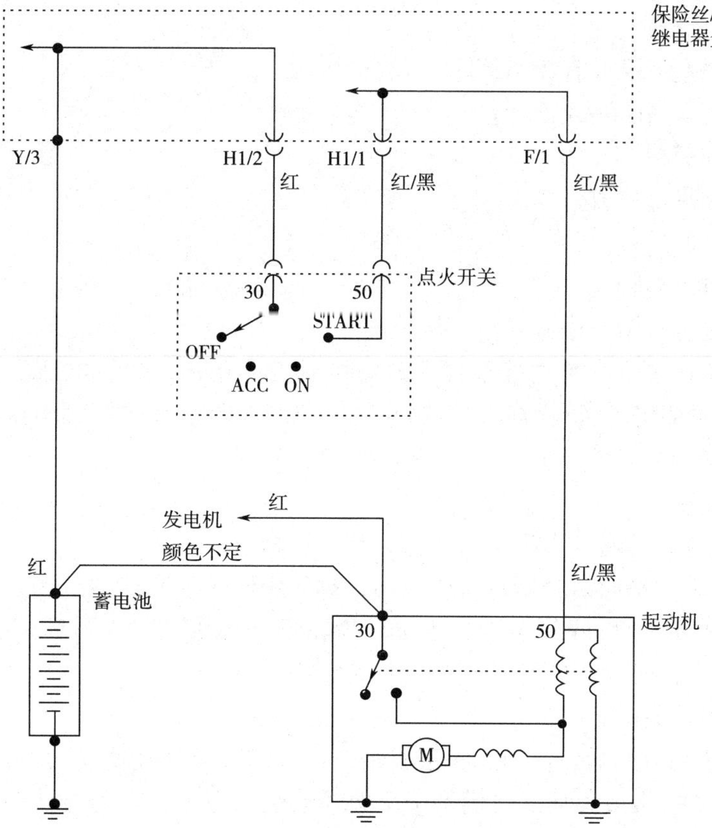

图 3 – 17　捷达汽车启动系统控制电路

2. 起动机不运转

（1）故障现象将点火开关置于启动挡，起动机不运转。

（2）故障原因。

1）蓄电池容量不足、导线松动，接触不良或断路。

2）启动继电器触点烧蚀或线圈断路。

3）电磁开关触点烧蚀或线圈断路。

4）电动机故障。

（3）故障诊断与排除。

1）检测蓄电池电压，若正常，则应对起动机和控制电路进行诊断。

2）短接起动机两个接线柱，如果起动机运转正常，说明故障在控制电路；如果起动机不运转，故障在电动机内部。

3）电磁开关的故障判断：将起动机的 30 和 50 接柱短接，如果起动机运转正常，说明电磁开关良好；如果起动机不转，说明电磁开关故障。

4）启动继电器故障判断：将继电器两接柱短接，若起动机运转，故障在继电器。如果起动机不运转，则故障可能在点火开关。

3. 起动机运转无力

（1）故障现象。将点火开关旋至启动挡，起动机不转或运转缓慢无力。

（2）故障原因分析。

1）蓄电池电量不足或有短路故障。

2）电动机主电路断路或松动。

3）绕组局部短路。

4）起动机轴承过松或过紧。

5）发动机装配过紧。

（3）故障诊断与排除。

1）检查蓄电池电量、电源导线连接情况。

2）用起子短接电磁开关主接线柱，若短接后启动正常，说明电磁开关损坏；若短接后仍然无力，可能电动机有故障，电刷和换向器间电阻过大或接触不良，单向离合器打滑，需进一步检修。

4. 起动机空转

（1）故障现象。接通点火开关启动挡，起动机高速空转。

（2）故障原因。单向离合器打滑或损坏；拨叉变形或拨叉连动机构松脱；起动机驱动齿轮飞轮齿圈间的行程调整不当，或驱动齿轮不能自由活动；电磁开关铁芯行程太短；起动机驱动齿轮或发动机齿圈严重磨损或打坏。

（3）故障诊断与排除。

1）驱动齿轮与齿圈啮合，但飞轮不旋转，可听到嗡嗡的高速旋转声，无碰齿声音，一般为单向离合器打滑或损坏。可用手正反向转动驱动齿轮，若均能转动，属于滚柱式单向离合器失效，应更换单向离合器总成。

2）起动机空转伴有严重的碰擦轮齿声音，说明飞轮轮齿或起动机驱动齿轮严重磨损，应拆下进一步检查，更换驱动齿轮或飞轮。

3）起动机空转如有较轻的摩擦声音，说明铁芯行程太短，应拆下起动机，进行起动机接通时刻的调整。

4）若启动时伴有撞击声，应检查拨叉连动机构是否松脱，固定螺栓是否松动。

5. 起动机运转不停

（1）故障现象：发动机启动后出现尖叫声，起动机被反拖高速旋转不能停下，启动后较长时间才停止运转。

（2）故障原因分析。

1）起动机单向离合器卡死。

2）起动机安装不当，齿侧间隙过小。

3）起动机驱动齿轮缓冲弹簧弹力过弱或折断。

4）继电器触点或电磁开关触点烧结焊死。

（3）故障诊断与排除。关闭点火开关，起动机仍运转，应立即熄火，否则会损坏起动机。故障原因：继电器触点或电磁开关触点烧结所致。检修排除电路不能断开的故障；再检查齿侧间隙是否过小、单向离合器是否卡死、缓冲弹簧是否折断或过软等机械故障，应根据情况予以修理更换。

6. 驱动齿轮与飞轮齿圈撞击

（1）故障现象。启动发动机时，驱动齿轮与飞轮齿圈发出撞击声，出现打齿现象。

（2）故障原因分析。

1）起动机驱动齿轮、发动机齿圈严重磨损或打坏。

2）驱动齿轮端面与端盖凸缘间的距离过小。

（3）故障诊断与排除。检查驱动齿轮与飞轮齿圈的磨损情况，根据实际情况更换驱动齿轮或飞轮齿圈；检查驱动齿轮端面与端盖凸缘间的间隙；对启动主电路接通时刻按规定进行调整。

7. 电磁开关吸合不牢

（1）故障现象：当接通启动开关时，起动机活动铁芯不断产生往复运动/发出嗒嗒的声音。

（2）故障原因分析。

1）蓄电池亏电或启动电源电路接触不良。

2）启动继电器断开电压过高。

3）电磁开关保持线圈断路、短路或搭铁不良。

（3）故障排除方法。先检查启动电源电路是否良好；若无问题，可将启动继电器短接，如果起动机能正常运转，故障为启动继电器断开电压过高，应予以调整；若故障依然存在，用万用表检测蓄电池电压，接通起动机时，其电压不得低于9.6V；若故障仍不能消除，应检修或更换电磁开关。

任务工单

任务 3－2　　　　汽车启动系统故障诊断与检修

<table>
<tr><td>班级</td><td></td><td>姓名</td><td></td><td>学号</td><td></td></tr>
<tr><td>地点</td><td colspan="3"></td><td>等级</td><td></td></tr>
<tr><td>任务目的</td><td colspan="5"></td></tr>
<tr><td>任务过程</td><td colspan="5">分析 2015 款捷达轿车起动机不工作的可能原因，如何检测？请记录检测结果。
1. 请画出 2015 款捷达轿车起动机控制电路。
2. 起动机不工作可能原因是什么？
3. 检测。
a. 就车检测。
b. 取下起动机检测。</td></tr>
<tr><td rowspan="9">考核评价</td><td colspan="2">考评项目</td><td>分值</td><td>教师考核</td><td>备注</td></tr>
<tr><td rowspan="3">素质考评</td><td>团队协作</td><td>10 分</td><td></td><td></td></tr>
<tr><td>语言表达</td><td>10 分</td><td></td><td></td></tr>
<tr><td>实训纪律</td><td>10 分</td><td></td><td></td></tr>
<tr><td rowspan="4">过程考评</td><td>工具使用</td><td>10 分</td><td></td><td></td></tr>
<tr><td>任务实施</td><td>30 分</td><td></td><td></td></tr>
<tr><td>完成情况</td><td>20 分</td><td></td><td></td></tr>
<tr><td>工位整理</td><td>10 分</td><td></td><td></td></tr>
<tr><td>合计</td><td colspan="4"></td></tr>
</table>

项目小结

本项目讲述了起动机的结构、工作原理、起动机的检修项目、常见故障诊断等，学员应掌握起动机的结构及工作原理，能正确地拆装起动机，检修起动机总成及各零部件；同时对启动系统常见的故障进行分析诊断及排除。

思考题

1. 汽车启动系统由哪几部分组成?
2. 起动机的组成有哪几部分？分别有什么作用?
3. 简述起动机的就车检测方法。
4. 简述起动机各个零部件的检修方法。
5. 请阐述汽车启动系统常见故障及其故障的诊断方法。

项目四　汽车点火系统及检修

学习目标

1. 知识目标

(1) 熟知点火系统的组成与工作原理。

(2) 熟知不同点火形式的特点。

(3) 熟知点火系统各部件结构和工作原理。

(4) 了解点火提前角与点火闭合角。

2. 能力目标

(1) 能够对点火系统进行外观检查。

(2) 能检测电控点火系统相关零部件。

(3) 能正确检查点火的高低压电路，并能对常见故障进行检修。

任务一　点火系统认识

任务描述

为了保证发动机在各种工况下可靠并准确地点火，点火系统必须满足以下要求：提供足够高的次级电压，使火花塞极间跳火，目前大多数电控点火系统能提供击穿电压已超过28kV；火花应具有足够的能量，一般应具有50～80MJ的点火能量；点火系统应根据发动机的点火顺序以最佳时刻（点火提前角）进行点火。目前，机械式有触点式点火系统已被淘汰，并由普通电子点火系统发展为电子控制点火系统。

任务分析

本任务讲述了汽油机点火系统从最初的传统点火系统到电子点火系统、微机控制点火系统，结构和原理均发生了较大的变化，要求学生学习完能独立完成汽车电子点火系统的拆装与维护。

知识链接

一、点火系统概述

当前大部分汽车采用无分电器电控点火系统，一般由蓄电池、点火开关、点火线圈、高压线、火花塞、ECU 及相关传感器（如曲轴位置传感器、凸轮轴位置传感器、爆震传感器等）组成，如图 4－1 所示。点火线圈内部包含初级线圈和次级线圈，它们共用铁芯，通过感应产生高压，然后由火花塞产生电火花点燃混合气。ECU 则根据传感器信号判断活塞是否处于压缩上止点位置，以确定最佳点火时刻。

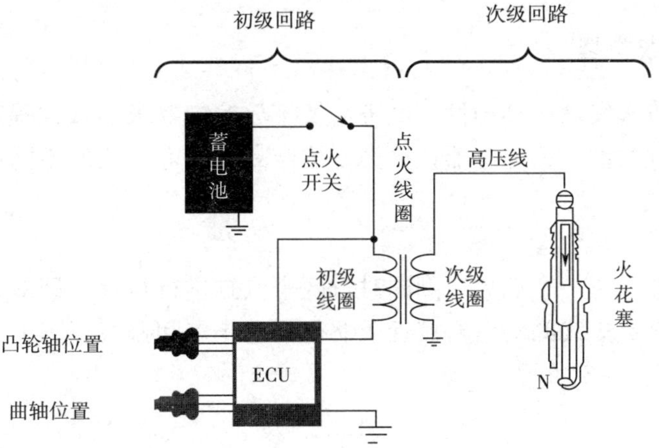

图 4－1　点火系统的组成

如图 4－1 所示，与点火控制有关的传感器主要有曲轴位置、凸轮轴位置传感器、空气流量计（或进气管压力传感器）、进气温度传感器、冷却液温度传感器、节气门位置传感器、爆燃传感器等。发动机在不同转速和负荷下的最佳点火提前角被事先存储在 ECU 的存储器内。在发动机实际运行时，ECU 先根据空气流量计和曲轴位置传感器测得发动机负荷和转速信号，从存储器内读出相应工况下的点火提前角，再根据冷却液温度传感器、节气门位置传感器等测得的发动机其他运转参数，对所选取的点火提前角进行修正，以保证在任意运转工况下都能获得最佳的点火提前角。最后，ECU 还要根据曲轴位置传感器测得的曲轴位置基准信号，在各缸活塞到达压缩行程上止点之前，精确地按照这一最佳点火提前角向点火控制器发出点火信号，通过点火控制器控制点火线圈初级电流的导通和断开，从而产生感应电压，触发火花塞跳火。

为了使发动机工作于最理想的状态，要求点火正时能够随工况的变化而变化，要求发动机 ECU 总是按照最佳点火正时的要求控制点火正时，以电子的手段控制发动机各工况下的点火提前角，并进行通电时间控制和爆燃控制，使发动机的功率、经济性和排放性等各方面指标达到最佳。为此，发动机 ECU 内都会有类似于图 4－2 所示的点火正时脉谱图，汽油机燃烧过程中影响点火提前角的参数有转速、负荷、燃油性质及其他一些因素。

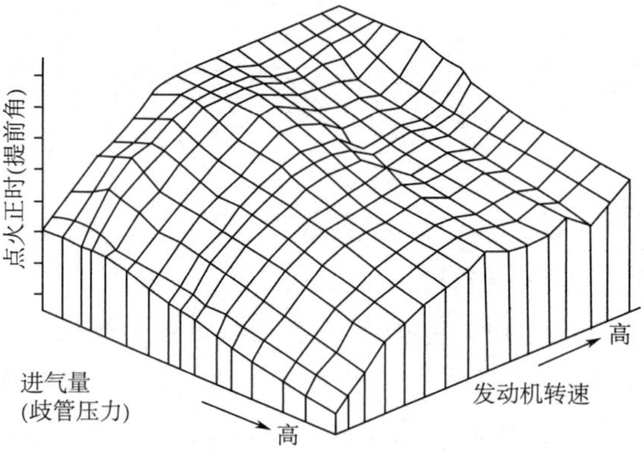

图 4－2　点火正时脉谱图

二、点火系统类型

随着人类对汽车发动机动力性、经济性及排放控制要求的日益提高，当前发动机均采用无分电器点火类型。无分电器点火类型按照高压配电方式的不同可分为分组点火和独立点火两种方式。

1. 分组点火

分组点火一般采用一个点火线圈同时对两个汽缸进行点火，即双缸点火方式，这种点火方式利用一个点火线圈对活塞接近压缩行程上止点和排气行程上止点的两个汽缸同时进行点火，如图 4－3 所示。

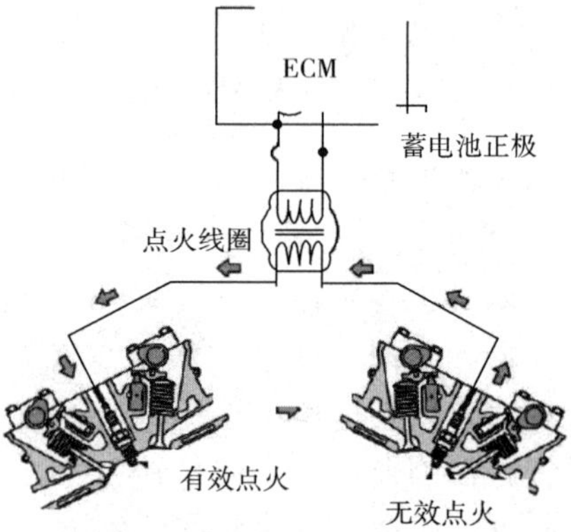

图 4－3　分组点火

采用这种点火方式的 4 缸发动机使用两个点火线圈，而 6 缸发动机使用 3 个点火线圈，以此类推。在这种点火方式中，两个汽缸将会同时点火，一个汽缸位于压缩行程点火，可燃混合气燃烧做功为有效火花；另一个汽缸位于排气行程点火，它并没有起到点火的作用为无效火花。处于排气行程的汽缸，点火电压只需要达到 2～3kV 就可以击穿火花塞间隙，更多的点火能量用于压缩行程的汽缸。但是，这种点火方式如果一个汽缸的火花塞或高压线出现了故障，会同时影响到两个汽缸的工作。

2. 独立点火

独立点火方式就是每个火花塞安装一个点火线圈，单独向火花塞提供高压电动势，实现各缸直接点火，如图4－4所示。独立点火取消了易导致电磁干扰的高压线，ECM可以单独对每一个汽缸点火正时进行调整，提高发动机性能。例如：如果爆震传感器检测到3缸点火后产生爆震，ECM将单独减小3缸的点火提前角。

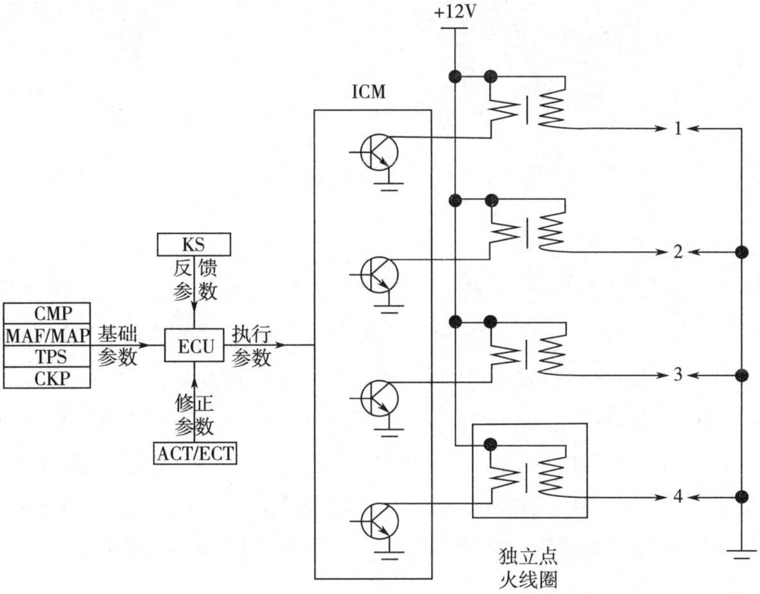

图4－4　独立点火

三、点火系统部件与结构

（一）点火线圈

1. 点火线圈的组成

点火线圈实际是一个升压变压器，其作用是将蓄电池提供的12V低压电转换成点火所需的高压电，使火花塞跳火，如图4－5所示。点火线圈主要由初级线圈、次级线圈及铁芯等组成，如图4－6所示。

图4－5　点火线圈

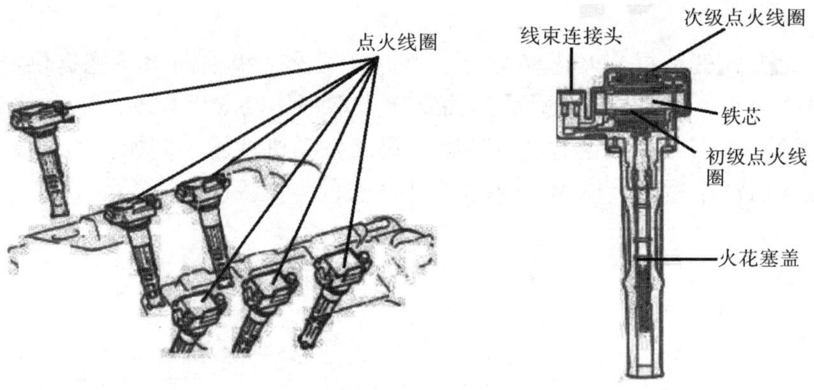

图 4-6　点火线圈结构

2. 点火线圈原理

通常的点火线圈里面有两组线圈，初级线圈和次级线圈。初级线圈用较粗的漆包线，通常用 0.5～1mm 的漆包线绕 200～500 匝；次级线圈用较细的漆包线，通常用 0.1mm 左右的漆包线绕 15000～25000 匝。

点火线圈之所以能将车上低压电变成高电压，是由于有与普通变压器相同的形式，初级线圈比次级线圈的匝数比大。但点火线圈工作方式却与普通变压器不一样，普通变压器的工作频率是固定 50Hz，又称工频变压器。而点火线圈则是以脉冲形式工作的，可以看成是脉冲变压器，它根据发动机不同的转速以不同的频率反复进行储能及放能。

当初级线圈接通电源时，随着电流的增长四周产生一个很强的磁场，铁芯储存了磁场能；当开关装置使初级线圈电路断开时，初级线圈的磁场迅速衰减，次级线圈就会感应出很高的电压。初级线圈的磁场消失速度越快，电流断开瞬间的电流越大，两个线圈的匝数比越大，则次级线圈感应出来的电压越高。

（二）火花塞

1. 火花塞的结构

火花塞的作用是将点火线圈产生的高压电动势引入燃烧室，并在其两个电极之间产生电火花，以点燃可燃混合气。火花塞主要由绝缘体、壳体、接线柱、中心电极和侧电极等组成，如图 4-7 所示。

中心电极要求具有良好的耐高温、耐腐蚀性能，所以一般采用含少量铬、锰、硅的镍基合金制成，其中以镍锰合金应用最多。为了提高耐热性能，在中心电极表面采用铂、铱等电极材料。火花塞的电极结构有多种，常用的结构类型如图 4-8 所示。

（1）标准型：绝缘体裙部略缩入壳体端面，侧电极全遮盖中心电极，是使用最广泛的一种。

（2）突出型：绝缘体裙部较长，突出于壳体端面之外。它具有吸收热量大，抗污能力好的优点。由于绝缘体能直接受到进气的冷却而降低温度，因而不易引起炽热点火，热适应范围较宽，在现代轿车发动机上广泛采用。

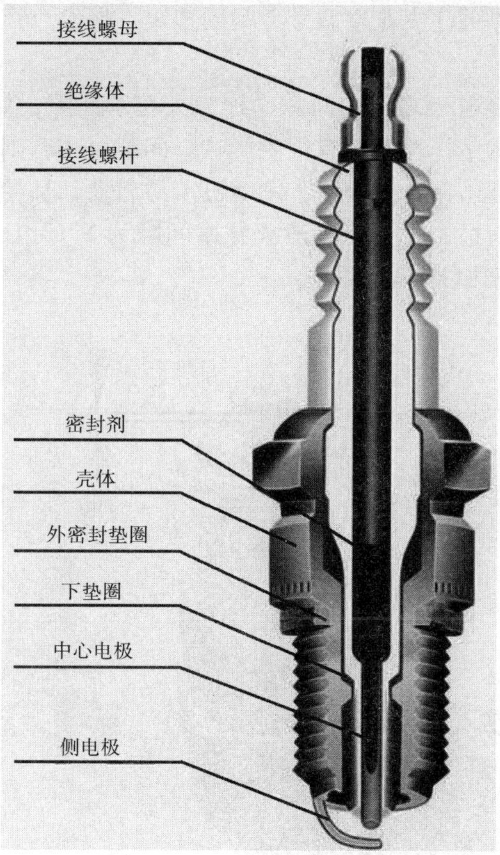

图 4－7　火花塞结构

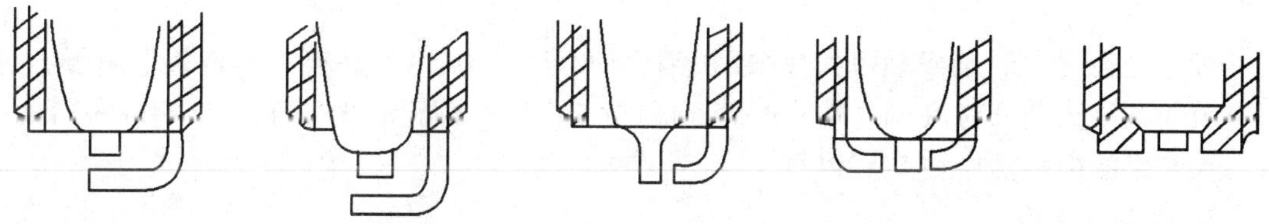

图 4－8　火花塞电极结构

（3）细电极型：其电极很细，特点是火花强烈、点火性能好、在严寒季节也能保证发动机迅速可靠地启动，能满足多种用途。

（4）多极型：一般有两个以上的侧电极，增加了电极间的相对面积，可减少电极烧蚀，点火可靠，间隙不需经常调整，适用于电极容易烧蚀和火花塞间隙不能调节的发动机上。

（5）沿面跳火型：侧电极为环状，中心电极位于侧电极中心，必须与点火能量大、电压上升快的电子点火系统配合使用，在有污染积炭的情况下也能正常点火。它的缺点是可燃混合气不易接近电极，并由于点火能量增大，中心电极容易烧蚀。

2. 火花塞规格参数

（1）间隙。火花塞由于品种较多，选择火花塞时需要符合原厂设计标准，否则会损坏发动机，同时需要重点关注火花塞型号、紧固扭矩、螺纹直径、螺纹长度、火花塞间隙等参数。

火花塞中心电极与侧电极之间的间隙，称为火花塞间隙，如图 4 –9 所示。火花塞间隙对火花塞及发动机的工作性能均有很大影响。间隙过小，则火花微弱，且易因积炭而漏电；间隙过大，所需击穿电压增高，发动机不易启动，且在高转速时容易发生失火现象，因此火花塞间隙应适当，目前一般火花塞间隙为 1.1 ~1.5mm，详细数值各厂家可能不一，具体参考厂家相关产品说明。

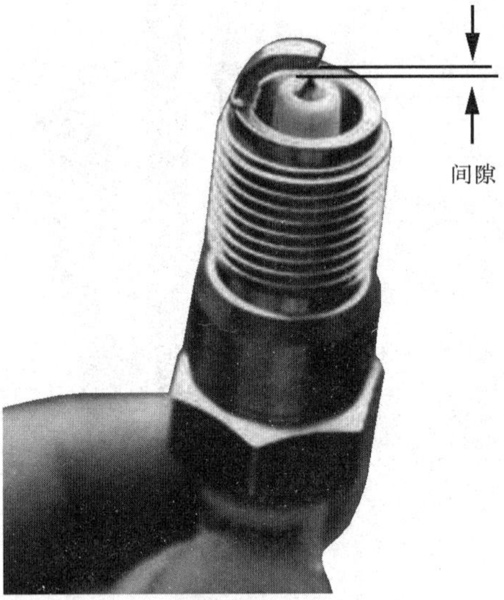

图 4 –9　火花塞间隙

（2）电阻值。目前发动机大多采用电阻型火花塞，其内部装有一个陶瓷电阻器，可以有效地减小火花塞对汽车电器的干扰，保护汽车上的电子元件避免损坏。按 ISO 的标准，火花塞的电阻值应在 5 ~20kΩ。

3. 火花塞特性

火花塞热值是指其自身所承受热量的散发量，是反映热承受能力和散热能力的一个指标，热值包括 1 ~9 九个数字，其中 1 ~3 为低热值，7 ~9 为高热值。原厂的备件火花塞热值一般有 5、6、7 三种。火花塞形式如图 4 –10 所示。

冷型火花塞：能够大量散热的称为高热值火花塞，也就是冷型火花塞，7 ~9 为高热值型。它的绝缘体裙部相对较短，受热面积小，由于散热途径比较短，散热相对较多，中心电极温度较低。

热型火花塞：相对散热量较小的叫作低热值火花塞，也就是热型火花塞，1 ~3 为低热值热型。它的绝缘体裙部（火花塞绝缘体以下金属部分）较长，当汽缸内温度布置均匀时，裙部越长，受热面积就越大，传导热量的距离就越长，所以散热少，中心电极温度较高。

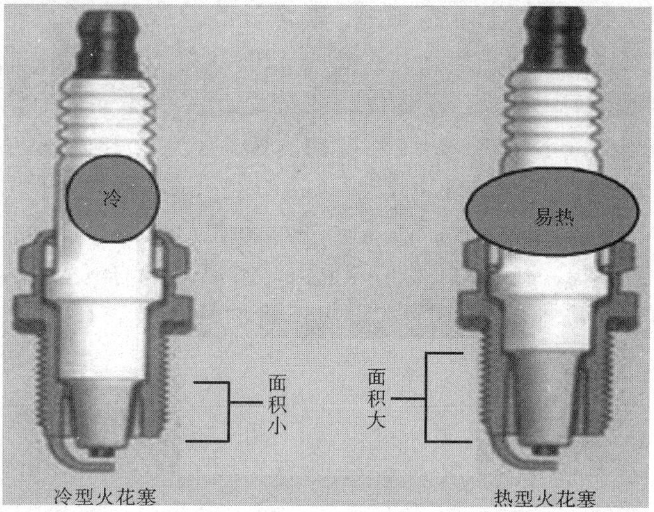

图 4－10　火花塞形式

火花塞的散热既不能太大，也不能太小，要确保火花塞的工作温度，就必须使缸内混合气温度和火花塞热值设计相匹配。热值过低会导致火花塞温度升得过高，从而导致异常燃烧爆燃，火花塞电极熔解，进而导致活塞烧坏、熔解等。使火花塞头部陶瓷烧损，破碎的陶瓷掉入发动机很危险；热值过高火花塞温度变得过低，易使火花塞头部产生积炭，跑电，打不出火。

一般情况下，热值上下落差控制在 1 之内，如果落差过大，轻则影响发动机功率输出，重则导致火花塞损坏，进而损坏发动机。

实践证明，火花塞绝缘体保持在 500～600℃温度时，落在绝缘体上的油滴能立即烧去不会形成积炭，高于这个温度会早燃，低于这个温度有积炭。在不同发动机上的缸内混合气温度不一样，设计者就利用绝缘体裙部的长度来解决这个矛盾。所以，要按照厂家的规定型号选用，不是什么火花塞都适用的。

（三）传感器

1. 曲轴位置传感器

（1）发动机曲轴位置传感器也是发动机转速传感器，是发动机电子控制系统中主要的传感器之一。曲轴位置传感器的作用主要是将检测到的发动机上止点、曲轴转角、发动机转速信号送给 ECU，以确认曲轴位置，用来控制喷油正时和点火正时。凸轮轴位置传感器的功用是采集配气凸轮轴的位置信号，并输入 ECU，以便 ECU 识别汽缸 1 压缩上止点，从而进行顺序喷油控制、点火时刻控制和爆燃控制。此外，凸轮轴位置信号还用于发动机启动时识别出第一次点火时刻。因为凸轮轴位置传感器能够识别哪一个汽缸活塞即将到达上止点，所以称为汽缸识别传感器。

其类型有电磁式、光电式和霍尔式，经常安装在发动机的曲轴端、凸轮轴端、飞轮上或分电器内。

（2）电磁式曲轴位置传感器。曲轴位置传感器安装在曲轴前端的皮带轮之后，如图 4－11 所示。在皮带轮后端设置一个带有细齿的薄圆齿盘（用以产生信号，称为信号盘)，它和曲轴皮带轮一起装在曲轴上，随曲轴一起旋转。在信号盘的外缘，沿着圆周每隔4°有个齿，共有90个齿，并且每隔120°布置1个凸缘，共3个。安装在信号盘边沿的传感器盒是产生电信号的信号发生器。信号发生器内有3个在永久磁铁上绕有感应线圈的磁头，其中磁头②产生120°信号，磁头①和磁头③共同产生曲轴1°转角信号。磁头②对着信号盘的120°凸缘，磁头①和磁头③对着信号盘的齿圈，彼此相隔了曲轴转角安装。信号发生器内有信号放大和整形电路，外部有四孔连接器，孔(1)为120°信号输出线，孔(2)为信号放大与整形电路的电源线，孔(3)为1°信号输出线，孔(4)为接地线。通过该连接器将曲轴位置传感器中产生的信号输送到ECU。

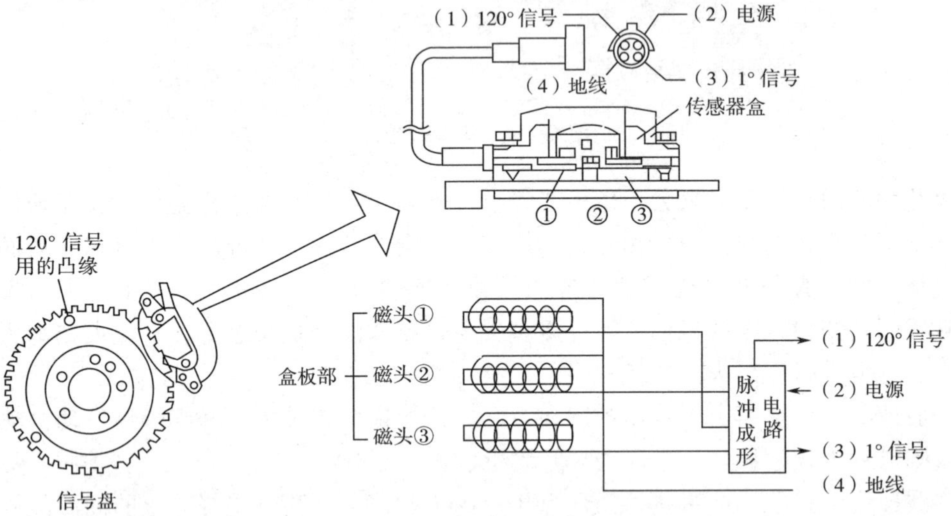

图4-11　电磁式曲轴位置传感器

发动机转动时，信号盘的齿和凸缘引起通过感应线圈的磁场发生变化，从而在感应线圈里产生交变的电动势，经滤波整形后，即变成脉冲信号，如图4-12所示。

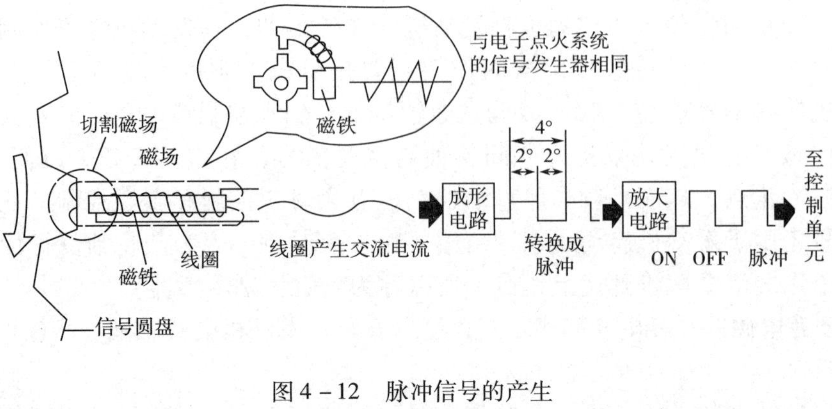

图4-12　脉冲信号的产生

发动机旋转一圈，磁头②上产生 3 个 120°脉冲信号，磁头①和③各产生 90 个脉冲信号（交替产生）。由于磁头①和磁头③相隔 3°曲轴转角安装，而它们又都是每隔 4°产生一个脉冲信号，所以磁头①和磁头③所产生的脉冲信号相位差正好为 90°。将这两个脉冲信号送入信号放大与整形电路中合成后，即产生曲轴 1°转角的信号，如图 4－13 所示。

产生 120°信号的磁头②安装在上止点前 70°的位置，如图 4－14 所示，故其信号也可称为上止点前 70°信号，即发动机在运转过程中，磁头②在各缸上止点前 70°位置均产生一个脉冲信号。

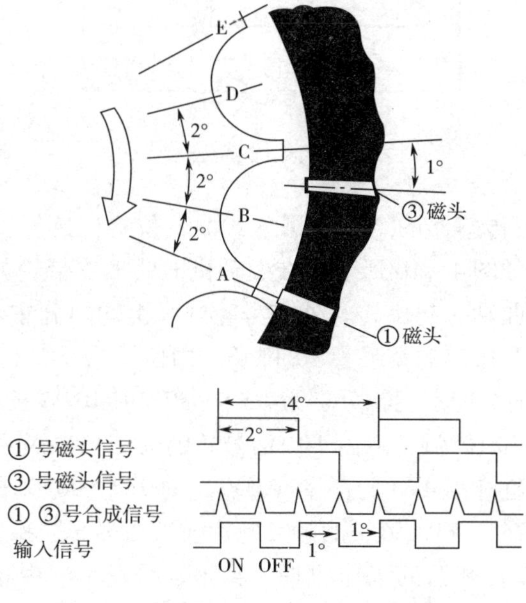

图 4－13 产生 1°转角信号的原理

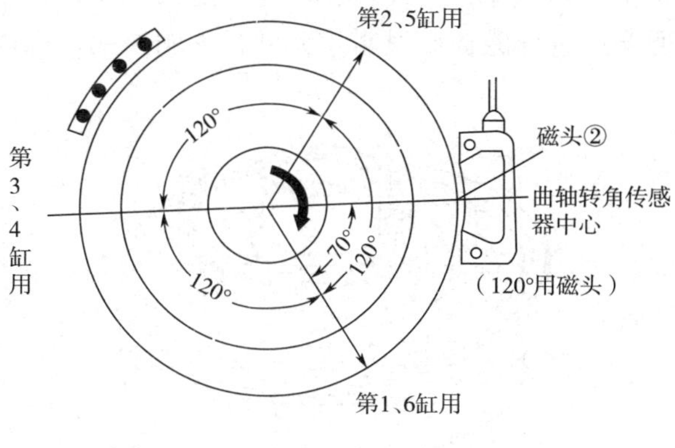

图 4－14 磁头②与曲轴的位置关系

（3）霍尔式曲轴位置传感器。霍尔式曲轴位置传感器利用霍尔效应检测曲轴位置和发动机转速。霍尔效应工作原理如图 4－15 所示，当电流 I_s 垂直于外磁场通过霍尔元件时，电荷在洛仑兹力作用下向一侧偏移，在垂直于电流和磁场的霍尔元件的横向侧面上产生一个电压，称为霍尔电压 U_H，U_H 与电流 I_s 和磁场度 B 成正比。霍尔电压的计算公式如下：

$$U_H = R_H \frac{I_s B}{d}$$

其中，R_H 为霍尔系数，d 为霍尔元件厚度，I_s 为电流强度，B 为磁场强度。

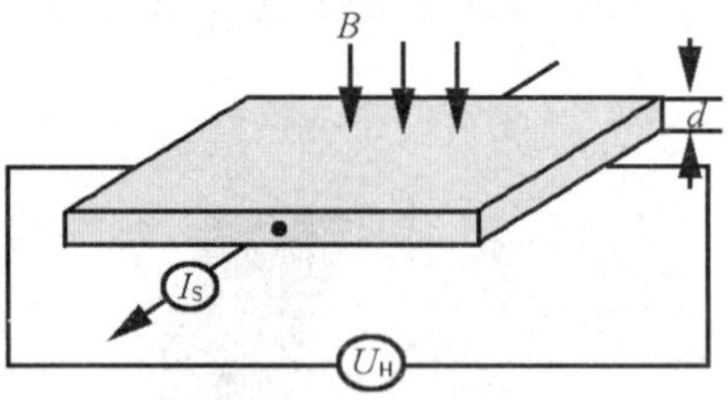

图 4-15　霍尔效应

1）霍尔式曲轴位置传感器的结构。霍尔式曲轴位置传感器安装在曲轴前端，采用触发叶片的结构形式，如图 4-16 所示。在发动机的曲轴皮带轮前端固装着内外两个带触发叶片的信号轮，与曲轴一起旋转。外信号轮外缘上均匀分布着 18 个触发叶片和 18 个窗口，每个触发叶片和窗口的宽度为 10°弧长；内信号轮外缘上设有 3 个触发叶片和 3 个窗口，3 个触发叶片的宽度不同，分别为 100°、90°和 110°弧长，3 个窗口的宽度亦不相同，分别为 20°、30°和 10°弧长。由于内信号轮的安装位置关系，宽度为 100°弧长的触发叶片前沿位于第 1 缸和第 4 缸上止点（TDC）前 75°，90°弧长的触发叶片前沿在第 6 缸和第 3 缸上止点前 75°，110°弧长的触发叶片前沿在第 5 缸和第 2 缸上止点前 75°。

2）霍尔式曲轴位置传感器的工作原理。霍尔信号发生器由永久磁铁、导磁板和霍尔集成电路等组成。内外信号轮侧面各设置一个霍尔信号发生器。信号轮转动时，每当叶片进入永久磁铁与霍尔元件之间的空气隙时，霍尔集成电路中的磁场即被触发叶片所旁路（或称隔磁），如图4-17（a）所示，这时不产生霍尔电压；当触发叶片离开空气隙时，永久磁铁的磁通便通过导磁板穿过霍尔元件，如图 4-17（b）所示，这时产生霍尔电压。

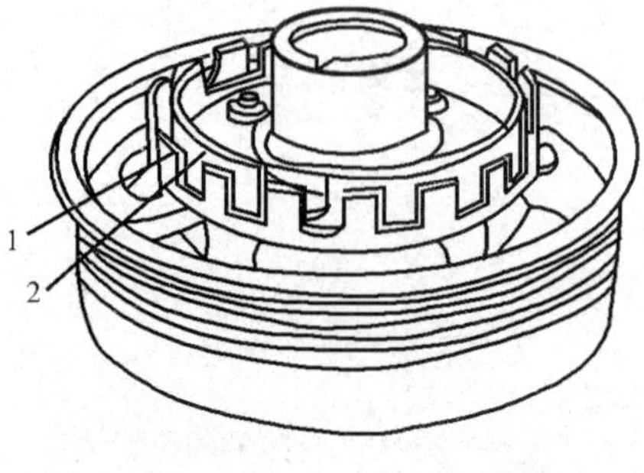

图 4-16　霍尔式曲轴位置传感器

1—外信号轮　2—内信号轮

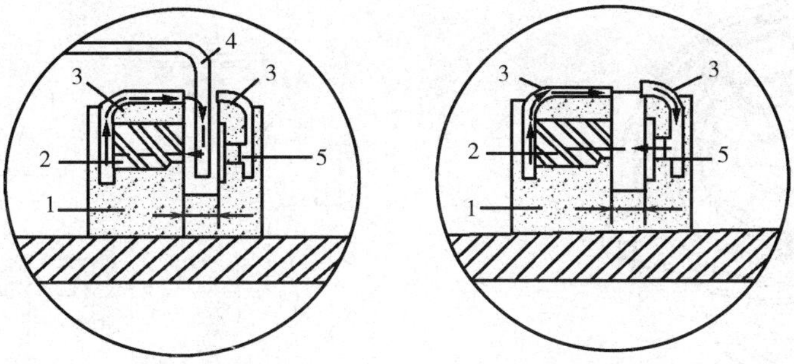

（a）触发叶片进入空气隙中，霍尔元件中的磁场被旁路

（b）触发叶片离开空气隙，霍尔元件被磁场饱和

图 4－17 霍尔信号发生器的工作原理

1—底板 2—永久磁铁 3—导磁板 4—信号轮的触发叶片 5—霍尔元件

将霍尔元件间歇产生的霍尔电压信号经霍尔集成电路放大整形后，即向 ECU 输送电压脉冲信号，如图 4－18 所示。外信号轮每旋转 1 周产生 18 个脉冲信号（称为 18X 信号），1 个脉冲周期相当于曲轴旋转 20°转角的时间，ECU 再将 1 个脉冲周期均分为 20 等份，即可求得曲轴旋转 1°所对应的时间，并根据这一信号，控制点火时刻。该信号的功用相当于光电式曲轴位置传感器产生 1°信号的功能。内信号轮每旋转 1 周产生 3 个不同宽度的电压脉冲信号（称为 3X 信号），脉冲周期均为 120°曲轴转角的时间，脉冲上升沿分别产生于第 1、4 缸、第 3、6 缸和第 2、5 缸上止点前 75°作为 ECU 判别汽缸和计算点火时刻的基准信号，此信号相当于前述光电式曲轴位置传感器产生的 120°信号。

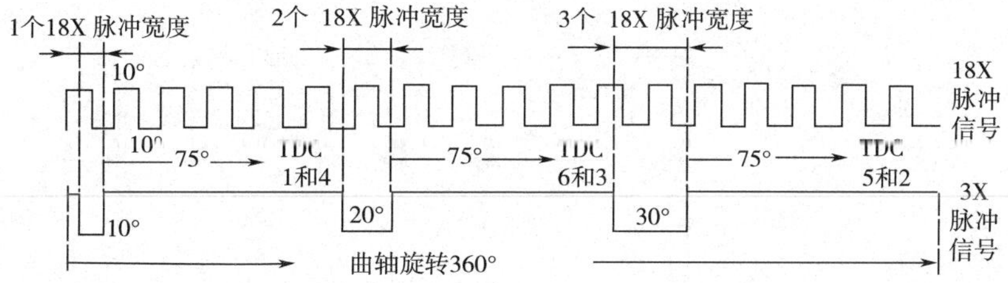

图 4－18 霍尔式曲轴位置传感器输出信号

（4）光电式曲轴位置传感器。

1）光电式曲轴位置传感器的结构。日产公司光电式曲轴位置传感器设置在分电器内，它由信号发生器和带缝隙光孔的信号盘组成，如图 4－19 所示。信号盘安装在分电器轴上，其外围有 360 条缝隙，产生 1°（曲轴转角）信号；外围稍靠内侧分布着 6 个光孔（间隔 60°），产生 120°信号，其中有一个较宽的光孔是产生对应第 1 缸上止点的 120°信号的。

信号发生器固装在分电器壳体上，主要由两只发光二极管、两只光敏二极管和电子电路组成，如图 4－20 所示。

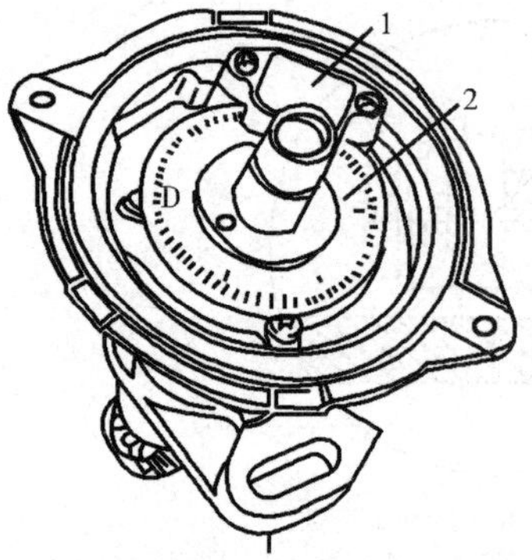

图 4－19　光电式曲轴位置传感器

1—曲轴转角传感器　2—信号盘

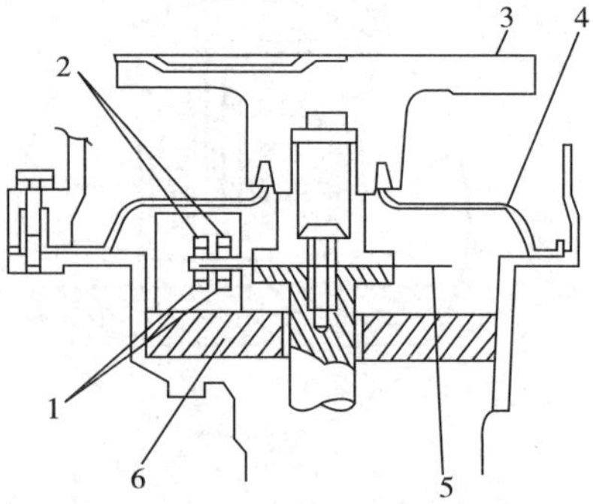

图 4－20　信号发生器的布置

1—光敏二极管　2—发光二极管　3—分火头　4—密封盖　5—转盘　6—电子电路

2）光电式曲轴位置传感器的工作原理。两只发光二极管分别正对着光敏二极管，发光二极管以光敏二极管为照射目标。信号盘位于发光二极管和光敏二极管之间，当信号盘随发动机曲轴运转时，因信号盘上有光孔，产生透光和遮光的交替变化，造成信号发生器输出表征曲轴位置和转角的脉冲信号。如图 4－21 所示为光电式信号发生器的作用原理。

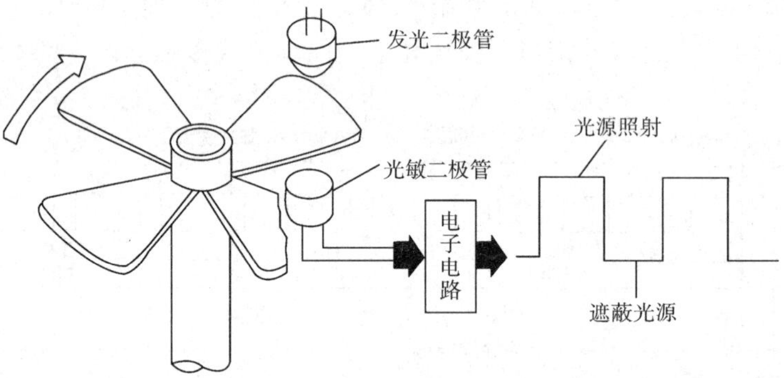

图 4－21　光电式信号发生器的作用原理

当发光二极管的光束照射到光敏二极管上时，光敏二极管感光而导通；当发光二极管的光束被遮挡时，光敏二极管截止。信号发生器输出的脉冲电压信号送至电子电路放大整形后，即向电控单元输送曲轴转角 1°信号和 120°信号。因信号发生器安装位置的关系，120°信号在活塞上止点前 70°输出。发动机曲轴每转 2 圈，分电器轴转 1 圈，则 1°信号发生器输出 360 个脉冲，每个脉冲周期高电位对应 1°，低电位也对应 1°，共表征曲轴转角 720°。与此同时，120°信号发生器共产生 6 个脉冲信号。

2. 凸轮轴位置传感器

凸轮轴位置传感器的作用主要是检测凸轮轴位置和转角，从而确定第 1 缸活塞的压缩上止点位置。在启动发动机时 ECU 根据凸轮轴位置传感器和曲轴位置传感器提供的信号，识别出各个汽缸活塞的位置和行程，精确控制燃油喷射顺序和喷射时刻、点火顺序和点火时刻。在有些车型上，如果没有凸轮轴位置传感器的输入，发动机将不能正常启动。随着可变气门正时（VVT）技术的出现和发展，凸轮轴位置传感器也被赋予了新的内涵，除了用于判定各缸压缩上止点外，还要监控VVT系统的进气或排气凸轮是否达到预定位置。双可变气门正时（DVVT）系统的进、排气凸轮轴各有一个凸轮轴位置传感器。

凸轮轴位置传感器通常是霍尔式的，它一般安装在气门室盖后部，传感器头部对应凸轮轴尾部的信号转子，如图4－22所示。霍尔式凸轮轴位置传感器的工作原理与霍尔式曲轴位置传感器相似，其信号波形如图4－23所示。

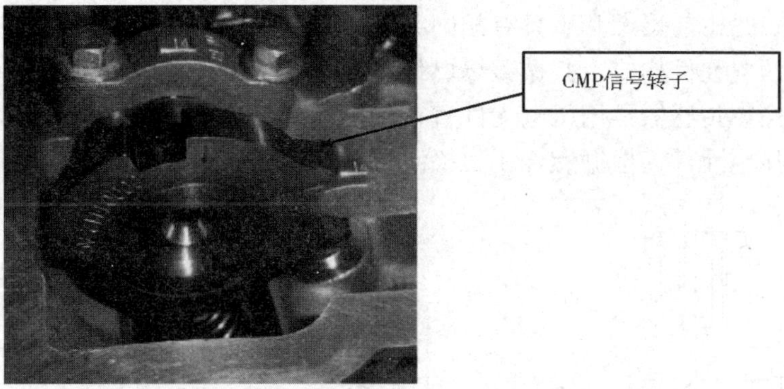

图4－22　凸轮轴位置传感器信号转子

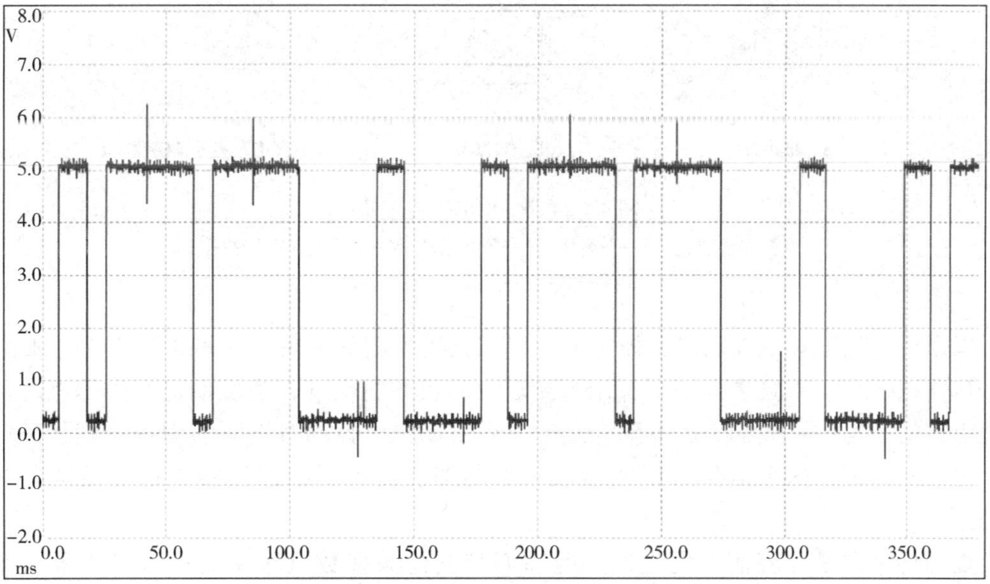

图4－23　凸轮轴位置传感器波形图

对于现代汽车发动机控制系统，当曲轴位置传感器或凸轮轴位置传感器发生故障时，其信号有时可以互相替换。例如，当曲轴位置传感器信号丢失时，ECU 可以利用凸轮轴位置传感器信号推算出曲轴位置和发动机转速，当凸轮轴位置传感器丢失时，ECU 可以利用曲轴位置传感器信号判断 1 缸压缩上止点和各缸活塞位置。曲轴位置传感器与凸轮轴位置传感器中任何一个正常工作，发动机都可以启动，但是 ECU 会进入故障模式，限制发动机的某些功能。

3. 爆燃传感器

爆燃传感器的功用是检测发动机有无爆燃现象，并将信号送入发动机 ECU。利用压电晶体的压电效应制成的爆燃传感器，在发动机振荡时，产生不同的电压信号，把爆燃传到缸体上的机械振动转变成电信号，这种爆燃传感器有共振型和非共振型两种。共振型爆燃传感器，是由与爆燃几乎具有相同共振频率的振子和能够检测振动压力并将其转换成电信号的压电元件构成，共振型爆燃传感器在发动机发生爆燃时产生的电压信号最大。非共振型爆燃传感器是用压电元件直接检测爆燃信息。除此之外，还有在火花塞的垫圈部位装上压电元件，根据燃烧压力检测爆燃信息，如图 4－24 所示。

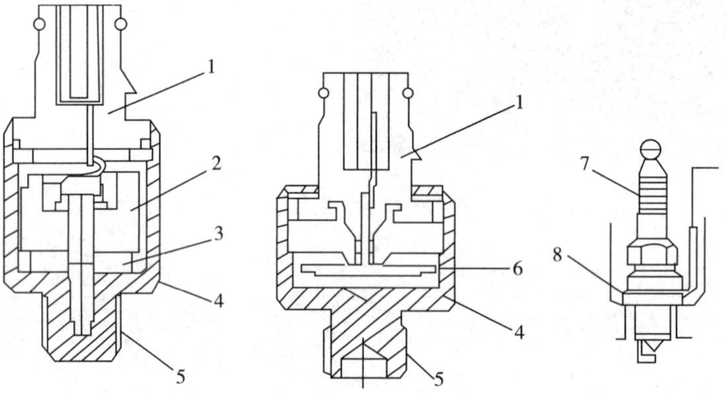

（a）非共振型　（b）共振型　（c）火花塞座金属模型

图 4－24　各种爆燃传感器

1—电器连接装置　2—平衡块　3—压电元件　4—外壳　5—安装螺纹部
6—压电元件圆盘　7—火花塞　8—爆燃传感器

爆燃传感器就装在发动机缸体中间，以四缸机为例就装在 2 缸和 3 缸之间，或者 1、2 缸中间一个，3、4 缸中间一个，用来测定发动机的抖动度，当发动机产生爆燃时用来调整点火提前角。一般都是压电陶瓷式的，当发动机有抖动时里面的陶瓷受到挤压产生一个电信号，因为这个电信号很弱所以一般的爆燃传感器的连接线上都是用屏蔽线包裹的。

爆燃传感器是交流信号发生器，但它们与其他大多数汽车交流信号发生器大不相同，除了像磁电式曲轴和凸轮轴位置传感器一样探测转轴的速度和位置，它们也探测振动或机械压力。与定子和磁阻器不同，它们通常是压电装置。它们由能感知机械压力或振动（例如发动机爆震时能产生交流电压）的特殊材料构成。

点火过早，排气再循环不良，低标号燃油等原因引起的发动机爆燃会造成发动机损坏。

爆燃传感器向电脑（有的通过点火控制模块）提供爆燃信号，使得电脑能重新调整点火正时以阻止进一步爆燃。它们实际上是充当点火正时反馈控制循环的“氧传感器”角色。

爆燃与点火时刻有密切的关系，点火提前角越大，燃烧的最大压力就越大，越容易产生爆燃。爆燃传感器外形及安装位置如图 4－25 所示。爆燃传感器安装在缸体上，利用压电晶体的压电效应，把爆燃传到汽缸体上的机械振动转换成电信号输入 ECU，ECU 通过爆燃传感器输入信号判别发动机有无爆燃，并依据爆燃强度推迟点火时间。爆燃越强，推迟点火角越大，直到爆燃消失为止。

图 4－25　爆燃传感器外形及安装位置

ECU 根据爆燃信号超过基准值的次数来判定爆燃强度，次数越多，爆燃强度越大，反之越小。而后又以一固定的角度增加点火提前角，当发动机再次出现爆燃时，ECU 又使点火提前角推迟，调整过程反复进行。爆燃传感器主要检测发动机有无爆燃发生及爆燃强度，其类型有电感式和压电式两种，压电式又分为共振式、非共振式和火花塞座金属垫型。

四、点火系统控制

点火提前角和闭合角是与汽油发动机综合性能相关的两个重要控制参数。点火提前角与发动机的经济性、动力性及排放性能密切相关，较好的点火提前角可以使发动机获得最佳性能。闭合角是影响击穿电压和点火能量的重要因素，合适的闭合角可以使点火系统在很大的发动机转速范围内都能够可靠工作。

（一）点火提前角控制

在电控点火系统中，根据汽油机运行工况的特点，ECU 对点火提前角的控制分为汽油机启动时的点火提前角控制和启动后的点火提前角控制两种情况。

1. 汽油机启动时点火提前角的控制

汽油机启动时，在极短的时间内，发动机从转速为 0 升高到每分钟几百转，转速的剧烈变化使电控点火系统无法实行最佳点火提前角控制。因此，对于汽油机的启动工况，ECU 不实行最佳点火提前角控制，而是根据启动开关信号和发动机的转速信号，以预先设定的点火提前角点火。当发动机转速超过一定值（一般大于 500r/min）时，则转入启动后的最佳点火提前角控制程序。

2. 启动后的最佳点火提前角控制

汽油机启动后，电控点火系统对点火正时实行最佳点火提前角控制。最佳点火提前角控制的基本控制过程是：首先，ECU 根据发动机转速和负荷确定基本点火提前角。然后，根据有关传感器的信号，确定修正点火提前角。这两项点火提前角的代数和，再加上作为计算基准的初始点火提前角，得到实际的最佳点火提前角，如图 4－26 所示。实际最佳点火提前角可用公式表示为：

实际最佳点火提前角＝初始点火提前角＋基本点火提前角＋点火提前角修正值

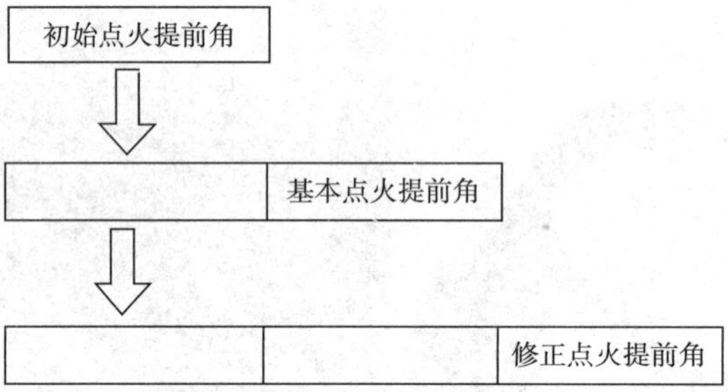

图 4－26　实际点火提前角

（1）初始点火提前角。初始点火提前角对最佳点火提前角计算没有实质性影响，它的作用仅是确定点火提前角计算的初始基准位置。在有些电控点火系统中，ECU 把判缸信号出现后的第一个转速信号过零点定为压缩行程上止点前 10°，并以这个角度作为点火提前角计算基准点，称之为初始点火提前角。也有一些电控点火系统把压缩上止点作为点火提前角计算基准点。在这类汽油机中，实际最佳点火提前角的计算公式变为：

实际最佳点火提前角＝基本点火提前角＋点火提前角修正值

（2）基本点火提前角。对于基本点火提前角的确定，ECU 按怠速工况和非怠速工况两种情况分别处理。

汽油机处于怠速工况运行时，ECU 根据节气门位置传感器输入的怠速触点闭合信号，确认发动机处于怠速工况，然后根据转速传感器输入的转速信号、空调开关信号，从预先设定的怠速工况基本点火提前角数据表中选出相应的点火提前角，如图 4－27 所示。

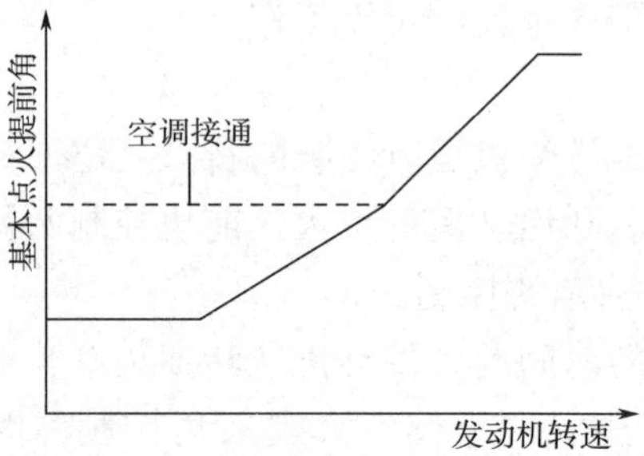

图 4－27　怠速工况的基本点火提前角

汽油机处于非怠速工况运行时，ECU 根据转速传感器输入的转速信号、节气门位置传感器输入的负荷信号，从预先设定的非怠速工况基本点火提前角数据表（也称点火提前角脉谱图）选出相应的基本点火提前角，如图 4－28 所示。

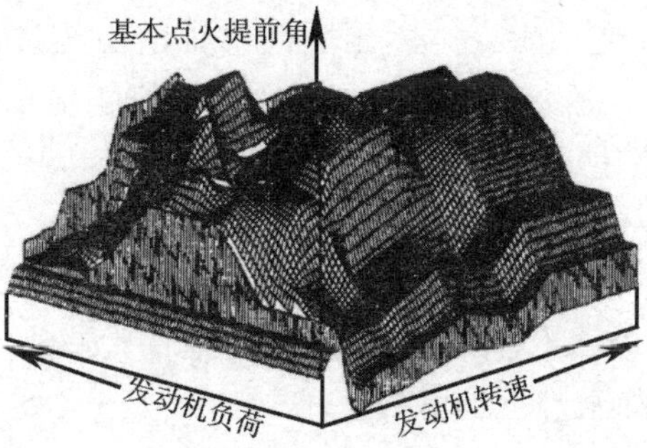

图 4－28　非怠速工况的基本点火提前角

3. 点火提前角修正值

除了转速和负荷这两个主要因素外，其他对点火提前角有影响的因素均归入点火提前角修正值中。在汽油机运转中，ECU 根据有关传感器的输入信号，分别求出对应的修正值，它们的代数和就是总的点火提前角修正值。在大多数电控点火系统中，总的点火提前角修正值包括暖机工况修正、发动机过热修正、空燃比反馈修正、发动机怠速稳定性修正、爆燃传感器反馈修正等。

（1）暖机工况修正。汽油机冷车启动后，发动机进入暖机工况，由于冷却水温度较低时混合气燃烧速度较慢，应适当增大点火提前角。随着暖机过程的延续，冷却水温度逐渐升高，点火提前角修正值逐渐减小，如图 4－29 所示。暖机修正值大小与冷却水温度的对应关系随发动机不同而异，但变化规律基本相同。暖机工况修正的主要控制信号有确认发动机处于暖机工况的节气门位置信号、冷却水温度信号和空气流量信号等。

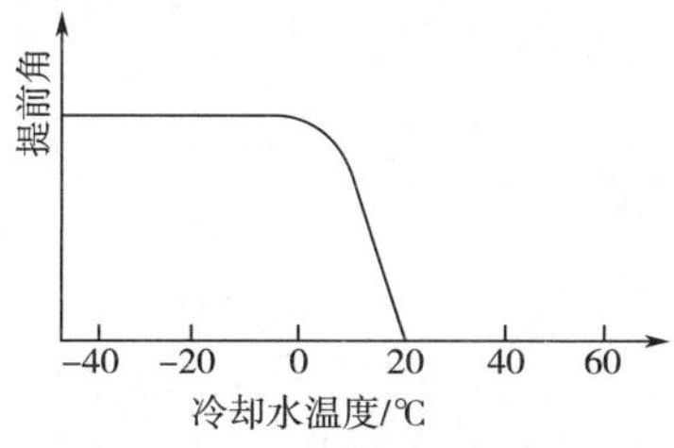

图 4－29　暖机修正曲线

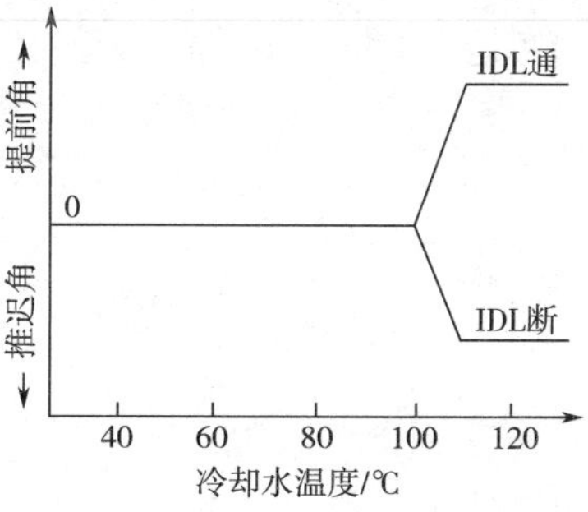

图 4－30　过热修正曲线

（2）发动机过热修正。当汽油机处于怠速工况运行时，如果冷却水温度过高，应适当增大点火提前角，以防止发动机长时间过热。汽油机处于非怠速工况运行时，如果冷却水温度过高，则应适当减小点火提前角，以避免发生爆燃。发动机过热修正值的变化规律如图 4－30 所示。发动机过热修正的主要控制信号有 ECU 对怠速或非怠速进行判断的节气门位置信号、冷却水温度信号等。

(3) 空燃比反馈修正。由于混合气空燃比变化对混合气的燃烧速度有影响，因此ECU需要根据氧传感器的空燃比反馈信号对点火提前角进行修正。ECU仅在空燃比大于14.7∶1情况下才进行空燃比反馈修正，且与喷油量修正呈负相关，即当喷油量逐渐减少，空燃比从14.7∶1逐渐变大时，空燃比反馈修正值由零逐渐增大。当喷油量逐渐增加，空燃比由大于14. 7∶1逐渐变小时，空燃比反馈修正值由大逐渐减小。在空燃比小于14.7∶1时，不进行空燃比反馈修正，如图4-31所示。采用这种修正方法，不仅考虑到混合气的燃烧速度，而且也兼顾到提高发动机怠速的稳定性。空燃比反馈修正的主要控制信号有氧传感器的空燃比反馈信号、节气门位置信号、冷却水温度信号等。

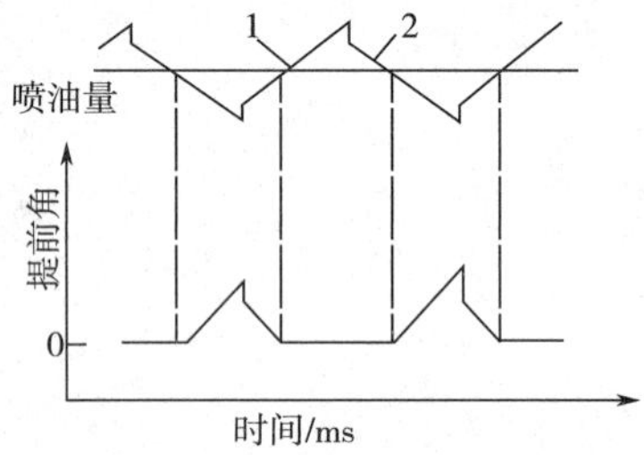

图4-31　空燃比反馈修正

1—喷油量增加　2—喷油量减少

(4) 怠速稳定性修正。汽油机在怠速工况运行时，由于发动机的输出扭矩和负荷之间的不平衡，发动机怠速总会在一定转速范围内波动。为了减小怠速的波动幅度，微机控制系统除了在汽油喷油系统、怠速控制系统中采取了相应的控制措施外，还通过对点火提前角的修正来提高汽油机的怠速稳定性。

汽油机处于怠速工况时，ECU连续不断地计算发动机的平均转速，当平均转速低于设定目标怠速转速时，ECU根据平均转速与目标转速差值的大小修正点火提前角。当发动机平均转速高于目标转速时，减小点火提前角，反之则相反，如图4-32所示。怠速稳定性修正的主要控制信号有发动机转速信号、节气门位置信号和空调信号等。

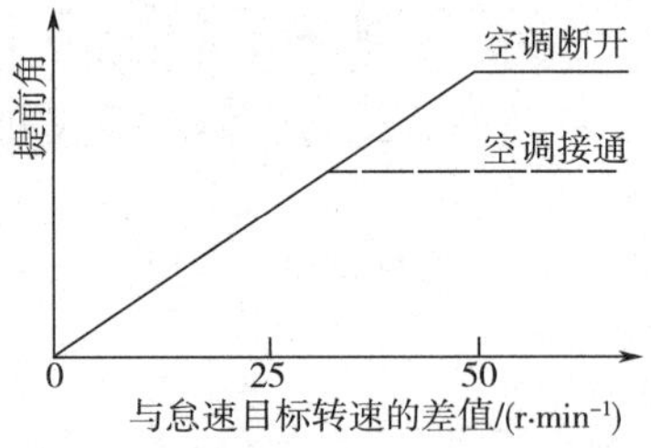

图4-32　怠速稳定性修正

4. 最大和最小提前角控制

如果发动机的实际点火提前角（初始点火提前角+基本点火提前角+修正点火提前或延迟角）超出一定范围时，发动机将不能正常运转。为了防止出现这种情况，在微机控制点火系统中预设限制值，ECU把计算得到的实际最佳点火提前角与预设限制值进行比较，如超出则以预设限制值作为实际的最佳点火提前角。最大和最小点火提前角的一般限值范围为：

最大提前角　35°~45°。

最小提前角　－10°～0°。

5. 点火提前角的控制方法

发动机工作中，点火时刻的控制要求用1°曲轴角的指令精度进行控制。当发动机转速为6000r/min时，若将1°曲轴转角换算成时间为36ms。为了进行这样精确的计时控制，需要具有能够准确检测曲轴转角位置的曲轴位置传感器和高速运算的微机，另外还需要有能够巧妙运用它们的控制方式。

有分电器电控点火系统点火提前角控制原理如图4－33所示。

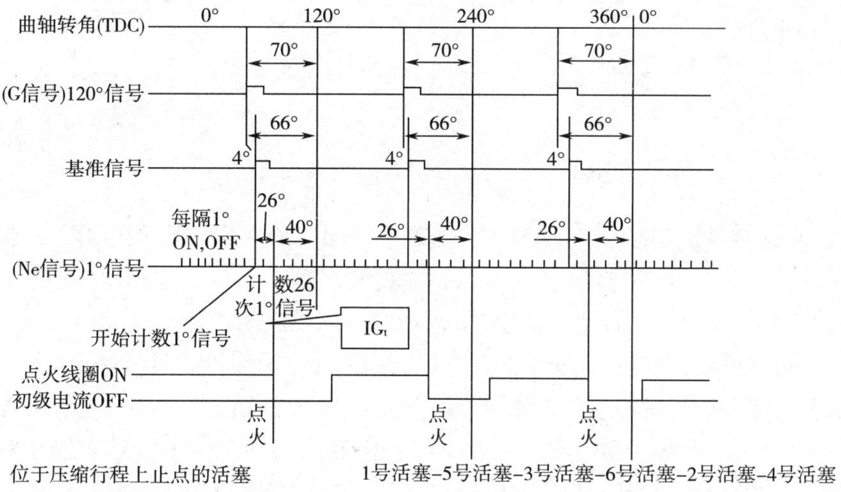

图4－33　日产ECCT系统（直列六缸发动机，点火提前角为上止点前40°）

（1）点火提前角控制系统的组成。电子点火提前控制系统的组成主要由监测发动机运行状态的传感器、处理信号、发出指令的ECU、响应指令的点火器以及点火线圈等组成，如图4－34所示。

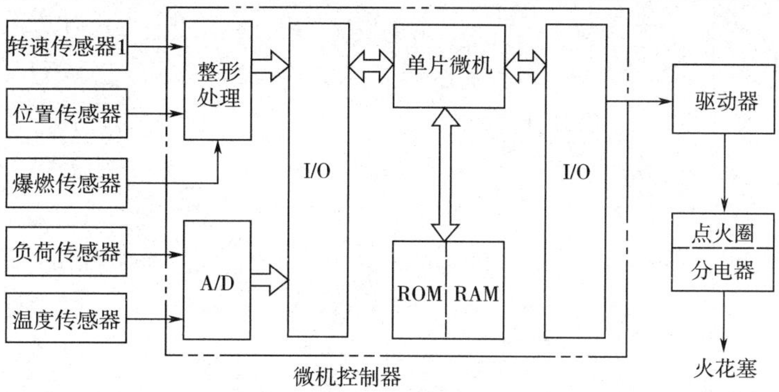

图4－34　微机控制的电点火系统的组成

丰田车系计算机控制的点火系统组成如图4－35所示。

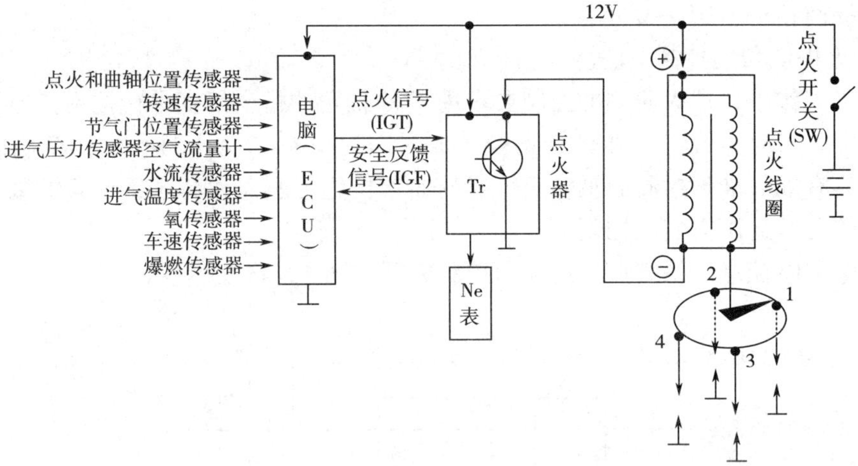

图4－35　丰田车系计算机点火系统

（2）点火提前角控制系统的基本工作原理。丰田4A－GE发动机TCCS点火系统如图4－36所示。ECU根据转速信号（Ne）和曲轴位置信号G1、进气歧管压力传感器信号以及其他修正信号计算最佳点火提前角，通过IGT端子向点火器输出点火正时信号，控制点火器搭铁切断的时刻，与此同时在点火线圈的二次线圈产生高压跳火。再由分电器分配到各缸。为了产生稳定的二次测电压和保证系统的可靠工作，在点火器中设有闭合角控制电路和点火确认信号（IGF）安全保护电路。当ECU向点火器发出8～11个点火正时信号（IGT）后，ECU还没有接收到IGF信号，则ECU将会进入失效－安全模式，切断喷油，防止催化转换器过热。

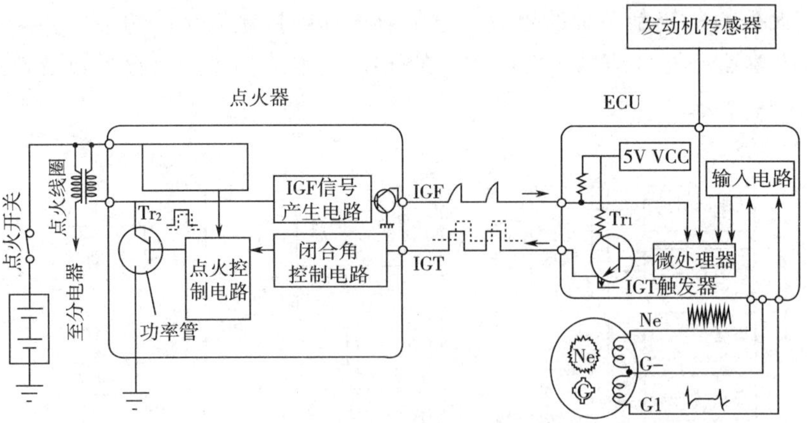

图4－36　丰田4A－GE发动机TCCS点火系统

（二）闭合角控制

闭合角控制也称点火线圈初级线圈通电时间控制。对于电感储能式点火系统，点火次级线圈产生的击穿电压，取决于初级线圈断开瞬间流过线圈的电流大小。如果在初级线圈断开瞬间，通过线圈的电流已达到饱和电流，即按欧姆定律得出的电流值，那么在点火线圈的次级就能感应出最高的击穿电压。由于电感线圈的阻抗作用，在电压不变的条件下，从初级线圈接通开始，流过线圈的电流按指数规律由零开始逐渐增大，需要经过一定的时间后，才能达到饱和电流。为了满足汽油机对点火系统在击穿电压和点火能量上的要求，微机控制点火系统的闭合角控制以初级线圈流过电流在断开瞬间达到饱和电流为主要目标。这样不仅能满足汽油机对点火系统的要求，同时也能避免初级线圈过热及节约电能。

由于闭合角是以曲轴转角来度量的，对于不同的转速，单位曲轴转角所代表的绝对时间各不相同。另外，当电源电压发生变化时，初级线圈达到饱和电流所需的绝对时间也将发生变化。为了达到闭合角控制的主要目标，通过试验把不同的蓄电池电压和不同转速下使初级线圈流过电流达到饱和所需要的闭合角编制成闭合角数据表（也称闭合角脉谱图）储存在 ECU 中，如图 4－37 所示。发动机工作时，ECU 根据输入蓄电池电压信号和发动机转速信号，从闭合角数据表中选出相应的闭合角，对初级线圈通电时间进行控制。

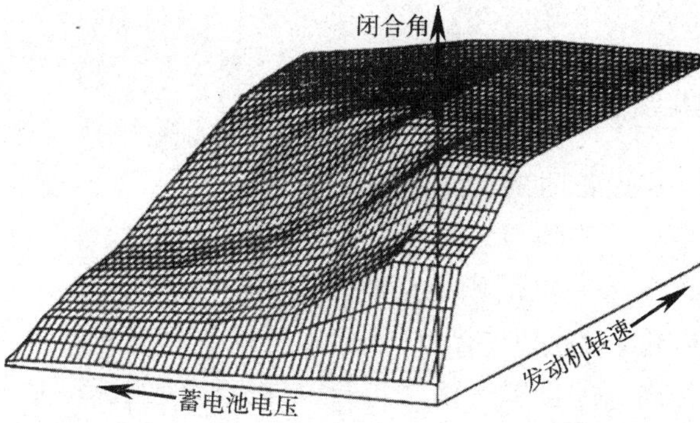

图 4－37　闭合角与发动机转速和蓄电池电压的关系

任务实施

一、由辅导教师讲解桑塔纳 2000 轿车 AJR 型发动机电喷发动机点火系统的总体组成

按照挂图或者用发动机台架上的实物、示教板上的实物来讲解电控点火系统的总体组成，包括传感器、执行器、电控单元等。然后由学生进行实训。

1. 传感器认识的顺序

1—空气流量计；2—节气门定位计与节气门电位计；3—进气温度传感器；4—霍尔传感器；5—冷却液温度传感器；6—曲轴/凸轮轴位置传感器；7—爆燃传感器；8—辅助信号（车速信号和空调器开关信号）；9—氧传感器。

2. 执行器认识的顺序

1—点火线圈；2—火花塞；3—分缸线。

二、启动实训台

桑塔纳 2000 轿车 AJR 型发动机实训台、别克电喷发动机故障实训台或整车，结合实物，让学生现场观察各传感器与执行器的工作情况。

三、点火正时的调整

点火系统在故障检修、拆装分电器或更换相关机件后，为确保 ECU 对点火正时有效的自动调节功能，应按下列步骤进行点火正时的调整。

（1）将专用维修导线连接故障诊断插座上的 TE1 和 E1 两插孔，使发动机进入初始状态（指切断自动控制后，发动机点火正时状态）。

（2）将自动变速器置于 N 挡，使怠速保持 700r/min 转速，同时关闭其他用电设备。

（3）用正时灯检查点火正时，曲轴皮带轮上的刻线应对准刻度牌 10°标记，不合适时，应松开分电器固定螺栓，缓慢转动分电器直到合适，再将分电器固定。

（4）取出故障诊断插座上的专用维修导线，用正时灯复查点火正时，应在 8°～10°。若不合适应重新调整。

四、桑塔纳 2000GLi 点火正时的检查与调整

1. 桑塔纳 2000GLi 点火正时的检查

（1）将飞轮和同步盘调整到与一缸活塞上止点相对应的位置。

（2）将 V 形带调整到与一缸活塞上止点相应的位置。

（3）将轮轴正时齿轮上的标记与汽缸盖罩上的箭头对齐。

（4）检查并调整分火头的位置，使之与分电器壳体上的标记对齐。

（5）装好分电器盖和高压线。

2. 桑塔纳 2000GLi AFE 型电控发动机点火正时的调整

桑塔纳 2000GLi 装备 AFE 型电控发动机，在进行怠速运转时点火提前角调整之前必须确认发动机满足以下 6 项条件：

（1）发动机冷却液温度大于 80°。

（2）蓄电池电压大于 10.5V。

（3）节气门关闭位置正常。

（4）关闭空调及其他所有用电设备。

（5）散热风扇停止运转。

（6）发动机无故障码存储。

调整方法如下：

方法 1：当满足上述怠速运行条件时，连接 VAG1552 进入 01－08－012 显示组，其第四区显示的是进气歧管绝对压力值，操作者可一边转动分电器外壳，一边观察进气歧管绝对压力值。当该值为 36～37kPa 时，固定分电器外壳。此时的点火提前角即为怠速最佳点火提前角。

方法 2：当满足上述怠速运行条件时，将 ECU 的端子 39 搭铁，怠速点火提前角被锁定在 12°BTDC，连接普通点火正时灯照射曲轴传动带轮上的正时记号，当该记号超前正时传动带罩上的尖头 16mm 弧长时，固定分电器外壳，此时的点火提前角就是 12°BTDC（注：曲轴传动带轮的直径为 150mm，故 16mm 弧长对应 12°曲轴转角）。

五、丰田皇冠 2JZ－GE 型发动机点火正时的检查和调整

（1）使发动机升温至正常工作温度。

（2）接上转速表，其测试杆接到检查连接器的 IG－端子上。

（3）用专用导线跨接检查连接器 TE1 和 E1 端子。这样做的目的是使点火正时不再受 ECU 控制，此时检查的是发动机“初始（基本）点火正时”。

（4）检查怠速是否合适，如不合适，先调整。检查怠速时所有用电附件均应关闭，变速器处于空挡或停车挡。

（5）接上正时灯。

（6）检查点火正时是否符合规定值。若不符合，则松开分电器坚固螺母，慢慢转动分电器，直到曲轴带盘上的正时记号对准规定正时刻度，然后再拧紧分电器坚固螺母。

（7）拆下检查连接器上 TE1 和 E1 端子上的跨接导线，检查怠速时的点火正时是否符合规定。2JZ－GE 发动机以（700 ±50）r/min 的速度怠速工作时，TE1 和 E1 端子跨接时点火正时为 10°，TE1 和 E1 端子不跨接时点火正时为 8°～12°。

（8）拆下专用导线。转速表和正时灯。

六、爆燃传感器检测

下面以桑塔纳 2000GSi 型发动机为例，该发动机采用两爆燃传感器，分别安装在汽缸体进气管侧第 1、2 缸和第 3、4 缸之间。爆燃传感器发生故障时，发动机 ECU 能检测到故障信息，并能使发动机进入紧急状态下运行，此时各缸都相应推迟点火提前角约 15°，发动机输入功率明显下降。爆燃传感器的连接电路如图 4－38 所示。

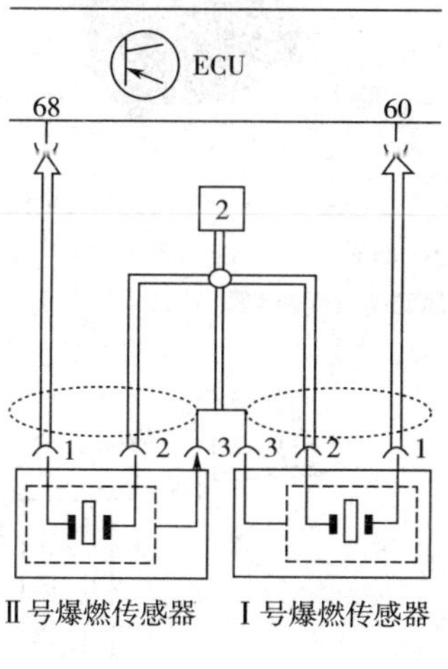

图 4－38　爆燃传感器连接电路图

为了试验爆燃传感器的工作情况，可用 08 功能“读测量数据块”，选择 13、14、15、16 显示组。如果在 08 功能中不能实现爆燃传感器的测试，可查询故障码。为了确保爆燃传感器功能完好，必须按规定扭紧力矩（20N·m）紧固。

爆燃传感器的三个端子之间不应有短路现象，否则，更换爆燃传感器。传感器插头和发动机控制单元线束插头间的线路若有断路或短路，应排除故障。

任务工单

任务 4－1　　　　电控点火系统认识

<table>
<tr><td>班级</td><td></td><td>姓名</td><td></td><td>学号</td><td></td></tr>
<tr><td>地点</td><td colspan="3"></td><td>等级</td><td></td></tr>
<tr><td>任务目的</td><td colspan="5"></td></tr>
<tr><td>实训设备</td><td colspan="5"></td></tr>
<tr><td>任务过程</td><td colspan="5">
1. 电控点火系统的组成有哪些部件？
2. 画出电控点火系统原理图，标注各部分名称并简述其工作原理。
3. 写出下列图形中点火系统的零件名称和作用。

4. 根据工作原理来分，曲轴位置传感器常见的有____、____、____三种。如下图所示的是DELPHI 电控系统的曲轴位置传感器。它是____式曲轴位置传感器。图中各标号指的是：
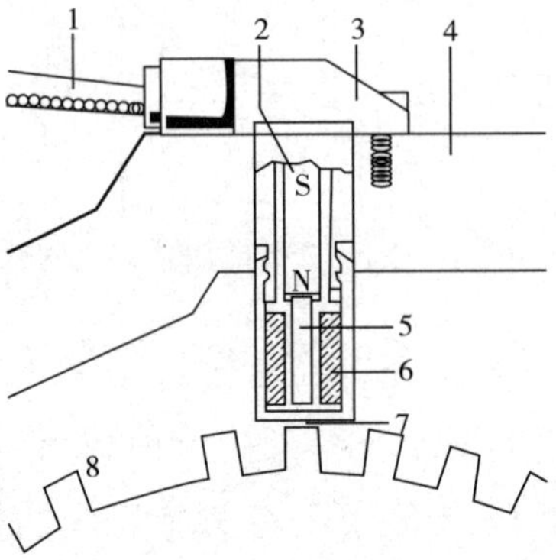

</td></tr>
</table>

续表

<table>
<tr><td>任务过程</td><td colspan="5">（1）信号线/屏蔽线。
（2）________。
（3）传感器外壳。
（4）发动机飞轮外壳
（5）________。
（6）________。
（7）________。
（8）________。
曲轴位置传感器也称____传感器，它的作用是：向电控单元 ECU 提供信息，结合____传感器信号，可区分曲轴压缩上止点和排气上止点。如上图中的曲轴位置传感器，在齿圈上加工出一个大的“齿间距”，于是不仅可以获取____信息，也可获取____信息。
5. 画出爆燃传感器的电路图。
6. 根据电路图，写出爆燃传感器的检测步骤。
7. 使用相关设备读取点火系统相关参数，如点火提前角、进气门开度、发动机转速、冷却液温度等。
8. 在实车桑塔纳 AFE 发动机上调整点火提前角，并观察发动机运转情况。</td></tr>
<tr><td rowspan="9">考核评价</td><td colspan="2">考评项目</td><td>分值</td><td>教师考核</td><td>备注</td></tr>
<tr><td rowspan="3">素质考评</td><td>团队协作</td><td>10 分</td><td></td><td></td></tr>
<tr><td>语言表达</td><td>10 分</td><td></td><td></td></tr>
<tr><td>实训纪律</td><td>10 分</td><td></td><td></td></tr>
<tr><td rowspan="4">过程考评</td><td>工具使用</td><td>10 分</td><td></td><td></td></tr>
<tr><td>任务实施</td><td>30 分</td><td></td><td></td></tr>
<tr><td>完成情况</td><td>20 分</td><td></td><td></td></tr>
<tr><td>工位整理</td><td>10 分</td><td></td><td></td></tr>
<tr><td>合计</td><td colspan="4"></td></tr>
</table>

任务二 点火系统故障诊断与检修

任务描述

点火系统一旦出现故障将直接影响到发动机能否正常工作。由于点火系统的控制过程相对比较复杂，因此掌握正确的维修方法和诊断策略是非常重要的，在对点火系统进行检查时，一般需要从以下两个方面进行：初级回路和次级回路中各个部件及线路连接是否正常；与点火触发信号相关的传感器及线路连接是否正常。

任务分析

发动机点火系统是汽油机关键系统之一，在发动机的工作过程中，当点火系统出现故障时，会导致发动机不能启动、运转不稳定、功率下降、油耗增大、加速不良、点火时间不当或者个别缸不点火等故障现象。本任务主要通过分析各种典型的电控点火系统的结构组成，要求学生熟悉其电路原理，掌握对典型零部件的检测方法，能对电控点火系统的常见故障进行诊断与排除。

知识链接

一、桑塔纳 AJR 发动机点火系统分析

以大众 AJR 发动机为例进行介绍，超人、俊杰骄子、2000 款的新秀、捷达的都市春天、捷达的都市阳光等全部采用该点火系统。如图 4－39 为 AJR 发动机电控系统电路图。

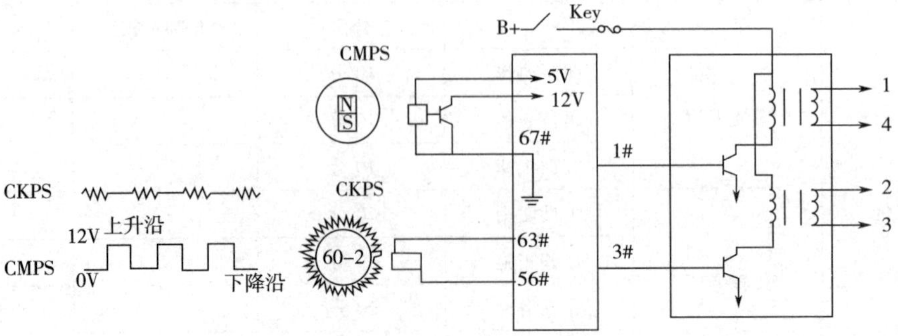

（a）电路简图

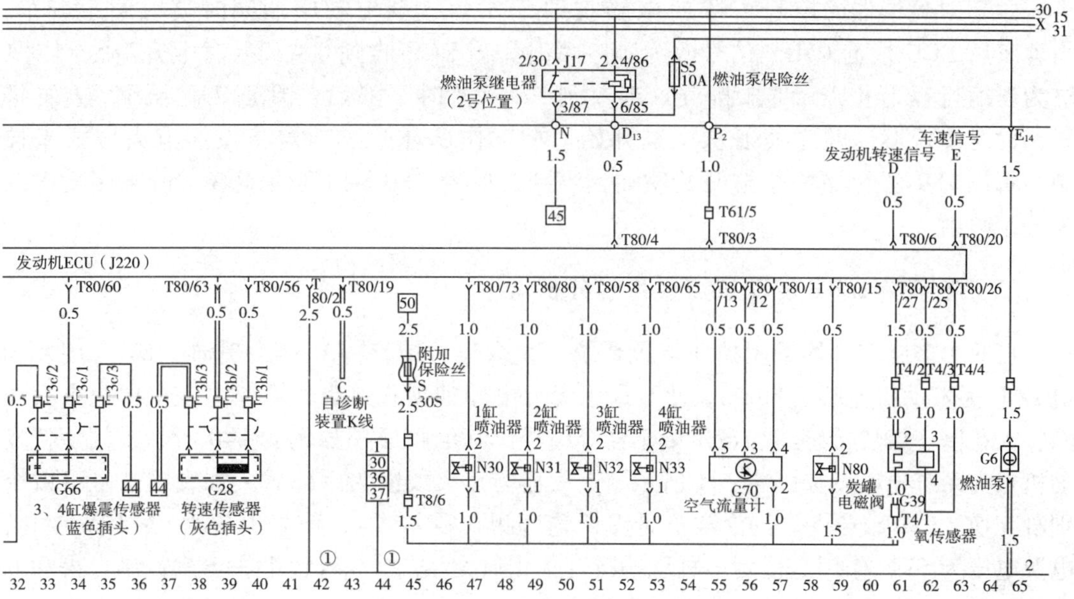

（b）电路图

图 4 - 39　桑塔纳 AJR 发动机电控系统电路图

元件的安装位置：CMPS 位于凸轮轴正时皮带后方为半圈，CKPS 位于 4 缸体上紧靠大飞轮侧，点火器/点火线圈位于进气歧管下方，电脑 ECU 位于右侧挡流板下方。

CMPS：霍尔式信号电压，在 0 ~ 12V 之间变化的为上升沿，12 ~ 0V 之间变化的为下降沿。ECU 就是用这两个沿来控制喷油，当 ECU 检测到 0 ~ 12V 变化时判定 1 缸处于压缩，4 缸排气上止点会控制燃油顺序喷射从 4 缸开始。当 ECU 检测到 12 ~ 0V 变化时判定 4 缸处于压缩，1 缸排气行程上止点会控制燃油顺序喷射从 1 缸开始。

上升沿：指 0 ~ 12V 变化的电压。

下降沿：指 12 ~ 0V 变化的电压。

CMPS 作用：判别 1/4 缸实现燃油顺序喷射，也同样是从同时喷射改为顺序喷射。同时喷射也同样根据 STA 信号在着车后 STA 信号退出工作，改为顺序喷射，此时传感器损坏后会照样可以着车。ECU 根据 CKPS 从着车时的同时喷射改为分组喷射，着车后此信号丢失没有很明显表现，只是轻微冒点黑烟。

CKPS 作用：磁脉冲式阻值在 1200Ω 左右，信号发生齿 60 - 2 齿位于缸体的曲轴柄上。随曲轴的转动作用来检测发动机的转速和转角，精确地控制喷油和点火，此传感器损坏后发动机无油无火，转速表不转。

工作原理：

（1）对点火的控制：首先接通点火执行元件的工作电源，准备工作同时启动车时两个主控信号都产生信号给电脑。当电脑检测到缺口时判定 1 缸压缩 4 缸排气行程上止点，此时会控制 1#高压包点火给 1/4 缸。一个是压缩，一个是废火，当第一次点火成功后 ECU 根据 CKPS 来控制点火。控制下一缸工作时通过每数 30 个齿来给下一缸点火，依次点完。

（2）对喷油器的控制。ST时电脑收到STA信号会控制燃油同时喷射便于着车，当着车后ECU根据CMPS信号改为顺序喷射。当ECU收到0～12V时上升沿，判别1缸为压缩行程上止点，4缸排气。当收到12～0V时下降沿，判别4缸压缩，1缸排气，此时实现燃油顺序喷射从1缸开始。在工作循环中喷油器将按照点火方式来控制，每隔180°控制下一个缸开始喷油，当判缸信号CMPS损坏时能着车但顺序喷射改为分组喷射。

二、帕萨特1.8T发动机点火系统分析

目前大多新车型均采用独立点火系统，大众公司帕萨特1.8T、奥迪1.8T采用发动机ECU为发动机电脑位80pin，此车采用无分电器独立式点火，点火系统主要由点火线圈、火花塞、爆燃传感器、霍尔传感器等组成，其电路原理如图4－40所示，帕萨特发动机点火系统电路图如图4－41所示。点火器与点火线圈为一体式，如发现缺缸可以个别缸互换。CMPS安装于凸轮轴正时皮带轮后侧（霍尔式），信号电压为0～12V变化，电源电压为5V，作用是检测1缸压缩行程上止点、4缸排气行程上止点来控制点火和顺序喷射。CKPS安装于4缸缸体后侧靠近大飞轮信号发生齿（60－2）位于曲轴上，一个工作循环产生两次信号作用来判断汽缸点火，更精确地控制喷油和点火。一旦传感器损坏无油无火，转速表不转。

注：CMPS开路可以着车只是喷油为分组，着车后加速良好，轻微有点冒黑烟。

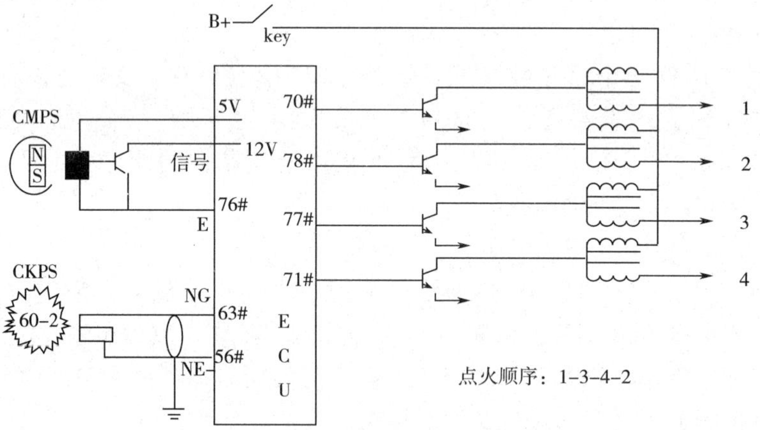

图4－40　独立点火电路原理图

工作原理：

（1）点火的控制。当启动车时电脑如果同时收到CMPS缺口和CKPS缺口信号时判定为1缸压缩行程上止点，会控制1缸高压包跳火。如果电脑只收到CKPS一个缺口信号时会给4缸点火，第一次点火成功后电脑根据CKPS数30齿来控制下一个缸点火，依次点完四个缸。

（2）燃油的控制。ST时为同时喷射，着车后根据CMPS缺口信号和CKPS缺口信号控制喷油。

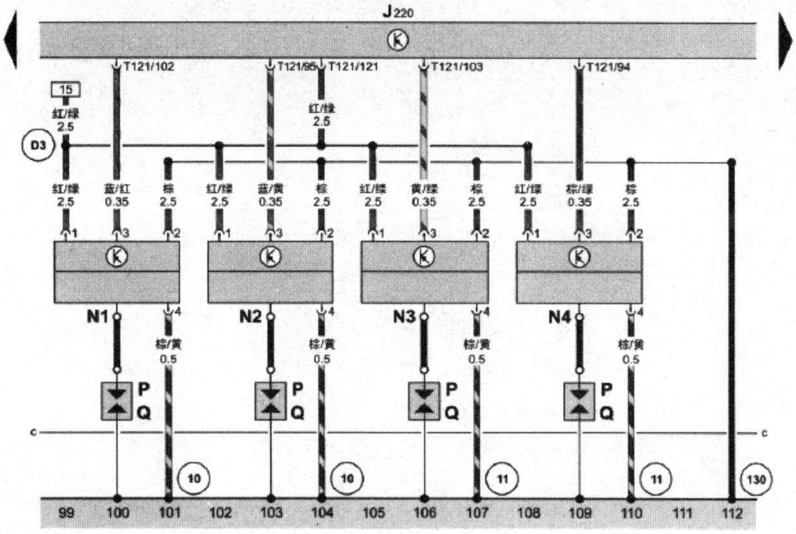

图 4－41　帕萨特 1.8T 发动机电控点火电路图

任务实施

一、桑塔纳 AJR 发动机点火系统检测（点火系统主要组件的检修）

（一）具有两个点火线圈的双火花点火系统的测试

AJR 型发动机点火系统采用无分电盘双火花直接点火系统。点火线圈发生故障，发动机立即熄火或不能启动。ECU 不能检测到该故障信息。如果一个火花塞由于开路使这个点火回路断开，那么和它共用一个点火线圈的火花塞也因电气线路故障而不能跳火；如果一个火花塞由于短路而不能跳火，但电气回路没有断开，那么和它共用一个点火线圈的火花塞仍然能够跳火。图 4－42 为 AJR 型发动机点火系统电路接线图。

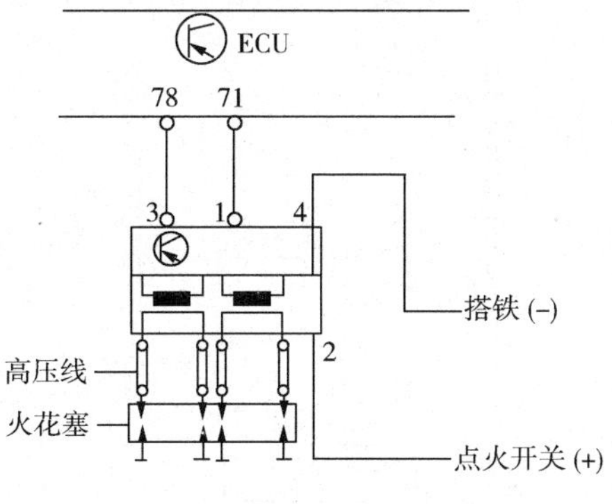

图 4－42　AJR 型发动机点火系统电路接线图

拔下点火线圈4针插头，用发光二极管测试灯连接蓄电池正极和插头上端子4，如图4-43所示，发光二极管测试灯应亮。如果测试灯不亮，检查端子4和接地点的线路是否有断路。

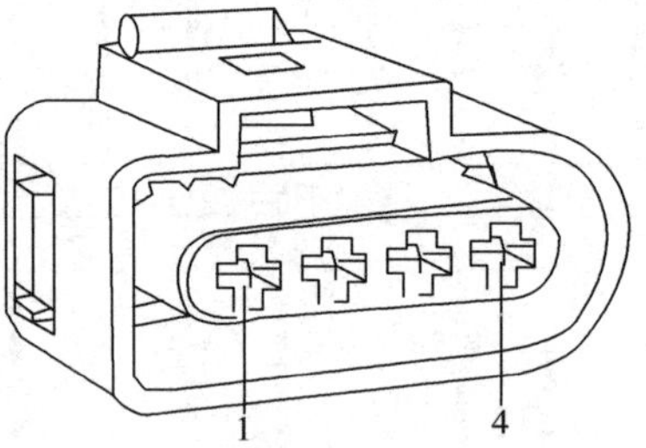

图4-43　点火线圈4针插头

1、4—端子

测试点火线圈的供电电压：拔下点火线圈的4针插头，用发光二极管测试灯连接在发动机接地点和插头上端子2之间，打开点火开关，发光二极管测试灯应亮。如果测试灯不亮，检查中央电器D插头2、3端子与4针插座端子2之间线路是否断路。

测试点火线圈工作：拔下4个喷油器的插头和点火线圈的4针插头，打开点火开关，用发光二极管测试灯连接发动机接地点和插头上端子1，接通起动机数秒，测试灯应闪亮，然后用测试灯连接发动机接地点和端子3，接通起动机数秒，测试灯应闪亮。如果测试灯不闪，检查点火线圈插头上端子和发动机控制单元线束的插头间导线是否开路或短路，如果线路正常，应更换发动机ECU。

（二）爆燃传感器的测试

桑塔纳2000GSi型发动机采用两爆燃传感器，分别安装在汽缸体进气管侧第1、2缸和第3、4缸之间。爆燃传感器发生故障时，发动机ECU能检测到故障信息，并能使发动机进入紧急状态下运行，此时各缸都相应推迟点火提前角约15°，发动机输入功率明显下降。爆燃传感器的连接电路如图4-44所示。

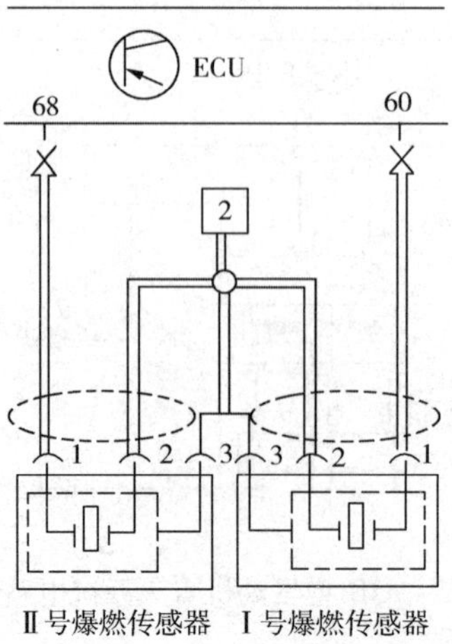

图4-44　爆燃传感器连接电路图

为了试验爆燃传感器的工作情况，可用08功能“读测量数据块”，选择13、14、15、16显示组。如果在08功能中不能实现爆燃传感器的测试，可查询故障码。为了确保爆燃传感器功能完好，必须按规定扭紧力矩（20N·m）紧固。

爆燃传感器的三个端子之间，如图4-45所示，不应有短路现象，否则，更换爆燃传感器。传感器插头和发动机控制单元线束插头间的线路若有断路或短路，应排除故障。

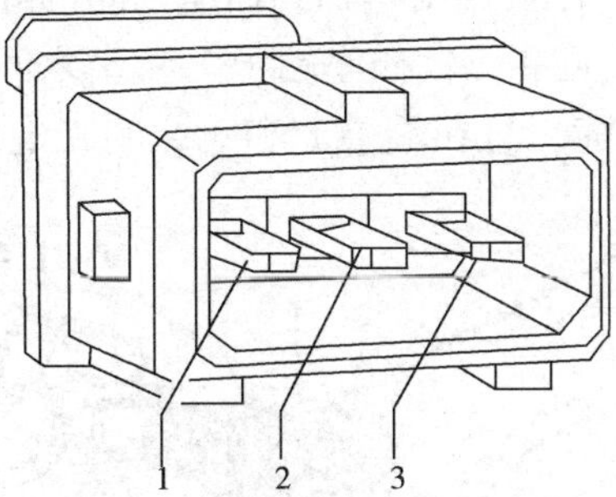

图4-45 爆燃传感器端子图

1、2、3—端子

（三）霍尔传感器的测试

霍尔传感器发送第1缸点火位置，如果霍尔传感器发生故障，爆燃控制关闭，点火提前角稍微推迟，避免产生爆燃。如果没有霍尔传感器信号，发动机仍然将继续运行，并且能再次启动，这是因为在双火花点火系统中发动机每一转各缸产生1次火花，不是像通常情况每两转各缸产生1次火花。另外，由于没有霍尔传感器信号，只是产生一转的偏差，对喷射来说影响不大。

不拔下霍尔传感器插头，用测试灯从背面连接插头端子1和2（图4-46），接通起动机几秒钟，发动机每两转测试灯必须闪一下，如果测试灯不闪，拔下霍尔传感器插头，打开点火开关，测量插头端子1和3的电压（量程为20V电压挡），标准值应为约5V；测量插头端子2和3的电压，标准值应接近蓄电池电压。如果测量值符合标准，更换霍尔传感器；如果测量值不符合标准，应按图4-47所示检查霍尔传感器与控制单元的线路是否有开路或短路。

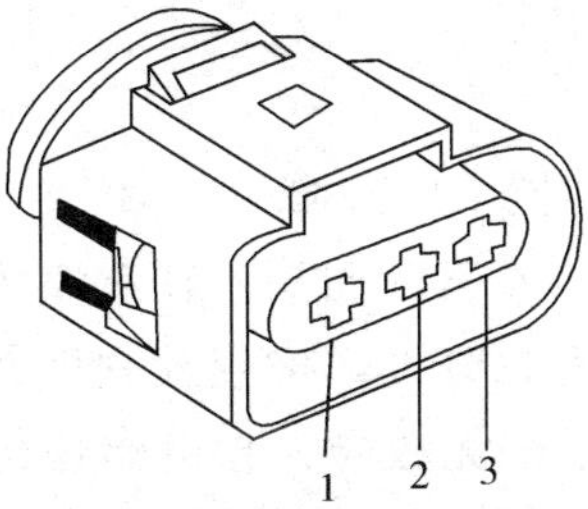

图4-46 霍尔传感器插头端子图

1~3—端子

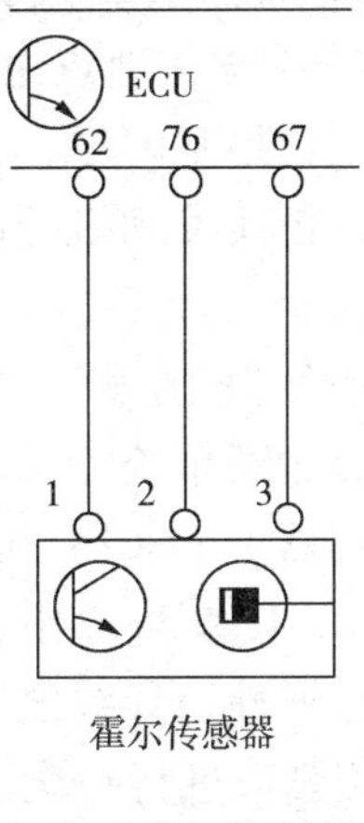

图4-47 霍尔传感器与控制单元连接电路图

二、大众帕萨特独立点火系统检测（点火系统主要零部件的检查）

（一）霍尔传感器的检修

检查条件：蓄电池电压至少为11.5V。拔下霍尔传感器的三针插头，如图4－48所示。用万用表连接插座的端子1和3，打开点火开关，测量其电压，其允许值为至少4.5V。如果不在允许范围内，检查控制单元到插座之间的导通性及导线之间是否相互短接。如在导线中未发现故障，且在三针插座端子1和3之间有电压，则更换霍尔传感器G40；如果在导线中未发现故障，且在端子1和3之间无电压，则更换发动机ECU。

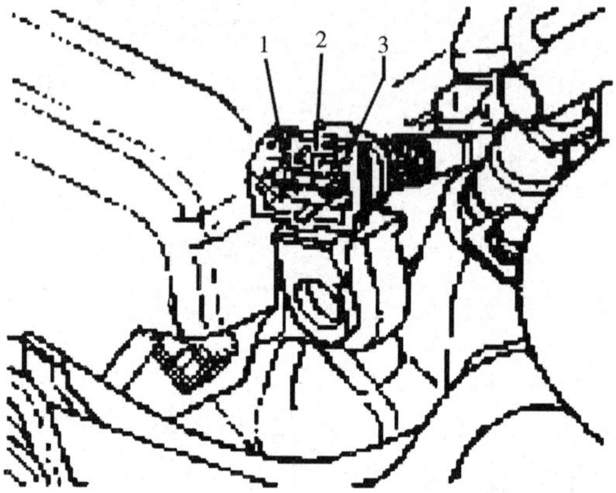

图4－48　霍尔传感器插头

1～3—端子

（二）带功率终极端的点火线圈的检修

检查条件：蓄电池电压11.5V；霍尔传感器正常；发动机转速传感器正常。

（1）将点火线圈的功率终端极2和三针插头拔下，用导线将万用表连接到中间的端子和接地点，打开点火开关，测量供电电压，其允许值至少11.5V。如无电压，检查控制单元和三针插座之间的导线是否导通及三针插座端子2和继电器板间是否导通。

（2）拔下喷油器插头及点火线圈终端极的三针插座，用辅助导线连接二极管灯V.A.G1527于端子1与接地点之间，启动起动机，检查发动机控制单元的点火信号。二极管灯应当闪烁。如果不闪烁，检查相应的导线。如未找到导线的故障，而在端子2和接地点间有电压，更换发动机控制单元。如果电压和动作控制正常，更换带功率终端极的点火线圈。

（三）爆燃传感器的检修

检查条件：自诊断系统能识别一个或两个爆燃传感器上的故障。

拔下爆燃传感器1（G61）或爆燃传感器2（G66）的三针插头。在爆燃传感器插头上测量端子1和2、1和3、2和3的电阻，其阻值应为无穷大。检查控制单元至三针插座之间的导线的导通性及导线之间是否有短接。如导线中无故障，松开爆燃传感器，并重新以20N·m旋紧。进行一次试车行驶后，然后查询故障存储器是否有故障码，若仍有故障，则更换爆燃传感器。

任务工单

任务 4－2　　　　点火系统故障诊断与检修

班级		姓名		学号	
地点				等级	
任务目的					
实训设备					
任务过程	1. 画出桑塔纳 2000GSI 发动机的点火系统电路图，并分析其工作过程。 2. 桑坦纳 2000GSI 发动机的点火系统主要元件检测。 （1）点火线圈检测： （2）曲轴位置传感器检测： （3）凸轮轴位置传感器检测： （4）爆燃传感器检测： 通过上述检测，得出的结论是： 3. 画出帕萨特独立点火系统的电路图，并分析其工作过程。 4. 帕萨特发动机的点火系统主要元件检测。 （1）点火线圈检测： （2）曲轴位置传感器检测： （3）凸轮轴位置传感器检测： （4）爆燃传感器检测： 5. 工作小结					

续表

考核评价	考评项目		分值	教师考核	备注
	素质考评	团队协作	10 分		
		语言表达	10 分		
		实训纪律	10 分		
	过程考评	工具使用	10 分		
		任务实施	30 分		
		完成情况	20 分		
		工位整理	10 分		
	合计				

项目小结

1. 有分电器式微机控制点火系统主要由输入信号（各种传感器和开关）、电子控制单元（ECU）、分电器（内装点火控制器）、高压线和火花塞等组成。

2. 点火线圈利用变压器的原理可将汽车电源提供的 12V 低压电转变成能击穿火花塞电极间隙的 15～20kV 的高压直流电。按其磁路结构形式的不同，点火线圈一般分为开磁路式和闭磁路式两种。

3. 有分电器电控点火系统的控制功能包括点火提前角、闭合角控制和爆燃控制。

4. 无分电器式的电控系统又称为直接点火系统，它取消了分电器、分火头、中央高压线等装置，直接将点火线圈次级绕组的两端与火花塞相连，即把点火线圈产生的高压电直接送给火花塞进行点火。

5. 无分电器电控点火系统主要由传感器、电控单元（ECU）及执行器组成。传感器用来检测发动机工作状态，并将信号传给 ECU；ECU 负责对传感器传送的信号进行分析、比较、处理，向执行器发出控制命令；执行器（点火控制器）接收 ECU 发出的控制指令，并按指令对点火线圈初级绕组电流进行控制，以产生足够的点火高压电。

6. 无分电器的电子点火控制系统按配电方式的不同可分为双缸分组点火方式、二极管配电点火方式和独立点火方式三种类型。

思考题

1. 发动机启动后在正常工况下运转时，控制点火提前角的信号主要有哪些？
2. 通电时间对发动机工作的影响是什么？
3. 点火器主要由哪几部分组成？它们的主要功能是什么？
4. 暖机修正控制信号主要有哪些？
5. 点火线圈的恒流控制方法是什么？
6. 电控点火系统的主要优点有哪些？
7. 影响发动机点火提前角的因素有哪些？

8．计算机控制直接点火系统由哪些部件组成？

9．点火提前角过大或过小对发动机有何影响？

10．发动机爆燃产生的原因是什么？爆燃怎样控制？

项目五　汽车照明和信号系统的检修

学习目标

1. 知识目标

（1）熟知照明与信号系统的作用，知道其各自的使用方法。

（2）熟知几种照明与信号系统的结构、组成及工作原理。

（3）懂得各种照明与信号系统的电路分析方法。

2. 能力目标

（1）能够分析照明与信号系统电器电路。

（2）能够诊断典型车型的照明与信号系统的常见故障。

（3）能够通过分析电路图对典型车型的照明与信号系统进行检修。

任务一　照明系统的检修

任务描述

汽车的品牌和种类繁多，照明系统的组成数量也不等，其安装位置、接线方式、接线方法也各有差异，但不论是国产汽车还是进口汽车，其照明系统都遵循一定的规律。

任务分析

本任务讲述了汽车照明系统各部件的组成、原理及检修方法，要求学生学完能独立完成汽车照明系统各部件的拆装、维护及检修。

知识链接

一、汽车照明系统

汽车照明系统是汽车夜间行驶必不可少的照明设备，为了提高汽车的行驶速度，确保夜间行车的安全，汽车上装有多种照明设备，用于夜间行车照明、车厢照明及检修照明。汽车照明系统根据安装位置和用途不同，一般可分为外部照明装置、内部照明装置。汽车照明灯的种类、特点及用途见表5－1。

（1）前照灯，如图5－1所示。装在汽车头部的两侧，用于夜间或光线昏暗路面上汽车行驶时的照明，有两灯制和四灯制之分。为了确保夜间行车的安全，前照灯应保证车前有明亮而均匀的照明，使驾驶人能够辨明车前100m（或更远）内道路上的任何障碍物。前照灯应具有防眩目的装置，以免夜间会车时，使对方驾驶人眩目而发生事故。

表5－1　　汽车照明灯种类、特点及用途

种类	外照明灯			内照明灯		
	前照灯	雾灯	牌照灯	顶灯	仪表灯	行李箱灯
工作时的特点	白色常亮 远近光变化	黄色或白色 单丝常亮	白色 常亮	白色 常亮	白色 常亮	白色 常亮
用途	为驾驶人安全行车提供保障	雨雪雾天保证有效照明及提供信号	用于照亮汽车尾部牌照	用于夜间车内照明	用于夜间观察仪表时的照明	用于夜间拿取行李物品时的照明

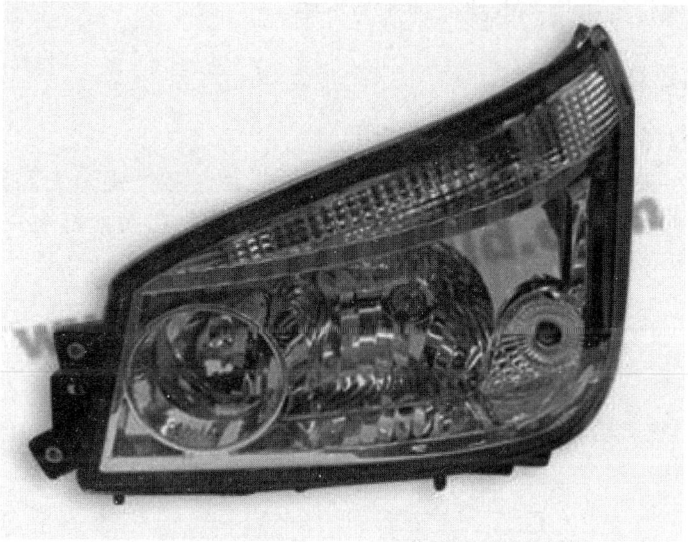

图5－1　前照灯

（2）雾灯。安装在车头和车尾，如图5－2所示。位置比前照灯稍低。装于车头的雾灯称为前雾灯，装于车尾的雾灯称为后雾灯。光色为黄色或橙色（黄色光波较长，透雾性能好）。用于在有雾、下雪、暴雨或尘埃等恶劣条件下改善道路的照明情况。

（3）牌照灯。用于照亮尾部车牌，当尾灯点亮时，牌照灯也点亮。

（4）顶灯。用于车内乘客照明，但必须保证不使驾驶人眩目。通常客车车内灯都位于驾驶室中部，使车内灯光分布均匀。

（5）仪表灯。用于夜间照亮仪表盘，使司机能迅速容易地看清仪表盘。尾灯点亮

图5－2　雾灯

时，仪表灯也同时点亮。有些车还加装了灯光控制变阻器，使司机能调整仪表灯的亮度。

（6）行李箱灯。为行李箱提供照明的小灯。

由于前照灯在所有照明系统中具有特殊的光学性质，所以对于汽车照明系统的维护和检修，掌握前照灯的结构和电路原理尤为重要。

二、汽车前照灯

1. 汽车前照灯的结构

汽车前照灯一般由光源（灯泡）、反光镜、配光镜（散光镜）三部分组成。

目前汽车前照灯所用的灯泡有普通灯泡（白炽灯泡）和卤素灯泡，两种灯泡的灯丝均采用熔点高、发光强的钨制成，如图5－3所示。

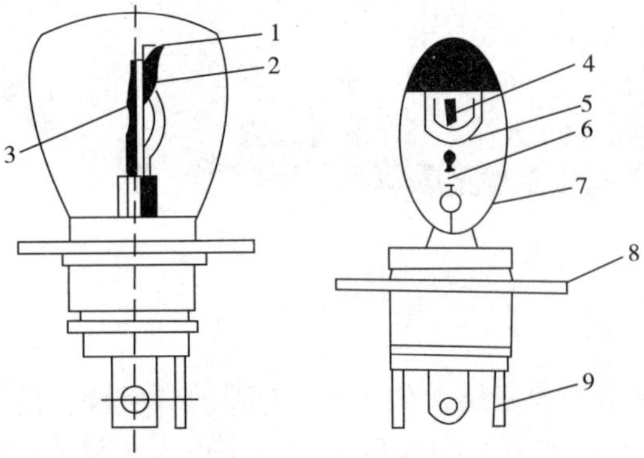

（a）普通灯泡（白炽灯泡）　（b）卤素灯泡

图5－3　前照灯的灯泡

1、7—配光屏　2、4—近光灯丝　3、5—远光灯丝　6—定焦盘　8—泡壳　9—插片前者灯丝用钨丝制成，玻璃泡内抽出空气，然后充以86%的氩气和约14%的氮气的混合惰性气体以减少钨丝受热蒸发，延长其使用寿命，灯丝制成紧密的螺旋状。灯泡在长期使用后发黑，表明灯丝的损耗依然存在，因此并不能阻止钨丝的蒸发。后者是在惰性气体中加入了一定量的卤族元素（如碘、溴），使得从灯丝上蒸发出来的气态钨与卤族元素反应生成了一种挥发性的卤化钨，在扩散到灯丝附近的高温区域后又受热分解，使钨重新回到灯丝上，如此循环防止了钨的蒸发和灯泡黑化的现象。白炽灯泡发光效率一般为8~12lm/W，卤素灯泡发光效率可达18~20lm/W，卤素灯泡发光率比白炽灯泡高20%以上。由于卤钨灯泡体积小、耐高温、发光强度高、使用寿命长，故而目前得到了广泛的应用。

反射镜的表面形状呈旋转抛物面，如图5－4所示，一般由0.6~0.8mm的薄钢板冲压而成，或由玻璃、塑料制成。其内表面镀银、镀铝或镀铬，然后进行抛光处理；目前反射镜内面采用真空镀铝的较多。反射镜的作用是将灯泡的散射（直射）光反射成平行光束，使光度大大增强，增强几百倍乃至上千倍，以保证汽车前方150~400m范围内有足够的照明。反射镜的作用如图5－5所示。

图5－4　半封闭式前照灯的反射镜

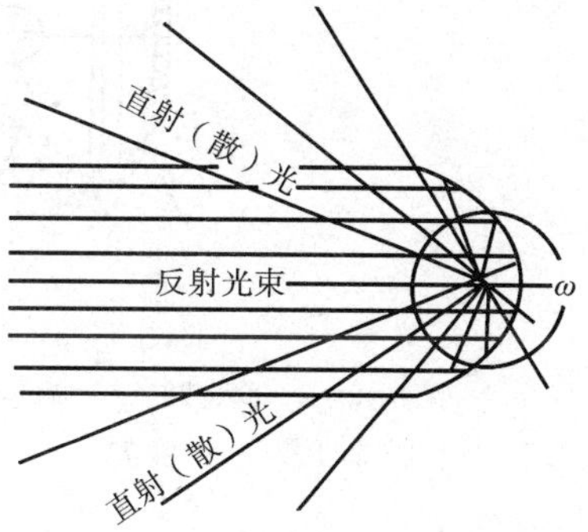

图5－5　反射镜的作用

配光镜又称散光玻璃，由透光玻璃压制而成，是多块特殊棱镜和透镜的组合，外形一般为圆形和矩形，如图5－6所示。

配光镜的作用是将反射镜反射出的平行光束进行折射使车前的路面有良好而均匀的照明，如图5－7所示。

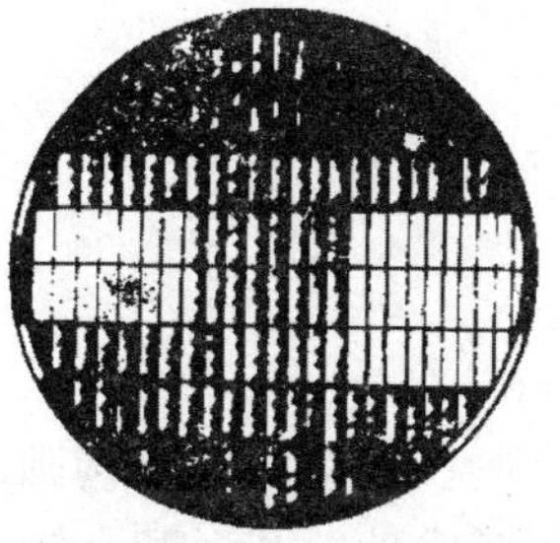

图5－6　配光镜的结构

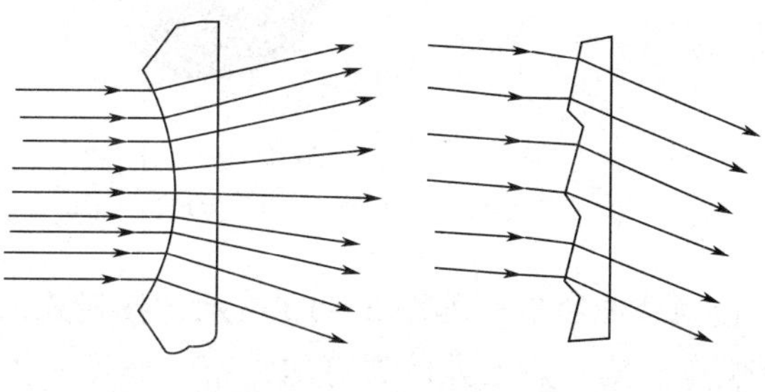

图5－7　配光镜的作用

2. 汽车前照灯的类型

按照安装数量的不同可分为：两灯制前照灯和四灯制前照灯。前者每只灯具有远、近光双光束；后者外侧一对灯为远近双光束，内侧一对灯为远光单光束。

按照安装方式的不同可分为：外装式前照灯和内装式前照灯。前者整个灯具在汽车上外露安装；后者灯壳嵌装于汽车车身内，装饰圈、配光镜裸露在外。

按照灯的配光镜形状不同可分为：圆形、矩形和异形前照灯。

按照发射的光束类型不同可分为：远光前照灯、近光前照灯和远近光前照灯。

按照前照灯光学组件的结构不同，可将其分为以下几种：

（1）前照灯。该灯气密性差，反射镜易受湿气和尘埃污染而降低反射能力，严重降低照明效果，目前已很少采用。

（2）半封闭式前照灯，结构如图 5 – 8 所示。

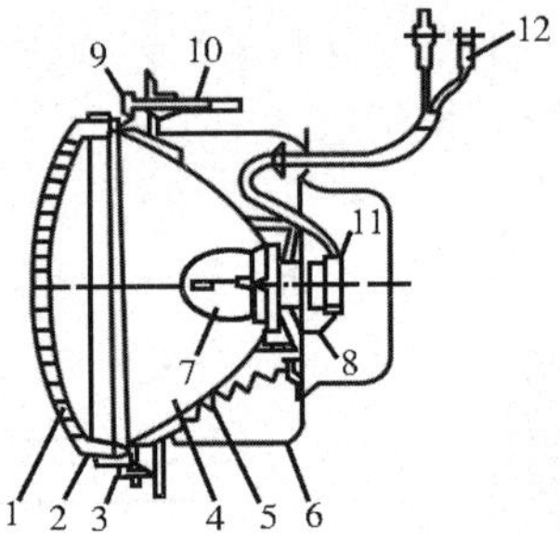

图 5 – 8　半封闭式前照灯

1—配光镜　2—固定圈　3—调整圈　4—反射镜　5—拉紧弹簧　6—灯壳　7—灯　8—防尘罩　9—调节螺钉　10—调整螺母　11—胶木插座　12—接线片

（3）封闭式前照灯，结构如图 5 – 9 所示。

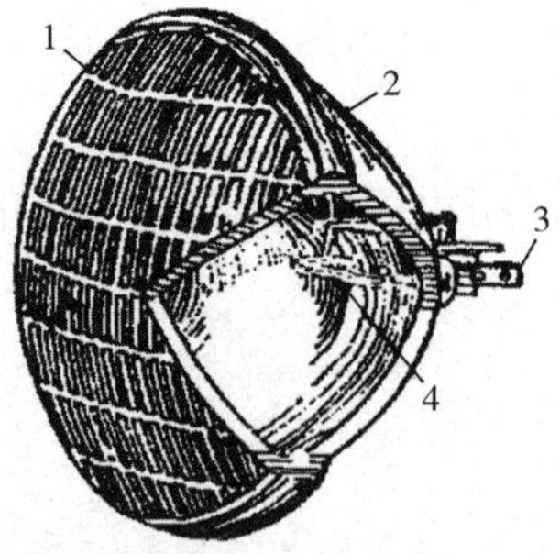

图 5 – 9　封闭式前照灯

1—配光镜　2—反射镜　3—插头　4—灯丝

（4）投射式前照灯。如图 5 – 10 所示，投射式前照灯的反射镜近似于椭圆形状，它具有两个焦点。第一焦点处放置灯泡，第二焦点是由光线形成的，凸形配光镜聚成第二焦点，再通过配光镜将聚集的光投射到前方，投射式前照灯所采用的灯泡为卤钨灯泡，第二焦点附近设有折光板，可遮挡上半部分光，形成明暗分明的配光。由于它的这种配光特性，因此也可用于雾灯。

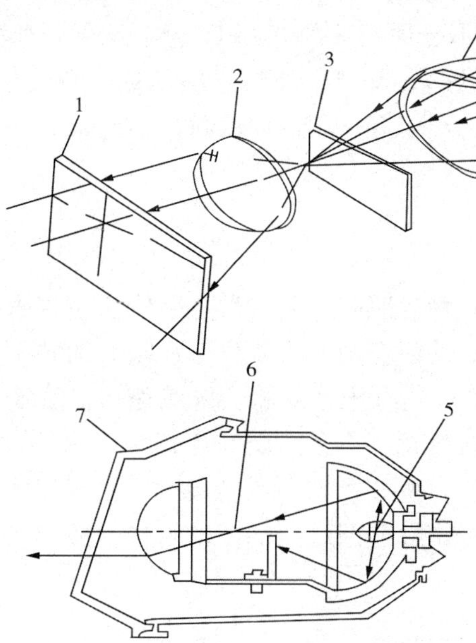

图 5－10　投射式前照灯

1—屏幕　2—凸形散光镜　3—遮光镜　4—椭圆反射镜

5—第一焦点　6—第二焦点　7—总成

3. 其他形式的前照灯

（1）氙灯是一种含有氙气的新型前照灯，又称高强度放电灯或高亮度弧光灯，英文简称 HID（High Intensity Discharge Lamp）。结构如图 5－11 所示，这种灯的灯泡里没有灯丝，取而代之的是装在石英管内的两个电极，管内充有氙气及微量金属（或金属卤化物）。在电极上加上 5000～12000V 电压后，气体开始电离而导电。由气体原子激发到电极间少量水银蒸气弧光放电，最后转入卤化物弧光灯工作，采用多种气体是为了加快启动。

氙灯由弧光灯组件、电子控制器和升压器三大部分组成，其灯泡的光色和日光灯相似，亮度是目前卤钨灯泡的 2.5 倍，寿命是卤钨灯泡的 5 倍，灯泡的功率为 35W，可节能 40%。

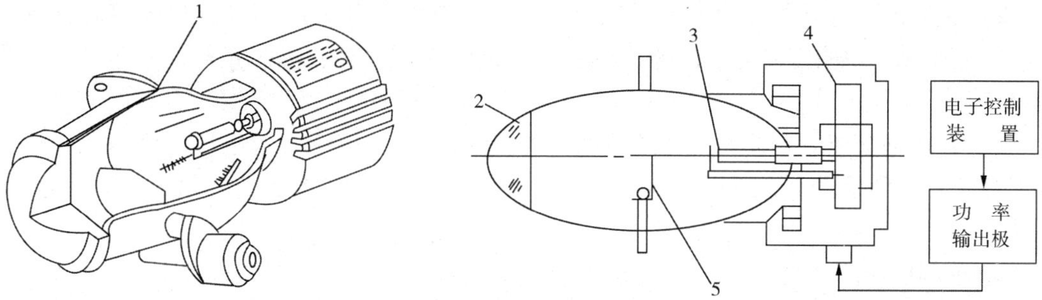

图 5－11　氙灯的结构

1—总成　2—透镜　3—弧光灯　4—引燃及稳弧部件　5—遮光板

（2）LED车灯是指车内外光源均采用LED技术，用于外部与内部照明。外部照明设备涉及热极限与EMC问题，同时还有卸载负载测试的许多复杂标准，也可广泛使用LED车灯来营造车内环境。使用寿命为50000h，LED车灯的结构坚固，不容易受振动影响，使用过程中光输出亮度也不会明显下降。LED车灯适合于汽车电子的各种照明应用，包括大灯（远光灯和近光灯），雾灯，尾灯，刹车灯，转向信号灯，白天行车灯，踏板照明灯，仪表灯，牌照灯，车门灯，车内照明灯，示宽灯，导航，娱乐系统，背光灯及指示灯等。

三、汽车前照灯的发展

轿车前照灯有两种功能：一种是照明，另一种是装饰。在将来，它的主要功能仍将是照明。在今后几年内，前照灯的内在结构将发生一次重大的技术革命，灯具将会装上“脑袋”变成“聪明”的灯，智能化灯光系统将会陆续面市。智能化灯光系统能使汽车前照灯随行驶状况的变化而实时变化，将会出现具有10～15种不同光束的前照灯，相对行驶速度和路面而“随机应变”。例如当转向盘转向时，会有传感器立即探明车辆要转弯，电脑接到信息后立即发指令指挥前照灯内的活动组灯，随转向盘的角度变化来更改灯光的投射角度等。

四、照明装置的常见故障与检修

照明装置的常见故障是因灯泡、线路与熔丝、控制开关有断路、短路或接触不良而使灯不亮。以下介绍前照灯常见故障及故障检修方法。

1. 两侧前照灯均不亮

接通前照灯开关后，两侧前照灯的远光灯和近光灯均不亮。

（1）故障原因。可能的故障部位有：

1）前照灯灯泡均已烧坏。

2）灯光开关/变光开关故障。

3）线路连接（插接器）及搭铁不良。

（2）故障检修。

1）检查灯光开关电源端电压，应为蓄电池电压。若无电压，应检修灯光开关到蓄电池之间的线路；若电压正常，则进行下一步检修。

2）接通前照灯开关（远光灯或近光灯），检查灯光开关远光灯或近光灯输出端电压。若电压无，说明灯光开关故障，拆检或更换灯光开关；若电压正常，则进行下一步检修。

3）在接通前照灯开关时，检查前照灯线束插头对地电压。若电压均低或无，则需检修灯光开关到前照灯之间的线路；若电压正常，则应检修前照灯灯泡和前照灯的搭铁。

2. 单侧前照灯不亮

接通前照灯开关后，前照灯的一侧远光灯和近光灯均不亮。

（1）故障原因。可能的故障部位有：

1）单侧前照灯灯泡/灯丝烧坏。

2）单侧前照灯线路或搭铁不良。

（2）故障检修。接通前照灯开关时，检查不亮侧前照灯线束插头两端子对地电压。若电压均低或无，则需检修灯光开关到前照灯之间的线路；若电压正常，则需检修不亮侧前照灯的搭铁和灯泡。

3. 前照灯的远光灯或近光灯不亮

接通前照灯开关后，在变换远近光时，两侧前照灯的远光灯或近光灯不亮。

（1）故障原因。可能的故障部位有：

1）灯光开关/变光开关不良。

2）前照灯远光灯丝（灯泡）或近光灯丝（灯泡）烧断。

3）变光开关至前照灯的远光灯线路或近光灯线路不良。

（2）故障检修。方法如下：

1）接通前照灯开关，变换为远光或近光，检查灯光开关远光灯或近光灯输出端电压。若电压无，说明灯光开关/变光开关故障，拆检或更换左组合开关；若电压正常，则进行下一步检查。

2）接通前照灯远光或近光，测量前照灯插头的远光灯或近光灯输入端子，若电压低或无，检修变光开关至前照灯的线路；若电压正常，则需拆检前照灯。

4. 两侧前照灯亮度不一致

接通前照灯开关后，两侧前照灯的远光灯或近光灯一边亮、一边暗一些。

（1）故障原因。可能的故障部位有：

1）一侧前照灯灯泡接触不良或前照灯搭铁接触不良。

2）一侧前照灯线路连接有接触不良之处。

（2）故障检修。检修前照灯的线路，如果线路无问题，则需拆检前照灯。

任务实施

一、实施环境

（1）汽车底盘实训室或汽车整车实训室。

（2）捷达、桑塔纳、爱丽舍的轿车等。

（3）相应的照明电路维修手册或资料。

二、实施步骤

1. 汽车前照灯不亮故障现象

故障现象：打开灯光开关，前照灯不亮。

2. 知识导入

汽车照明系统工作原理及组成。

3. 分析汽车前照灯不亮故障主要原因

要求：①小组合作进行故障分析；②填写故障分析报告；③汇报分析结果，确定故障部位及原因。

4. 故障排除

要求：各小组在老师的指导下，严格按照操作规范，合作排除故障。

5. 总评

（1）各组学习小结与体会。

（2）教师对各组学习情况进行评分并总结。

任务工单

任务 5－1　　照明系统的检修

<table>
<tr><td>班级</td><td></td><td>姓名</td><td></td><td>学号</td><td></td></tr>
<tr><td>地点</td><td colspan="3"></td><td>等级</td><td></td></tr>
<tr><td>工具准备</td><td colspan="5"></td></tr>
<tr><td rowspan="10">任务过程</td><td colspan="5">1. 前照灯及灯泡的拆装
①根据前照灯拆装练习，将下列操作步骤进行正确排序：
________→________→________→________→________→________
a. 将前照明灯线束电气连接器从前照灯跨接线束连接器上断开。
b. 拆卸前照灯螺钉。
c. 向前拉前照灯外边缘及顶部以释放背面和内侧定位器凸舌。
d. 向前拉前照灯总成，将前照灯电气连接器从线束连接器上断开。
e. 拆下前保险杠蒙皮。
f. 拆下前照灯总成。
②根据前照灯泡拆装练习，将下列操作步骤进行正确排序：
________→________→________→________
a. 取下前照灯灯泡插座托架。
b. 拆下前照灯灯泡防尘盖。
c. 断开电气连接器。
d. 将灯泡从灯座上拆下。
2. 前雾灯故障诊断。</td></tr>
<tr><td colspan="4">诊断步骤</td><td>测试结果</td></tr>
<tr><td colspan="4">（1）电路/系统检验</td><td></td></tr>
<tr><td colspan="4">将点火开关置于 ON 位置，指令左前、右前雾灯测试。雾灯应点亮/熄灭</td><td></td></tr>
<tr><td colspan="4">（2）电路/系统测试</td><td></td></tr>
<tr><td colspan="4">①关闭点火开关，断开蓄电池负极电缆</td><td></td></tr>
<tr><td colspan="4">②断开线束连接器，测试左前、右前雾灯搭铁电路线束连接器端子和搭铁之间的电阻是否小于 5Ω</td><td></td></tr>
<tr><td colspan="4">③测试搭铁电路是否开路/电阻过大</td><td></td></tr>
<tr><td colspan="4">处理措施：维修左前雾灯的搭铁线路</td><td></td></tr>
</table>

续表

	考评项目		分值	教师考核	备注
考核评价	素质考评	团队协作	10 分		
		语言表达	10 分		
		实训纪律	10 分		
	过程考评	工具使用	10 分		
		任务实施	30 分		
		完成情况	20 分		
		工位整理	10 分		
	合计				

任务二　灯光信号系统的检修

任务描述

汽车的品牌和种类繁多，灯光信号系统的组成数量也不等，其安装位置、接线方式、接线方法也各有差异，但不论是国产汽车还是进口汽车，其照明系统都遵循一定的规律。

任务分析

本任务讲述了灯光信号系统各部件的组成、原理及检修方法，要求学生学完能独立完成汽车灯光信号系统各部件拆装、维护及检修。

知识链接

一、汽车信号灯种类

汽车上除照明灯外，还有用以指示其他车辆或行人的灯光信号标志，这些灯称为信号灯。

信号灯也分为外信号灯和内信号灯，外信号灯指转向指示灯、制动灯、尾灯、示廓灯、倒车灯，内信号灯泛指仪表板的指示灯，主要有转向、机油压力、充电、制动、关门提示等仪表指示灯。各种信号灯的特点及用途见表 5 - 2。

表 5-2　　信号灯的种类、特点及用途

种类	外信号灯					内信号灯	
	转向灯	示廓灯	停车灯	制动灯	倒车灯	转向指示灯	其他指示灯
工作时的特点	琥珀色交替闪亮	白或黄色常亮	白或红色常亮	红色常亮	白色常亮	白色闪亮	白色常亮
用途	告知路人或其他车辆将转弯	标志汽车宽度轮廓	标明汽车已经停驶	提示已减速或将停车	告知路人或其他车辆将倒车	表示驾驶人车辆的行驶方向	表示驾驶人车辆的状况

转向信号灯：标示车辆的转弯方向。汽车前后的左右两边各装一只转向信号灯。车身总长超过 9m 的（包括汽车带挂车）车辆，车身两侧面前方也应装设侧面转向指示灯。转向灯亮时，其光色为黄色，以每分钟 50～120 次的频率闪烁，以引起前后车辆及行人的注意（一般白天在 100m 以外应能看清）。

示廓灯与尾灯：用于夜间给其他车辆指示车辆位置与宽度。位于前方的称为示廓灯，位于后方的称为尾灯。

制动灯：制动灯也叫刹车灯，装在汽车尾部，是车辆重要的外在安全标识，以警告后面尾随的车辆或行人，保持安全距离。其光色为红色，功率一般为 20W。正常情况下，踩制动灯亮时，车后相距 100m 处的其他车辆应看得很清楚，以告诉后车减速或停车。在雾、雨、雪的天气里要注意制动灯的运用，驾驶人在注意前方车辆灯光的同时，可以靠后视镜留意自己后车的位置，若发现后车离自己的车位太近，可轻踩制动，使制动灯亮，以提醒后车适当拉开车距，防止因紧急踩制动，后车措施不及而发生追尾事故。

倒车灯：安装于车辆尾部，给驾驶人提供额外照明，使其能在夜间倒车时看清车的后面，也警告后面车辆，该车驾驶人想要倒车或正在倒车。当点火开关接通且变速器换至倒挡时，倒车灯点亮。

二、汽车转向灯及其闪光器类型与工作原理

汽车转向灯主要是用来指示车辆的转弯方向，以引起交通民警、行人和其他驾驶人员的注意，提高车辆行驶的安全性。另外，汽车转向灯同时闪烁还用做危险警报的指示。汽车转向灯的闪烁是通过闪光器来实现的，通常按照结构和工作原理的不同分为电热丝式、电容式、翼片式、水银式、晶体管式、集成电路式等。

过去汽车转向灯闪光器，多采用电热式结构，由于它们工作稳定性差、寿命短、信号灯的亮暗不够明显，因而目前多采用结构简单、体积小、工作稳定、使用寿命长的电子式闪光器，即晶体管式和集成电路式两大类。

（1）电容式闪光器是利用电容器充、放电延时特性，使继电器的两个线圈产生的电磁吸力时而相同叠加，时而相反削减，从而使继电器产生周期性开关动作，使得转向信号灯及指示灯实现闪烁，如图 5-12 所示为电容式闪光器的结构和工作原理。

（2）翼片式闪光器是利用电流的热效应，以热胀条的热胀冷缩为动力，使翼片产生突变动作，接通和断开触点，使转向信号灯及转向信号指示灯实现闪烁的。如图 5－13、图 5－14 所示分别为直热及旁热翼片弹跳式闪光器的工作原理图。

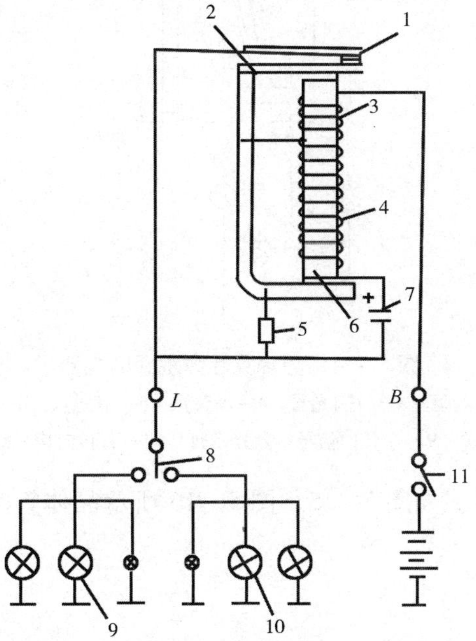

图 5－12　电容式闪光器结构及工作原理

1—触点　2—弹簧片　3—串联线圈　4—并联线圈　5—灭弧电阻　6—铁芯　7—电解电容器　8—转向灯开关　9—左转向信号灯及指示灯　10—右转向信号灯及指示灯　11—电源开关

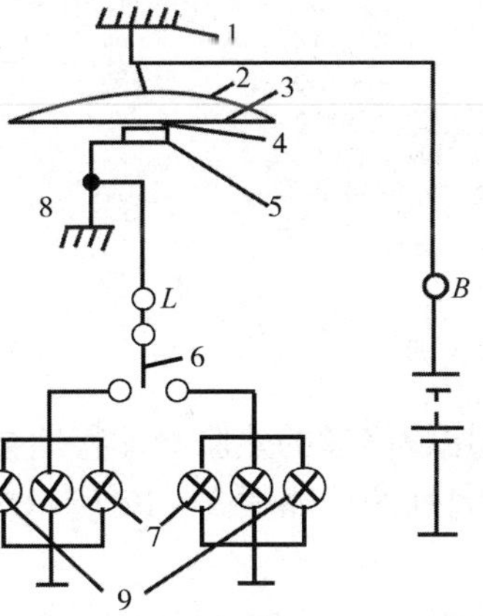

图 5－13　直热翼片弹跳式闪光器

1、8—支架　2—翼片　3—热胀条　4—动触点　5—静触点　6—转向开关　7—转向指示灯　9—转向信号灯

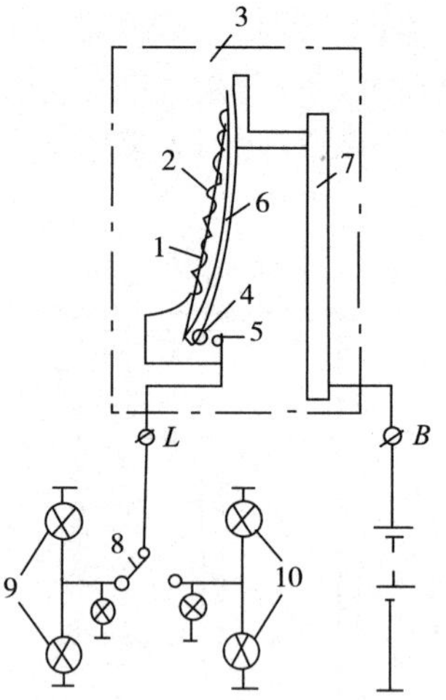

图 5-14　旁热翼片弹跳式闪光器

1—热胀条　2—电阻丝　3—闪光器　4—动触点　5—静触点　6—翼片　7—支架
8—转向开关　9—左转向信号灯及指示灯　10—右转向信号灯及指示灯

（3）晶体管式闪光器。如图 5-15、图 5-16 所示晶体管闪光器分有触点式和无触点式两种。

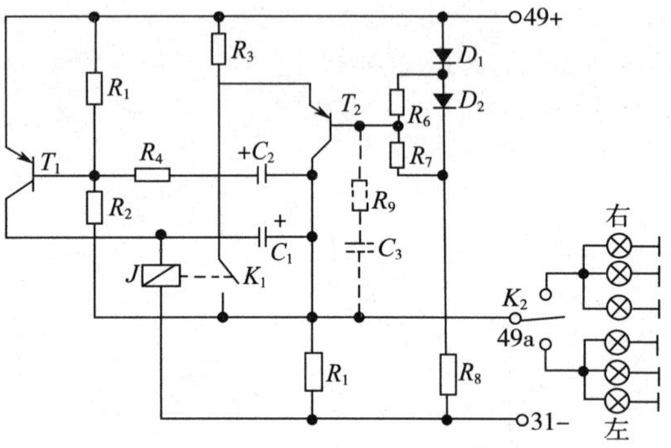

图 5-15　触点式晶体管闪光器

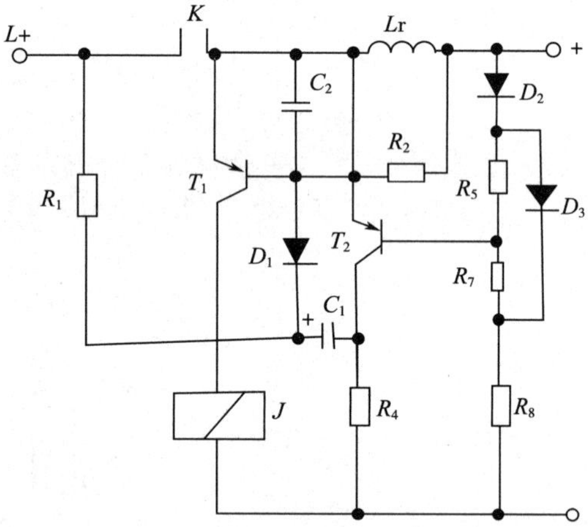

图 5-16　无触点式晶体管闪光器

（4）电热丝式闪光器是利用镍铬丝的热胀冷缩特性接通或断开转向灯电路，从而实现转向信号灯及转向指示灯的闪烁的。如图 5-17 所示为 SD56 型电热丝式闪光器的结构与工作原理图。

（5）集成电路闪光器。如图 5-18、图 5-19 所示，集成电路闪光器与晶体管闪光器的不同之处就是用集成电路 IC 取代了晶体管振荡器，这类闪光器也分有触点式和无触点式两种。

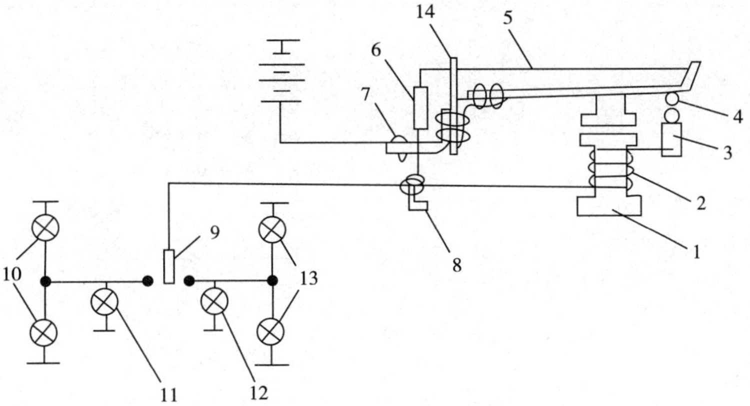

图 5－17　SD56 型电热丝式闪光器

1—铁芯　2—线圈　3—固定触点　4—活动触点　5—镍铬丝　6—附加电阻丝　7、8—接线柱

9—转向开关　10—左（前、后）转向灯　11—左转向指示灯　12—右转向指示灯

13—右（前、后）转向灯　14—调节片

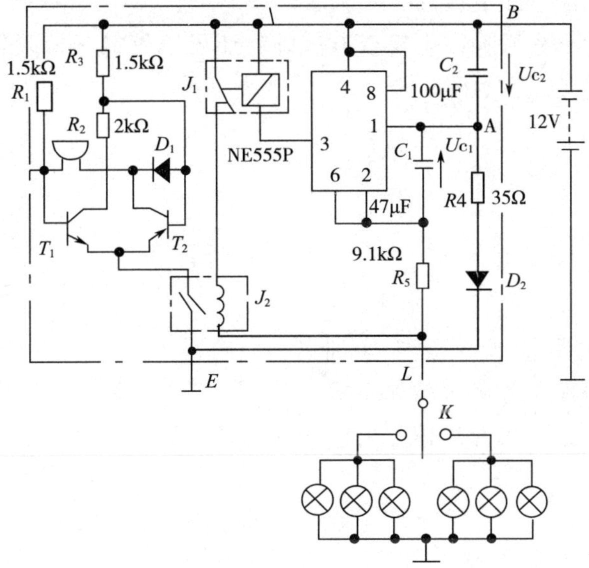

图 5－18　有触点式集成电路闪光器工作原理图

三、转向信号灯电路的常见故障检修

（1）转向开关打到左侧或右侧时，转向指示灯闪烁比正常情况快。

这种故障现象说明这一侧的转向灯灯泡有烧坏的，或转向灯的接线、搭铁接触不良。

排除方法：更换灯泡。若接线、搭铁接触不良时，视情况处理。

（2）左、右转向灯均不亮。

这种故障的原因可能是熔丝烧断、闪光器坏、转向开关出现故障，或线路有断路的地方。

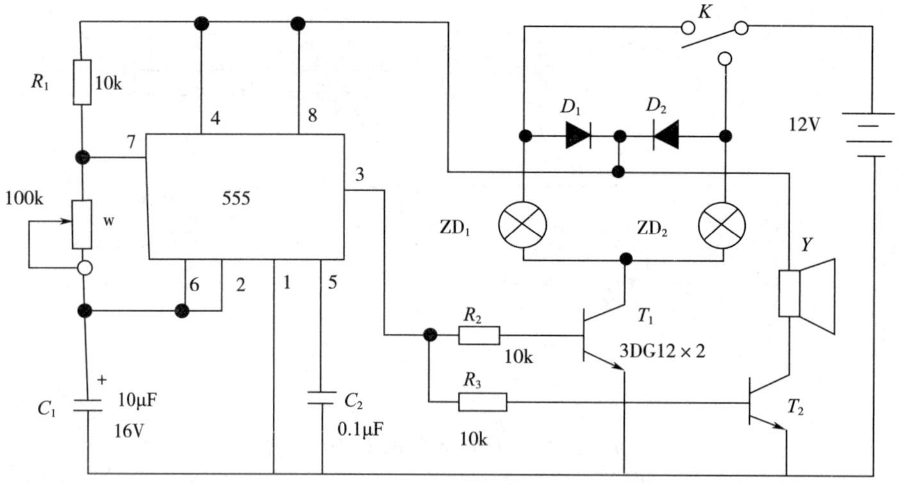

图 5－19　无触点式集成电路闪光器工作原理图

排除方法：①检查熔丝，断了更换；②检查闪光器；③若以上正常，检查转向灯开关及其接线，视情况修理或更换。

左、右转向灯均不亮，除以上检查方法外，还可以先打开危险警告开关，若左、右转向灯不亮，说明闪光器有故障。

任务实施

一、实施环境

（1）汽车底盘实训室或汽车整车实训室。

（2）捷达、桑塔纳、爱丽舍的轿车等。

（3）相应的灯光信号电路维修手册或资料。

二、实施步骤

1. 汽车制动灯不亮故障现象

故障现象：踩下制动踏板，制动灯不亮。

2. 知识导入

汽车信号系统电路与工作原理。

3. 分析汽车制动灯不亮故障主要原因

要求：①小组合作进行故障分析；②填写故障分析报告；③汇报分析结果，确定故障部位及原因。

4. 故障排除

要求：各小组在老师的指导下，严格按照操作规范，合作排除故障。

5. 总评

任务工单

任务5－2　　**灯光信号系统的检修**

<table>
<tr><td>班级</td><td></td><td>姓名</td><td></td><td>学号</td><td></td></tr>
<tr><td>地点</td><td colspan="3"></td><td>等级</td><td></td></tr>
<tr><td>工具准备</td><td colspan="5"></td></tr>
<tr><td rowspan="11">任务过程</td><td colspan="5">1. 根据尾灯拆装练习，将下列操作步骤进行正确排序：
________→________→________→________→________
a. 逆时针旋转带灯泡的控制模块并将其从尾灯壳体上拆下。
b. 拆下尾灯螺栓。
c. 断开带灯泡的尾灯控制模块总成电气连接器，取下尾灯总成。
d. 拆下车身侧装饰板，移除以露出尾灯凹槽螺母。
e. 打开并支撑行李厢盖。
2. 制动灯故障诊断。</td></tr>
<tr><td colspan="4">诊断步骤</td><td>测试结果</td></tr>
<tr><td colspan="4">（1）电路/系统检验</td><td></td></tr>
<tr><td colspan="4">将点火开关置于ON位置，指令制动灯测试。制动灯应点亮/熄灭</td><td></td></tr>
<tr><td colspan="4">（2）电路/系统测试</td><td></td></tr>
<tr><td colspan="4">①关闭点火开关，断开线束连接器，测试端子和搭铁之间的电阻是否小于5Ω</td><td></td></tr>
<tr><td colspan="4">②在端子和搭铁之间连接一个测试灯，使用故障诊断仪，指令制动灯测试，测试灯应点亮和熄灭</td><td></td></tr>
<tr><td colspan="4">③如果测试灯始终熄灭，测试相应的控制电路是否搭铁短路或开路/电阻过大</td><td></td></tr>
<tr><td colspan="4">处理措施：维修模块到制动灯之间的控制线路</td><td></td></tr>
<tr><td rowspan="9">考核评价</td><td colspan="2">考评项目</td><td>分值</td><td>教师考核</td><td>备注</td></tr>
<tr><td rowspan="3">素质考评</td><td>团队协作</td><td>10分</td><td></td><td></td></tr>
<tr><td>语言表达</td><td>10分</td><td></td><td></td></tr>
<tr><td>实训纪律</td><td>10分</td><td></td><td></td></tr>
<tr><td rowspan="4">过程考评</td><td>工具使用</td><td>10分</td><td></td><td></td></tr>
<tr><td>任务实施</td><td>30分</td><td></td><td></td></tr>
<tr><td>完成情况</td><td>20分</td><td></td><td></td></tr>
<tr><td>工位整理</td><td>10分</td><td></td><td></td></tr>
<tr><td>合计</td><td colspan="4"></td></tr>
</table>

任务三　汽车电喇叭的检修

任务描述

无论哪种型号的电喇叭，尽管结构上有差异，但其发生故障的规律基本相同，所以故障的判断及排除方法也大同小异。

任务分析

本任务讲述了汽车电喇叭系统各部件的组成、原理及检修方法，要求学生学完能独立完成汽车电喇叭系统各部件的拆装、维护及检修。

知识链接

汽车喇叭的结构和工作原理

汽车喇叭是用来在汽车运行中警示行人和其他车辆注意交通安全的声响信号装置。按使用能源的不同，汽车喇叭分为电喇叭和气喇叭两种。电喇叭通过电磁线圈不断地通电和断电，使金属膜片产生振动而产生音响，声音悦耳。电喇叭外形多是螺旋形和盆形，广泛应用在各种汽车上。轻型乘用车都用电喇叭。气喇叭利用压缩空气的气流使金属膜片产生振动，外形多是长喇叭形（筒形），声音大且声调高，传播距离远，多用在跑长途的大、中型汽车上，城市内是禁用的。

螺旋形（蜗牛型）汽车电喇叭附带扬声筒，如图 5－20 所示。扬声筒卷成螺旋形以压缩体积，音质优美响亮。盆形汽车电喇叭不带扬声筒，形状扁平体积较小，重量轻且安装方便，虽音质略逊但使用广泛。

螺旋形和盆形的基本工作原理是一样的，如图 5－21 所示，都由下铁芯、线圈、触点、衔铁、膜片等组成。当驾驶人按下按钮时，电流经触点通过线圈，线圈产生磁力吸下衔铁强制膜片移动，衔铁移动使触点断开，电流中断磁力消失，膜片在本身的弹性和弹簧片作用下又同动铁芯一起恢复原位，触点闭合电路接通，电流再通过触点流经线圈产生磁力，重复上述动作。如此反复循环膜片不断振动，从而发出音响。共鸣板与膜片刚性连接，可使振动平顺发出声音更加悦耳。其中触点臂与触点的间隙小激励频率就高，间隙大激励频率就低，也就是调整不同的间隙，喇叭将受到不同的受迫振动频率激励而产生不同的声响。因上述分析可知，喇叭膜片的振动是受迫振动。

为了使喇叭的声音更加悦耳，汽车上一般装有高、低音两个甚至三个不同音调的喇叭。如图 5－22 所示，由于喇叭在工作时消耗的电流过大，如果直接用喇

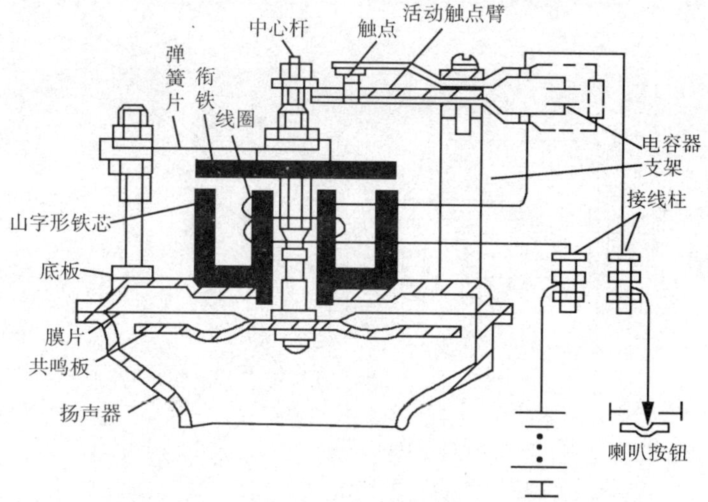

图 5－20　螺旋形（蜗牛型）喇叭

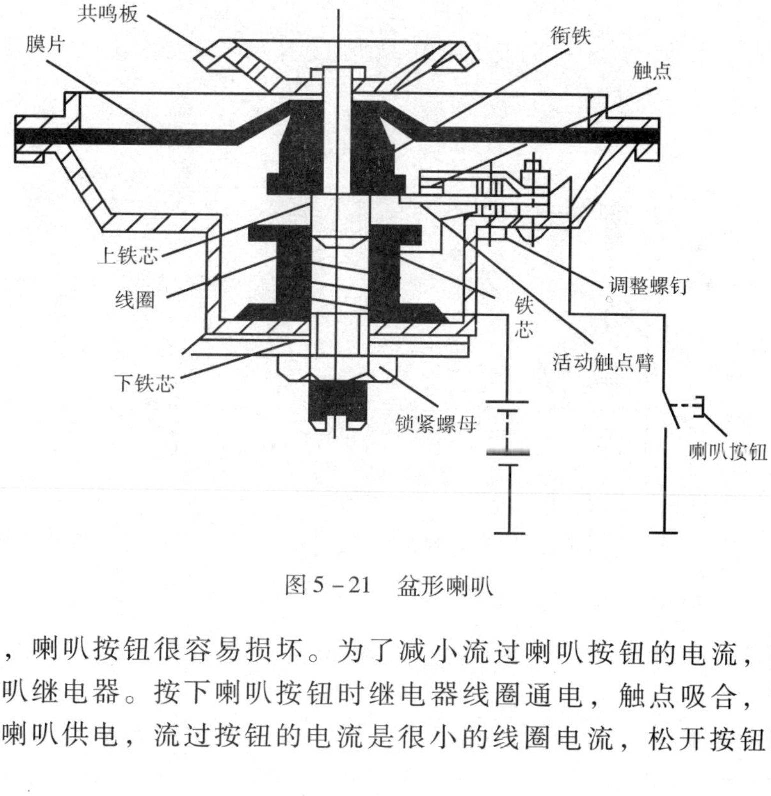

图 5－21　盆形喇叭

叭按钮控制，喇叭按钮很容易损坏。为了减小流过喇叭按钮的电流，在其电路中一般装有喇叭继电器。按下喇叭按钮时继电器线圈通电，触点吸合，蓄电池经继电器触点向喇叭供电，流过按钮的电流是很小的线圈电流，松开按钮时喇叭自动断电。

气喇叭按结构和外形的不同可分为长筒形和螺旋形两种，按音调的不同又可分为单音和双音两种。如图 5－23 所示，气喇叭的声响强度和声音指向性好，适于山区使用。为了减少城市噪声污染，各个国家的交通法规均规定禁止在市区使用气喇叭。

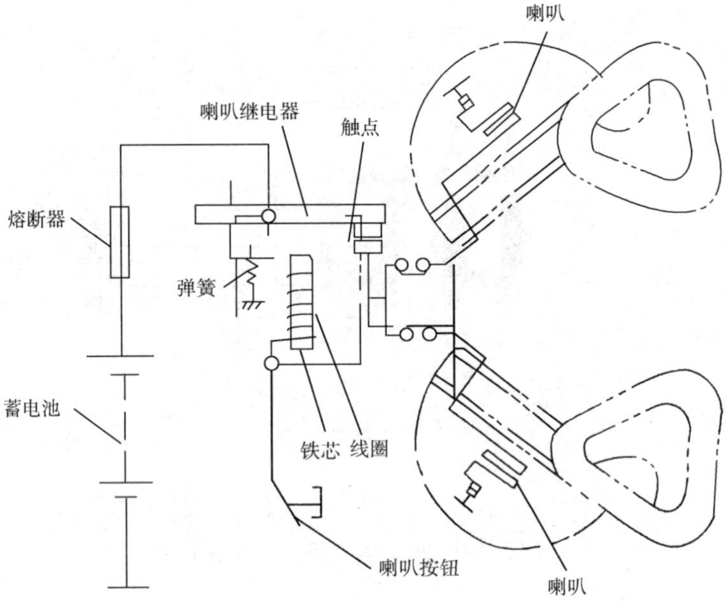

图 5－22　喇叭继电器

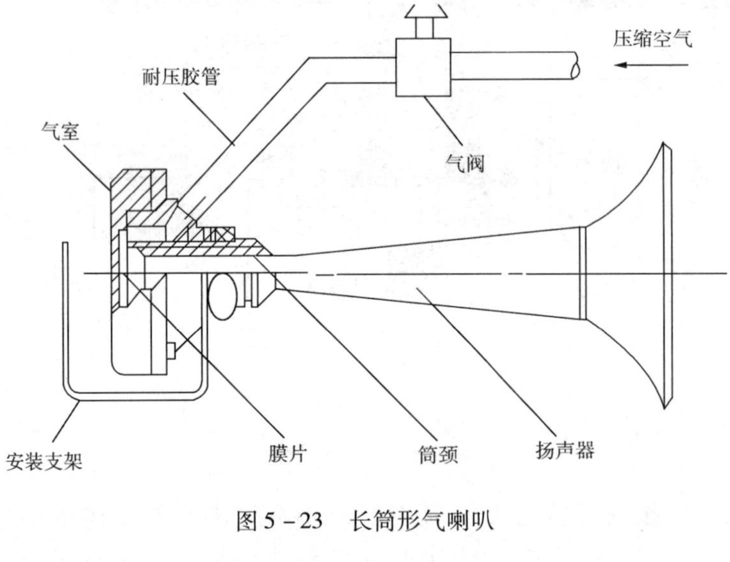

图 5－23　长筒形气喇叭

任务实施

一、实施环境

（1）汽车底盘实训室或汽车整车实训室。

（2）雪佛兰迈锐宝轿车。

（3）相应的电路维修手册或资料。

二、实施步骤

1. 汽车电喇叭故障现象

（1）按喇叭时无任何反应。

（2）按喇叭时是否能听到嗒嗒声。

（3）下雨天喇叭工作情况。

2. 知识导入

汽车电喇叭电路与工作原理如图 5－24 所示。

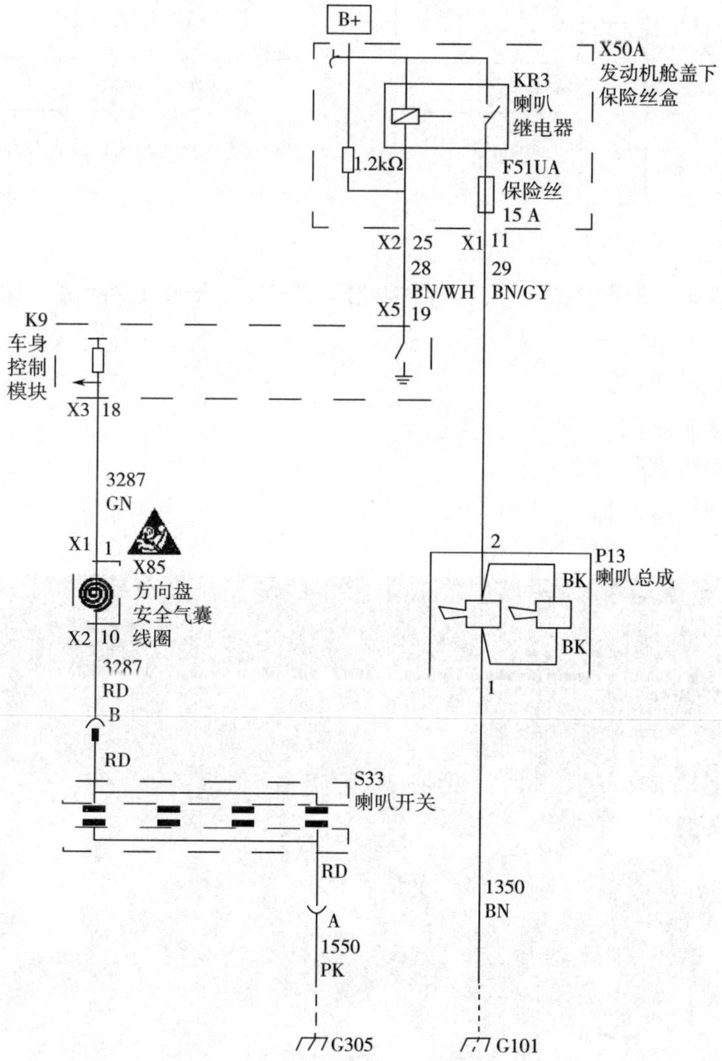

图 5－24 雪佛兰迈锐宝喇叭电路

3. 分析汽车电喇叭不响故障主要原因

要求：①小组合作进行故障分析；②填写故障分析报告；③汇报分析结果，确定故障部位及原因。

喇叭电路故障诊断流程如下：

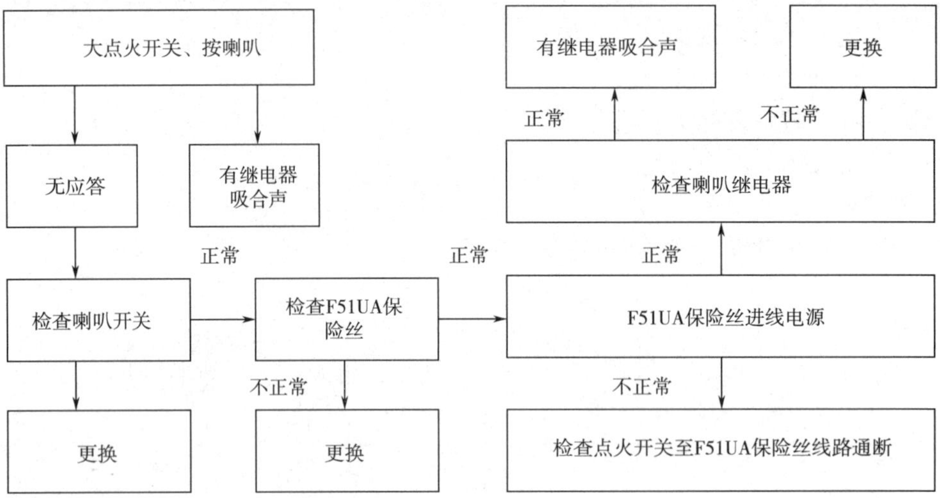

4. 故障排除

要求：各小组在老师的指导下，严格按照操作规范，合作排除故障，如图 5 – 25 所示。

（1） 检查电源。

（2） 检查喇叭接线柱。

（3） 检查喇叭熔丝。

（4） 检查继电器熔丝。

（5） 检查喇叭继电器。

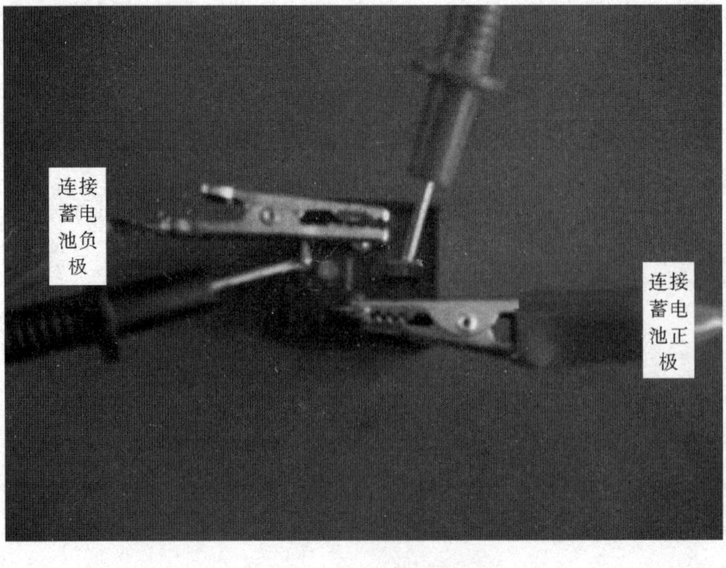

图 5 – 25　喇叭继电器检测

5. 总评

任务工单

任务 5－3　　**汽车电喇叭的检修**

班级		姓名		学号	
地点				等级	
工具准备					

任务过程

1. 查找实训车辆维修手册当中关于喇叭的电路图，根据图示内容分析哪些部件故障可造成喇叭不响？

2. 制动灯故障诊断。

诊断步骤	测试结果
（1）喇叭保险、继电器检测	
①在中央继电器保险盒当中找到和喇叭电路有关保险，检验其通断情况	
②在中央继电器保险盒当中找到喇叭继电器，取出并且检测	
（2）喇叭检测	
关闭点火开关，断开喇叭线束连接，取下喇叭在蓄电池上测试	
（3）喇叭开关、时钟弹簧	
断开蓄电池负极 3min 以上，拆卸驾驶位主安全气囊总成，测试喇叭开关和时钟弹簧	
处理措施：维修保险丝盒到时钟弹簧和保险丝盒到喇叭之间的控制线路	

考核评价

考评项目		分值	教师考核	备注
素质考评	团队协作	10 分		
	语言表达	10 分		
	实训纪律	10 分		
过程考评	工具使用	10 分		
	任务实施	30 分		
	完成情况	20 分		
	工位整理	10 分		
合计				

任务四　汽车仪表系统的检修

任务描述

组合仪表是人与汽车的一个交互界面，可为驾驶人提供所需的汽车运行参数、故障、里程等相关信息，是现代汽车中必不可少的部件。本任务主要介绍组合仪表和驾驶人信息中心的结构及工作特点。

任务分析

本任务讲述了汽车仪表系统各部件的组成、原理及检修方法，要求学生学完能独立完成汽车仪表系统各部件拆装和检修。

知识链接

一、汽车仪表系统概述

现代汽车的组合仪表最突出的特点是功能模块化，通常将仪表的几个功能模块组合起来就可以形成一个完整的仪表系统，并协助驾驶人通过组合仪表中的显示符号、数字和文字获得车辆的各种信息。这种类型的组合仪表在故障后不能进行分解维修，只能作为总成进行更换，并且更换后需要对其进行编程以保证仪表系统的正常工作。

二、常见仪表

组合仪表是作为一个多功能控制模块总成而工作的。仪表控制模块通过串行数据电路与采集信号的控制模块相连接，并提供车辆运行的相关信息，如车速、发动机转速、冷却液温度、行驶里程、燃油信息等，如图 5－26 所示。这些信息是通过指针式仪表、模拟指针式仪表或数字的形式显示出来的。

1. 车速表

车速表是根据来自发动机控制模块的信息确定车速，如图 5－27 所示。发动机控制模块通过高速 LAN 总线将车速信息发送给车身控制模块，由车身控制模块基于车辆要求，通过低速 LAN 总线将车速信息发送给仪表控制模块，并以公里或者英里的方式显示当前的车速值。

2. 里程表

里程表是根据来自发动机控制模块的信息显示行驶的距离，发动机控制模块将来自车速传感器的信息转换为距离信号，然后通过高速 LAN 总线将距离信息发送给车身控制模块。由车身控制模块通过低速 LAN 总线将信息发送给仪表控制模块，并以数字的形式

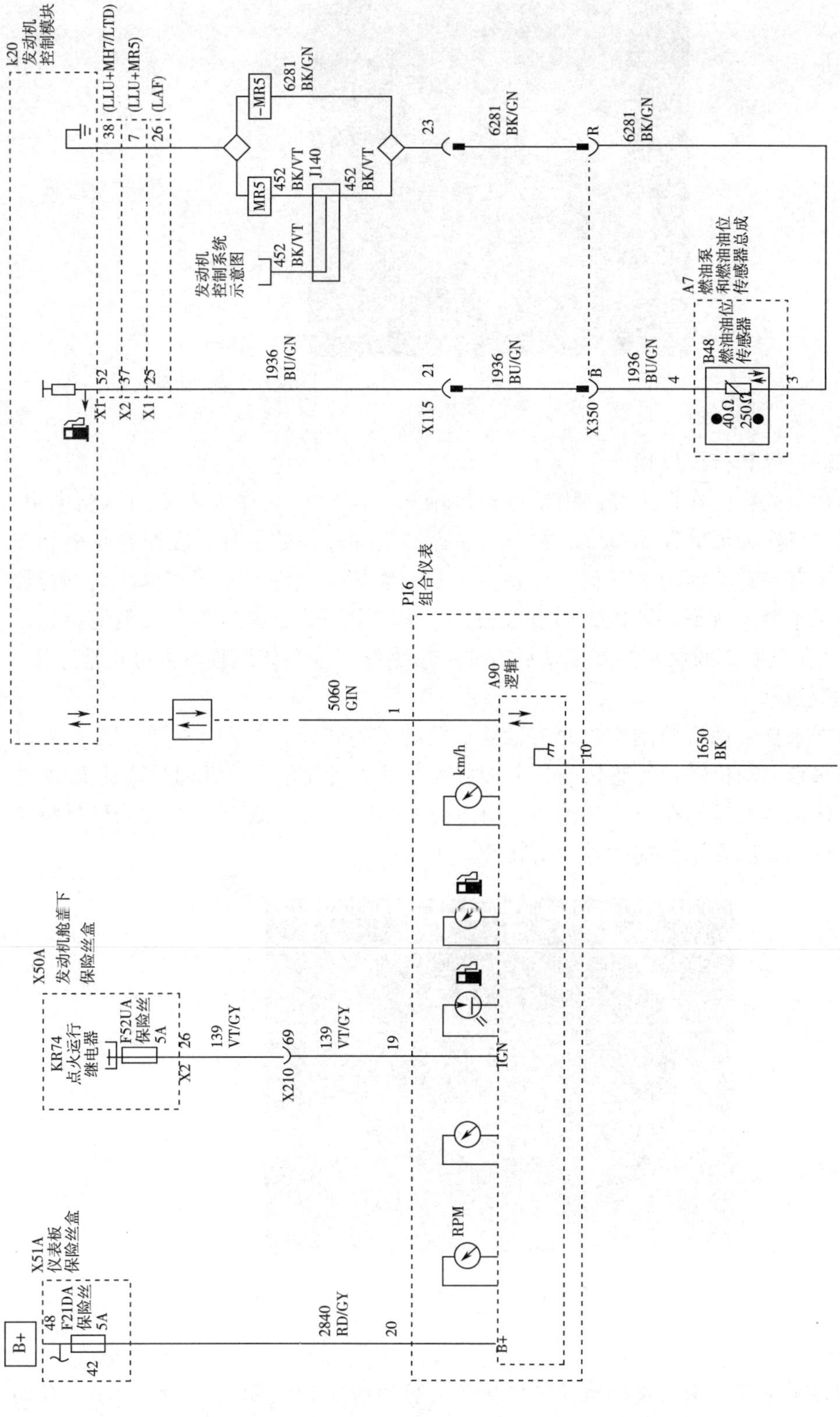

图5-26　组合仪表控制电路

图 5－27　车速表

显示当前的车辆里程和行程里程。

里程表的数值被存储在多个控制模块中，其中车身控制模块作为主要的存储模块，而仪表控制模块只作为辅助存储模块。它们除了存储里程表的数值外，在组合仪表和车身控制模块中还存储有车辆的 VIN 码，使得仪表控制模块不允许在不同车辆之间进行移动和转换。如果车辆 VIN 码不匹配，组合仪表将进入错误模式，并且里程表数值将显示为“破折号”。在更换新的仪表控制模块后需要使用维修编程系统编程后方可正常工作。

3. 发动机转速表

转速表根据来自发动机控制模块的信息显示发动机的转速，如图 5－28 所示。发动机控制模块将来自发动机转速传感器的数据转换为发动机转速信号，并通过高速 LAN 总线将发动机转速信号发送给车身控制模块。由车身控制模块通过低速 LAN 总线信号将信号发送给组合仪表，以显示当前的发动机转速。

图 5－28　发动机转速表

4. 燃油表

燃油表的显示是基于来自发动机控制模块的信息所确定的，如图 5－29 所示。发动机控制模块将来自燃油油位传感器的信号转换为燃油油位信号，然后通过高速 LAN 总线将燃油油位信号发送给车身控制模块，由车身控制模块再通过低速 LAN 总线将信息发送给仪表控制模块，以显示当前的燃油油位。当燃油油位降至一定值时，仪表控制模块将点亮燃油油位过低指示灯。

图 5－29　燃油表

任务实施

一、实施环境

（1）汽车电气实训室或汽车整车实训室。

（2）科鲁兹轿车。

（3）相应的电路维修手册或资料。

二、实施步骤

1. 汽车发动机转速表故障现象

故障现象：发动机工作转速表不动。

2. 知识导入

汽车发动机转速表工作原理及组成。

3. 分析汽车发动机转速表故障主要原因

（1）检查传感器的插接器是否松动、传感器安装有无松动。

（2）拔下发动机转速传感器的插接器后，用万用表的电阻挡测量传感器线圈的电阻，与规定值相符。如果电阻过大或过小，均需更换传感器。

（3）启动发动机，用万用表交流电压挡测量传感器信号输出端子的电压，发动机怠速运转时应有 0.5V 左右的电压，并随发动机转速的提高，传感器的输出电压随之增大。

（4）传感器拆下后的检测，用一根铁棒迅速地靠近或离开传感铸铁芯，看电压表指针是否有明显的摆动。如果电压表指针不摆动或摆动量很微小，说明传感器接触不良，需予以更换。

要求：①小组合作进行故障分析；②填写故障分析报告；③汇报分析结果，确定故障部位及原因。

4. 故障排除

要求：各小组在老师的指导下，严格按照操作规范，合作排除故障。

5. 总评

（1）各组学习小结与体会。

（2）教师对各组学习情况进行评分并总结。

任务工单

任务5－4　　**汽车仪表系统的检修**

<table>
<tr><td>班级</td><td></td><td>姓名</td><td></td><td>学号</td><td></td></tr>
<tr><td>地点</td><td colspan="3"></td><td>等级</td><td></td></tr>
<tr><td>工具准备</td><td colspan="5"></td></tr>
<tr><td>任务过程</td><td colspan="5">（此部分内容可参考实训车辆或者相关维修手册）
操作车辆，在下列选项中选择对应的车辆信息：
1. 在属于行程/燃油菜单信息的选项括号中打“√”。
（ ）平均燃油经济性。
（ ）瞬时燃油经济性。
（ ）燃油续航力。
（ ）行程。
（ ）小计里程。
（ ）平均车速。
（ ）车速警告。
2. 目前驾驶员信息中心所显示的单位是________（填写公制或英制）。
3. 目前车辆的行驶里程为________千米（填写数字）。
4. 目前车辆剩余的燃油量为________。
5. 目前车辆水温是否正常________。</td></tr>
<tr><td rowspan="9">考核评价</td><td colspan="2">考评项目</td><td>分值</td><td>教师考核</td><td>备注</td></tr>
<tr><td rowspan="3">素质考评</td><td>团队协作</td><td>10分</td><td></td><td></td></tr>
<tr><td>语言表达</td><td>10分</td><td></td><td></td></tr>
<tr><td>实训纪律</td><td>10分</td><td></td><td></td></tr>
<tr><td rowspan="4">过程考评</td><td>工具使用</td><td>10分</td><td></td><td></td></tr>
<tr><td>任务实施</td><td>30分</td><td></td><td></td></tr>
<tr><td>完成情况</td><td>20分</td><td></td><td></td></tr>
<tr><td>工位整理</td><td>10分</td><td></td><td></td></tr>
<tr><td>合计</td><td colspan="4"></td></tr>
</table>

任务五　汽车警告灯系统的检修

任务描述

现代汽车警告灯与信息显示系统多数依赖于组合仪表，现在的组合仪表功能模块化，一个完整的组合仪表中显示符号、数字和文字获得车辆的各种信息，且一些特殊功能也隐藏在该系统中。

任务分析

本任务讲述汽车警告灯与信息显示系统各部件操作方法、电路控制原理及信息含义等，要求学生学完能独立完成该系统各部件的拆装与检修。

知识链接

一、信息显示

驾驶人信息中心一般位于组合仪表的中下方或仪表台中央显示屏上，如图 5－30 所示，其任务是提供车辆的各种附加信息，例如：里程信息、燃油信息、安全信息、挡位信息及故障提示信息等。根据车型的不同，驾驶人信息中心的型号配置会有所不同，所显示的内容及显示方式（如语言）也会存在一定的差异。提示信息主要分为代码提示及文字提示两种。

图 5－30　驾驶人信息中心

1. 代码显示

有些车型由于所配置的显示屏无法显示相应的中文信息，其信息将以代码的方式显示。具体内容可参见相应车辆的用户手册。

2. 文字显示

在具有文字显示的驾驶人信息中心上，常见的显示信息包括车辆信息、显示单位、轮胎气压、发动机机油寿命、车速警告、行程/燃油信息、燃油续航力、平均燃油经济性、瞬时燃油经济性、平均车速、故障提示等。利用驾驶人信息中心开关可进行相应功能菜单和功能的选择切换，由于车辆的配置不同，驾驶人信息中心的操作开关和信息显示也有所不同。

驾驶人信息中心开关是一个多路瞬时接触开关，其安装位置因车型而异，它与一系列阶梯式的电阻器相连接，如图 5－31 所示。仪表控制模块为驾驶人信息中心开关提供蓄电池电压，并向驾驶人信息中心开关提供低电平参考电压。当一个开关被启用时，开关输入到仪表控制模块的电压被拉低，以此确定驾驶人信息中心开关的输入信息。每个开关状态（菜单、向上、向下）与特定的电阻值相对应，仪表控制模块通过电阻器上的电压降来确定被按下的开关。

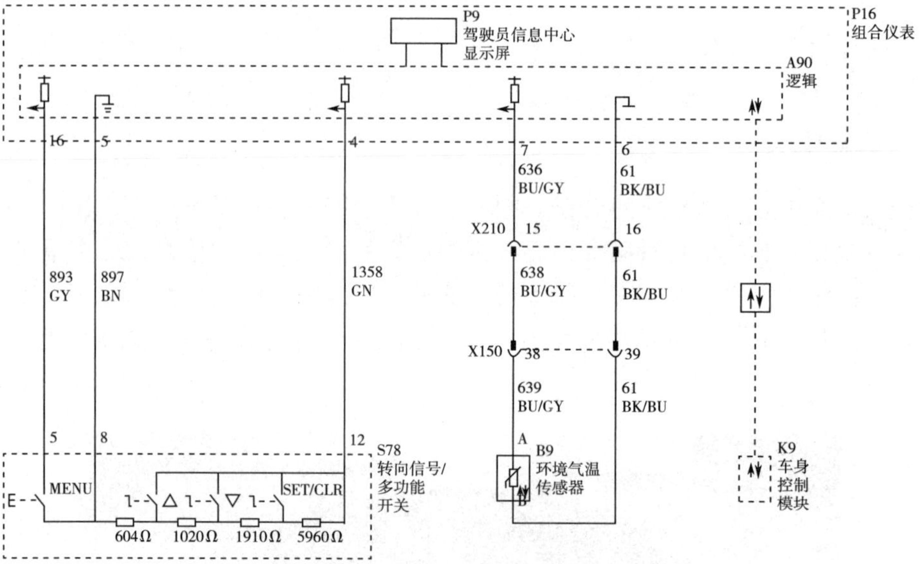

图 5－31　驾驶人信息中心开关控制电路

3. 车辆个性化设置

车辆个性化设置功能可以方便驾驶人根据自己的喜好改变信息显示模式或更改一些功能设置，这项功能可以通过驾驶人信息中心或娱乐信息显示屏来进行操作。车辆个性化设置菜单主要包括发动机机油寿命复位、单位转换、轮胎胎压监测、时间设置、语言设置、车内或车外灯光延时关闭、里程显示、信息显示风格等。以下列举了几项由驾驶人信息中心进行设置的菜单信息。

（1）机油寿命复位。发动机控制模块通过总线将发动机机油剩余寿命的百分比发送至组合仪表。由组合仪表通过驾驶人信息中心显示当前机油剩余寿命的百分比。当机油剩余寿命的百分比降至小于5% 时，驾驶人信息中心将显示“立即更换发动机机油”的提示信息。

(2) 轮胎胎压监测。轮胎胎压监测系统将前、后轮胎的胎压数据信息通过总线发送至组合仪表，由组合仪表通过驾驶人信息中心显示当前每个轮胎的胎压值。当轮胎胎压过低时，驾驶人信息中心会显示“检查 × × 轮胎气压”的信息，并点亮胎压过低警告灯。

(3) 单位转换。通过驾驶人信息中心的“设置/ 复位”按钮，可将驾驶人信息中心或车上的其他显示单位设置为英制或公制。当选择了所需的单位后，按选项按钮可进入下一个菜单。

(4) 显示风格。在一些高配置的车辆上，利用驾驶人信息中心开关可以使仪表的显示风格在运动模式、舒适模式及其他模式之间进行切换。

二、警告灯指示

仪表报警指示灯是用于提醒驾驶人车辆相关系统的工作状态，提高行驶的安全性。报警指示灯通常采用三种不同的颜色来区分报警的等级，如图 5 - 32 所示。

绿色——指示系统正常或处于启用状态。

黄色——指示系统关闭或故障。

红色——指示系统故障，车辆不能继续行驶请检修。

图 5 - 32　报警指示灯

由仪表控制模块控制的报警指示灯（包括指针式仪表）在点火开关从 OFF/ACC 位置转到 ON 位置时，系统会执行自检工作。在系统自检过程中所有的报警指示灯会持续点亮几秒钟，自检结束后如果系统处于正常工作状态，报警指示灯将会熄灭。如果系统存在故障时，报警指示灯将一直点亮提醒驾驶人系统出现异常。而手刹启用指示灯会持续点亮，蓄电池指示灯和发动机故障灯在电压较低或故障状态下也会点亮。

任务实施

一、实施环境

（1）汽车电气实训室或汽车整车实训室。

（2）科鲁兹轿车等。

（3）相应的照明电路维修手册或资料。

二、实施步骤

1. 汽车冷却液警告灯故障现象

故障现象：汽车在行驶过程中，无论是冷态还是热态，冷却液警告灯常亮。

2. 知识导入

汽车冷却液警告灯电路与工作原理。

3. 分析汽车前照灯不亮故障主要原因

（1）膨胀壶中冷却液液面过低。

（2）冷却液液位开关故障。

（3）冷却液温度传感器故障。

（4）警告灯电路故障。

要求：

（1）小组合作进行故障分析。其中包含：①检查发动机冷却液温度是否真的过高以及储液罐液面是否过低；②上述检查都正常，拔下储液罐液位开关插头。如果警报灯熄灭，说明液位开关有故障；③如果警报灯仍然亮，接好液位开关插头，拔下冷却液温度报警开关插头。如果警报灯熄灭，说明冷却液温度报警开关有故障；如果警报灯仍然亮，说明电路有故障。

（2）填写故障分析报告。

（3）汇报分析结果，确定故障部位及原因。

4. 故障排除

要求：各小组在老师的指导下，严格按照操作规范，合作排除故障。

5. 总评

（1）各组学习小结与体会。

（2）教师对各组学习情况进行评分并总结。

任务工单

任务 5－5　　汽车警告灯系统的检修

班级		姓名		学号	
地点				等级	
工具准备					

续表

任务过程	（此部分内容可参考实训车辆或者相关维修手册） 1. 将不同颜色报警指示灯与右侧正确的说明连接起来。 红色　指示系统关闭或故障 黄色　指示系统正常或处于启用状态 绿色　指示系统故障，车辆不能继续行驶请检修 2. 根据下面的图示，填写报警指示灯的名称。  ________  ________ 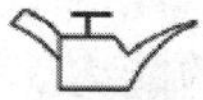 ________ 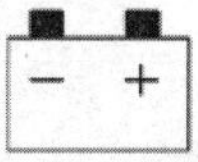 ________ 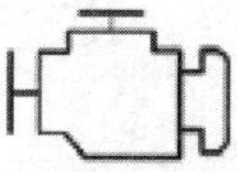 ________  ________  ________  ________  ________  ________  ________ 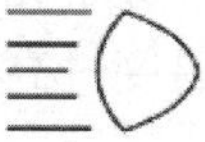 ________  ________  ________  ________  ________ 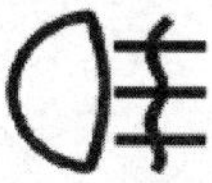 ________  ________ 3. 操作车辆填写相应警告指示灯的工作状态（只需填写灯光颜色）。 a. 转向信号灯开启时，仪表转向指示灯显示为________。 b. 座椅安全带未系时，仪表内的指示灯显示为________。 c. 发动机故障指示灯的颜色为________。 d. 在踩下制动踏板时，仪表中制动指示灯的颜色为________。 e. 开启车外灯时，仪表内指示灯的颜色为________。

考核评价	考评项目		分值	教师考核	备注
	素质考评	团队协作	10 分		
		语言表达	10 分		
		实训纪律	10 分		
	过程考评	工具使用	10 分		
		任务实施	30 分		
		完成情况	20 分		
		工位整理	10 分		
	合计				

项目小结

本项目把汽车照明与信号系统分成照明、灯光信号、喇叭、仪表、报警灯五个部分，深入分析了各子系统的结构、工作原理和检修方法，其中掌握各系统电路结构与工作过程对本项目知识的理解非常重要。

在任务实施中的故障诊断和维修中，按照维修厂实际流程，对故障进行分析、维修资料运用、电路分析、元件检测、故障排除等步骤进行了实操训练，能达到对照明与信号系统故障诊断和检测的能力。

思考题

1. 简述汽车照明系统的作用。
2. 试论述汽车前照灯不亮的原因和排除方法。
3. 简述电子闪光器的工作原理。
4. 如何诊断信号灯不亮？
5. 简述冷却液温度过高时报警灯的工作原理。

项目六　汽车辅助电气系统的检修

学习目标

1. 知识目标

（1）熟知几种辅助电器的作用，知道其各自的使用方法。

（2）熟知几种辅助电器的结构及组成。

（3）懂得各种辅助电器的电路分析方法。

2. 能力目标

（1）能够分析典型车型的辅助电器电路。

（2）能够诊断典型车型的辅助电器的常见故障。

（3）能够通过分析电路图对典型车型的辅助电器进行检修。

任务一　电动刮水器系统及喷水装置的检修

任务描述

如今，不管是高档豪华轿车，还是普通民用代步车，或是笨重的货车，刮水器都已经成为一个很不起眼但又必不可少的组成部件。虽然在很多人看来，刮水器只是汽车上“不起眼”的小零件，但在雨天，它却是保持良好视线的重要工具，说它与安全息息相关一点也不过分。

任务分析

电动刮水器系统及喷水装置的常见故障有刮水器清洁力下降、叶片老化、硬化，出现裂纹、刮水支杆摆动不均匀或漏刮、电动机出现异常噪声等。本任务通过对电动刮水器系统及喷水装置故障的诊断、拆卸、检修、安装调整过程的实施与学习，使学生在掌握结构和工作原理等理论知识的同时，能够独立完成电动刮水器系统及喷水装置各部件的拆装、维护及检修。

知识链接

一、汽车仪表系统概述

雨刮系统主要用于清洁前、后风挡玻璃上的雨水、灰尘等影响驾驶人视野的物体，可以在雨天为驾驶人提供良好的视野，减少事故发生。雨刮系统有前风窗刮水器、后风窗刮水器两种，如图6－1所示，后风窗刮水器一般使用在SUV和两厢汽车上。此外，通常也把前照灯清洗归类到刮水器系统里面。

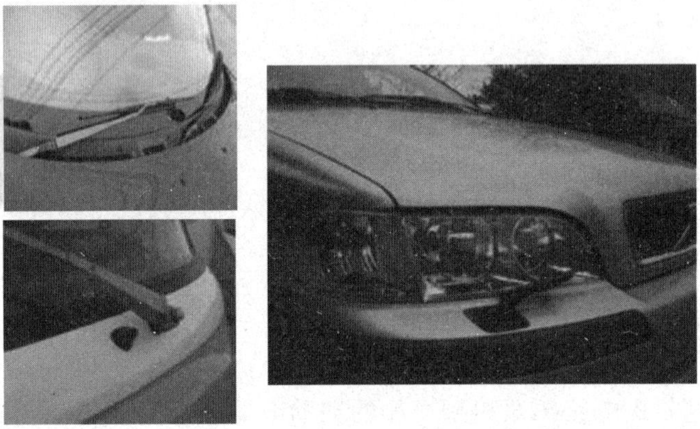

图6－1　几种常见电动刮水器

目前，市场上普遍使用的是有骨刮水器。从大体结构上讲，有骨刮水器主要由电动机、连杆、摇臂以及雨刮片组成，其中雨刮片又由主支架、副支架、接头、支架套、模制成尾端以及拨水刮片组成，如图6－2所示。

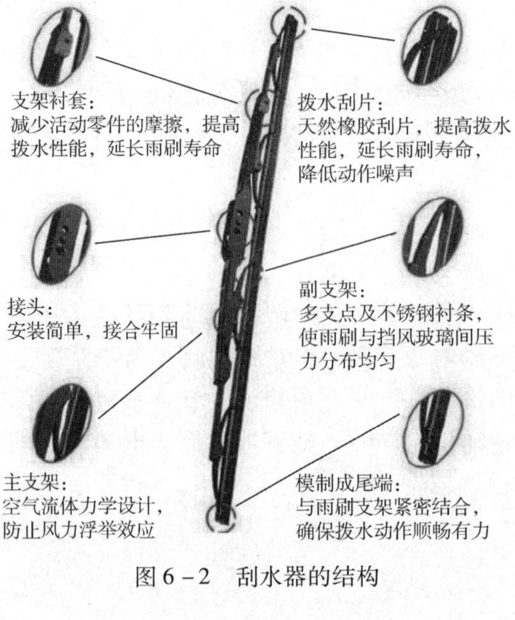

图6－2　刮水器的结构

根据空气流体力学设计的主支架，除了担当刮水器主体结构任务外，还可起到防止风力浮举的作用；副支架由多支点及不锈钢衬条构成，它的作用是将雨刮胶条与风窗玻璃间的压力分布均匀；而处在工作最前线的拨水刮片选用了天然橡胶材质，原因是这种材质具有良好的拨水性能并且还可有效降低拨水时产生的噪声，另外购买及更换成本也相对较低。这里需要说明一点，拨水刮片的功能并不是将玻璃上的雨水刮掉，而是将玻璃表面的雨水抹平形成均匀的水膜层，允许光线顺利穿过不产生折射和弯曲变形。刮水器按照挂刷方式的不同，可分为单辐刮水器、双辐同向式刮水器、双辐对向式刮水器和三辐同向式刮水器 4 种，如图 6 – 3 所示。

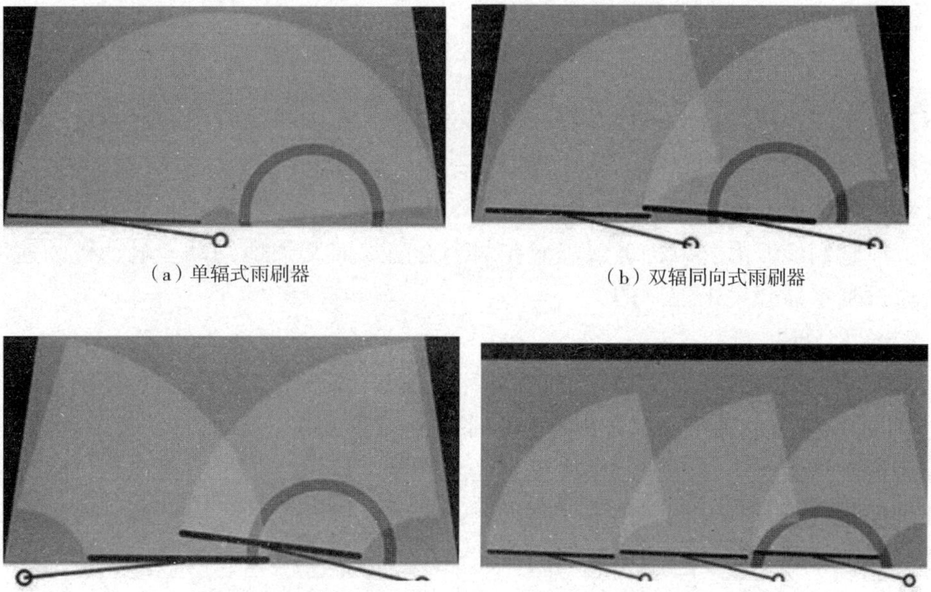

（a）单辐式雨刷器　（b）双辐同向式雨刷器　（c）双辐对向式雨刷器　（d）三辐同向式雨刷器

图 6 – 3　刮水器的分类

市场上，普遍使用的是双辐同向式刮水器，而单辐刮水器常用在一些法系车上。除了以上这两种之外，还有应用在奔驰部分车型、大众夏朗、标致 307 等车型上的双辐对向式刮水器；丰田 FJ 酷路泽上的三辐同向式等。尽管刮水器的刮拭种类众多，但其所要达到的目的都是为了保证驾乘者在车内能够拥有良好的前方视野，只不过有的为适应不同玻璃曲度，有的根据整体车架结构而进行了相应调整。

二、电动刮水器系统的基本结构

后风窗刮水器在结构和原理上和前风窗刮水器基本一样，本任务主要介绍前风窗刮水器。刮水器系统的组成部件主要有以下几种。

1. 连动机构

刮水器连动机构主要由雨刮片、雨刮臂、连杆、刮水器电动机等部件组成，如图 6 –4所示。

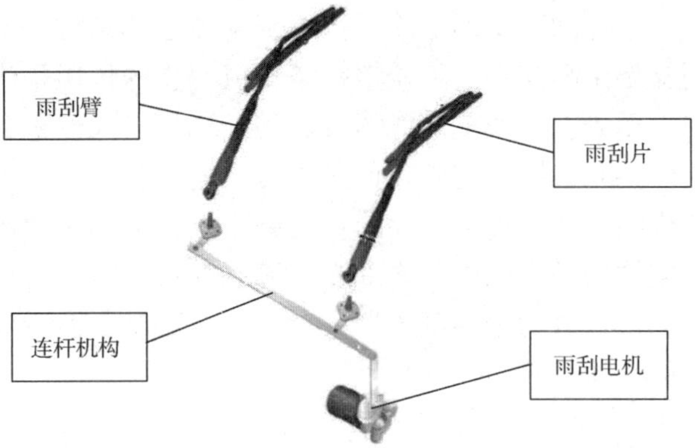

图 6-4　刮水器机构

雨刮片是一条薄的弓形构件，有一根橡胶条嵌入其中。橡胶条通过在玻璃上来回刮动来清洁玻璃表面。雨刮臂为雨刮片提供支撑，并将雨刮片压紧在风挡玻璃上。连杆由连接杆和枢轴组成，能把雨刮臂与刮水器电动机连接起来。刮水器电动机驱动雨刮臂和雨刮片，使它们能够沿着风挡玻璃表面在两个方向来回交叉地刮动。电动机的速度是由驾驶人通过刮水器开关来控制的。

2. 洗涤泵总成

刮水器储液罐安装在发动舱内部，洗涤液泵和洗涤液液位开关安装在储液罐上，如图 6-5 所示。配置后窗洗涤功能的车辆，系统通常使用一个双向电动机带动洗涤液泵，完成前后窗洗涤操作。车身控制模块控制洗涤液泵电动机往一个方向运行，将向前风窗玻璃喷淋洗涤液，若车身控制模块反向供电，电动机以相反的方向运行，将向后风窗喷淋洗涤液。洗涤液液位开关用于监测洗涤液液位，液位不足时通过仪表提醒驾驶人。在寒冷地区使用雨刮系统，必须向储液罐内加注防冻洗涤液。

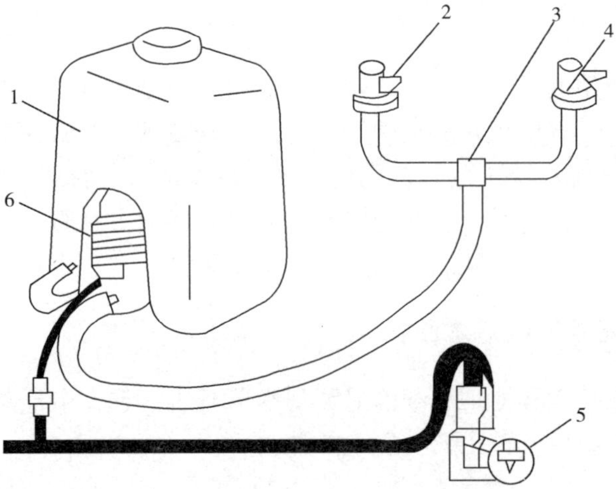

图 6-5　洗涤泵总成

1—洗涤液罐　2、4—喷嘴　3—三通　5—刮水器开关　6—洗涤液泵

3. 组合开关

刮水器组合开关位于转向盘转向柱右侧，只有将点火开关置于 ACC/ACCESSORY（附件）或 ON/RUN（打开/ 运行）位置时，才可以操作风窗玻璃刮水器。刮水器组合开关通常具有五个挡位，分别为高速、低速、间歇 1 至 5 挡、关闭、除雾，如图 6－6 所示。BCM 模块接收刮水器组合开关的信号后，通过两个继电器控制刮水器的工作和速度，同时也可以控制风窗玻璃的洗涤喷洗。

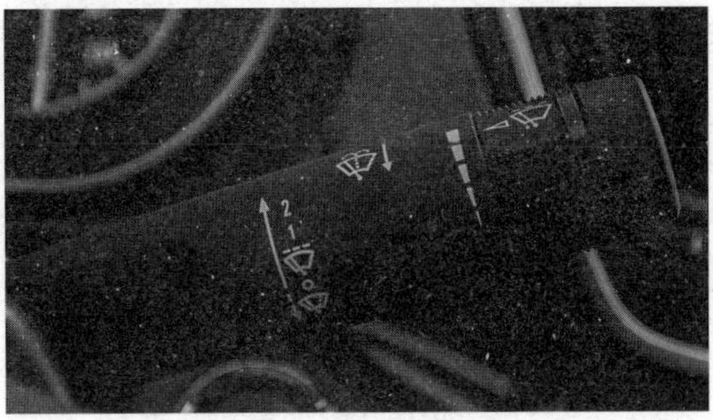

图 6－6　刮水器组合开关

4. 车身控制模块

车身控制模块是刮水器系统的主控模块，模块从雨刮开关接受指令信号，通过继电器控制刮水器电动机和洗涤液泵工作，如图 6－7 所示。

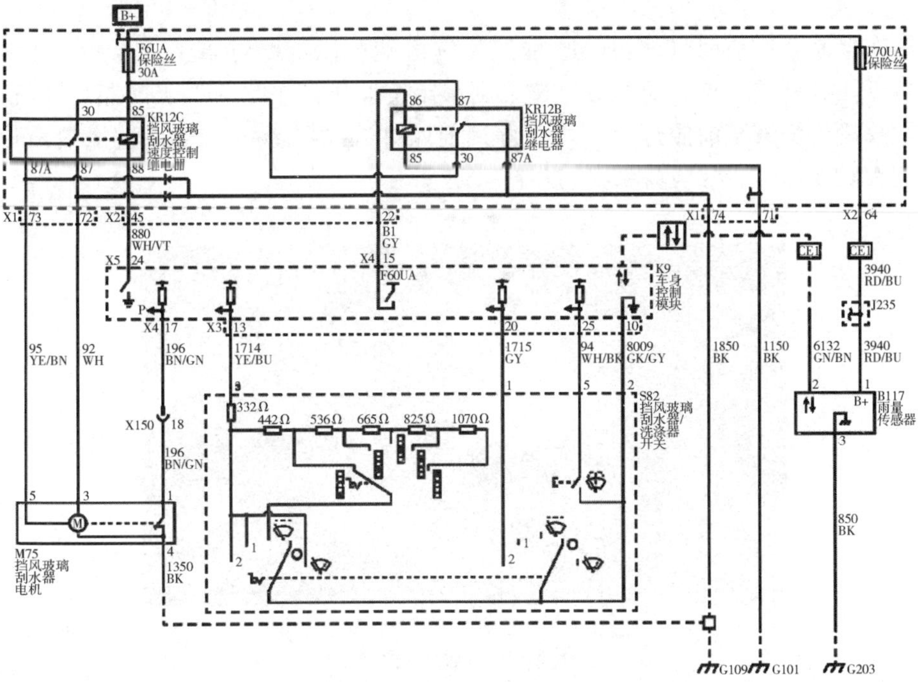

图 6－7　刮水器电动机电路图

三、雨量感应式刮水器

雨量感应式刮水器是指在车辆前风窗玻璃内侧安装一个雨量感应传感器，用于监测外界雨量的大小，并将信号通过 LIN 网络传递给 BCM，用来自动控制刮水器的启用以及间歇挡的延时时间。

雨量传感器安装在前风窗玻璃上，如果刮水系统设置在自动模式时，车身控制器接收来自雨量传感器的信号的大小判定雨量的多少，并结合车辆的行驶状态，驱动刮水器电动机以最适合的速度刮水，可以控制刮水器进行低速、间歇、高速刮水。

传感器内有红外光发射二极管（LED）发射红外线，红外线透过玻璃入射到玻璃外表面，当有雨滴落到车辆前风窗玻璃时，由于雨滴对光线的散射，使从玻璃射回传感器接收端的光线变弱，由此可以判断是否下雨及雨量的大小，如图 6－8 所示。

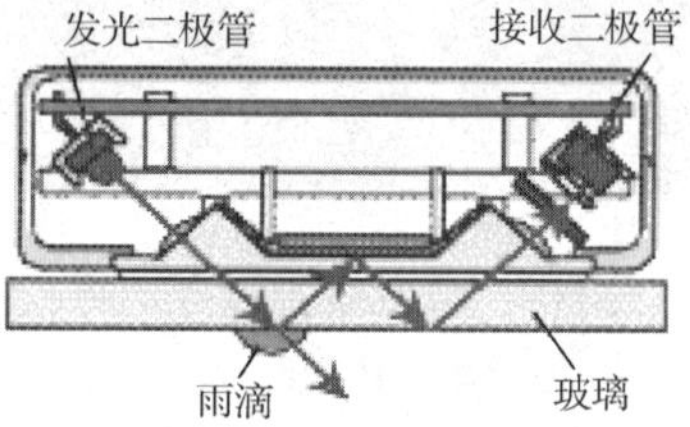

图 6－8　红外散射雨量传感器

四、前照灯清洗

有些车辆装备有前照灯清洗器，前照灯洗涤器可以清洁灯罩上的杂污，如图 6－9 所示。打开点火开关，点亮前照灯，按下刮水器喷水开关并保持 2s，前照灯清洗系统将连续两次喷洒洗涤液至前照灯上，之后停用前照灯洗涤器 2min。如果洗涤液液位过低，则喷洒后大约 4min 内洗涤器将无法打开。

图 6－9　前照灯清洗

任务实施

一、实施环境

（1）汽车电气实训室或汽车整车实训室。
（2）教学用的整车。
（3）雨刮片、刮水器臂等。
（4）相应的电路维修手册或资料。

二、实施步骤

1. 储液罐的更换
拆卸程序（图 6－10）：
（1）断开蓄电池负极电缆。
（2）拆卸右前轮。
（3）拆卸螺栓和螺钉及前轮毂防溅罩。
（4）从洗涤液泵上断开洗涤器软管。
（5）断开液泵电气插接器。
（6）拆卸螺栓和储液罐。

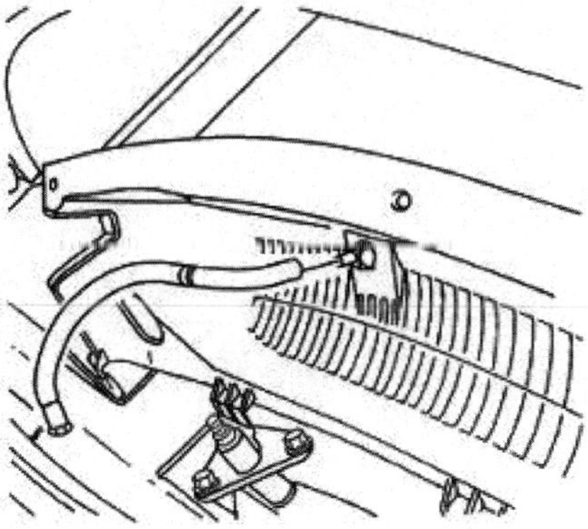

图 6－10　储液罐拆卸

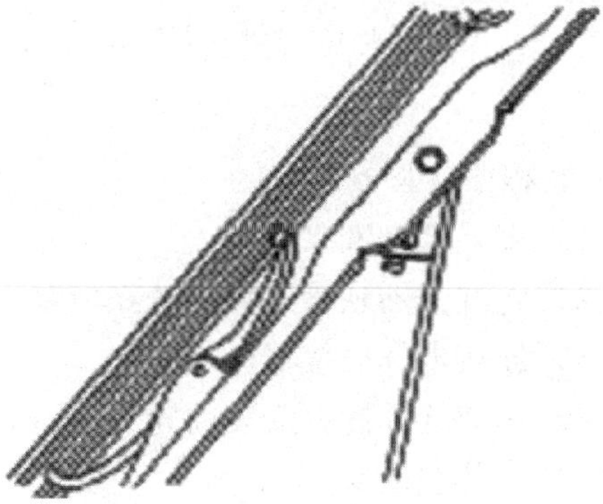

图 6－11　储液罐安装

安装程序（图 6－11）：
（1）用螺栓安装储液罐。
将洗涤液储液罐螺栓紧固至 8N · m。
（2）连接液泵电气插接器。
（3）将洗涤器软管连接到洗涤液泵上。
（4）用螺栓和螺钉安装前轮毂防溅罩。

将前轮毂防溅罩螺栓紧固至 1.5N·m。

（5）安装左前轮。

（6）连接蓄电池负极电缆。

2. 洗涤液泵的更换

拆卸程序（图 6－12）：

（1）断开蓄电池负极电缆。

（2）拆卸左前轮。

（3）拆卸螺栓和螺钉及前轮毂防溅罩。

（4）断开电气插接器。

（5）从洗涤液泵上断开洗涤器软管。

（6）拆卸洗涤液泵。

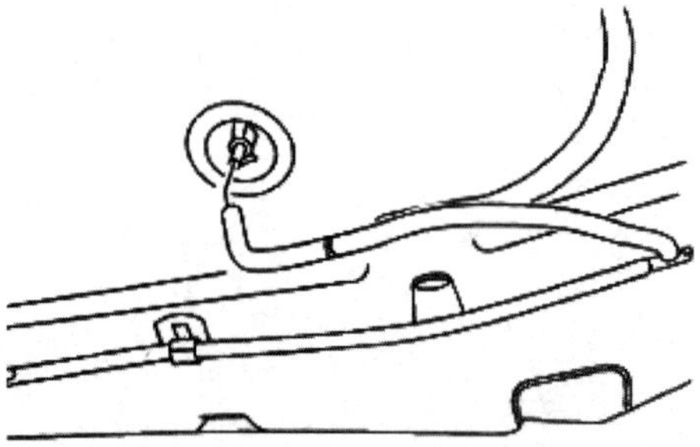

图 6－12　洗涤液泵的拆卸

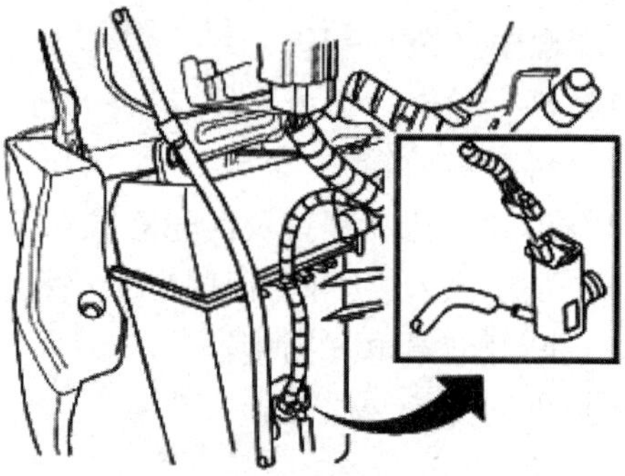

图 6－13　洗涤液泵的安装

安装程序（图 6－13）：

（1）安装洗涤液泵。

（2）将洗涤器软管连接到洗涤液泵上。

（3）连接电气插接器。

（4）用螺栓和螺钉安装前轮毂防溅罩。

（5）安装左前轮。

（6）连接蓄电池负极电缆。

3. 刮水器臂的更换

更换程序（图 6－14）：

（1）打开发动机罩。

（2）必要时拆卸螺母，露出刮水器臂螺母。

（3）从刮水器臂上拆卸螺母。

（4）拔下刮水器臂。

（5）安装刮水器臂。

（6）用螺母固定刮水器臂。

(7) 盖好发动机罩。

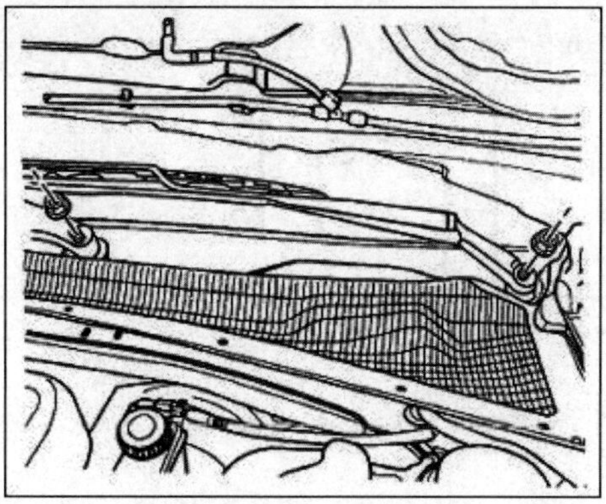

图 6－14　雨刮器臂的更换

三、拆装及更换练习。

要求：各小组在老师的指导下，严格按照操作规范，合作进行拆装和更换。

四、总评

(1) 各组学习小结与体会。
(2) 教师对各组学习情况进行评分并总结。

任务工单

任务 6－1　　电动刮水器系统及喷水装置的检修

<table>
<tr><td>班级</td><td></td><td>姓名</td><td></td><td>学号</td><td></td></tr>
<tr><td>地点</td><td colspan="3"></td><td>等级</td><td></td></tr>
<tr><td>工具准备</td><td colspan="5"></td></tr>
<tr><td>任务过程</td><td colspan="5">（此部分内容可参考实训车辆或者相关维修手册）
1. 分别写出以下位置所对应的雨刮系统元件名称。
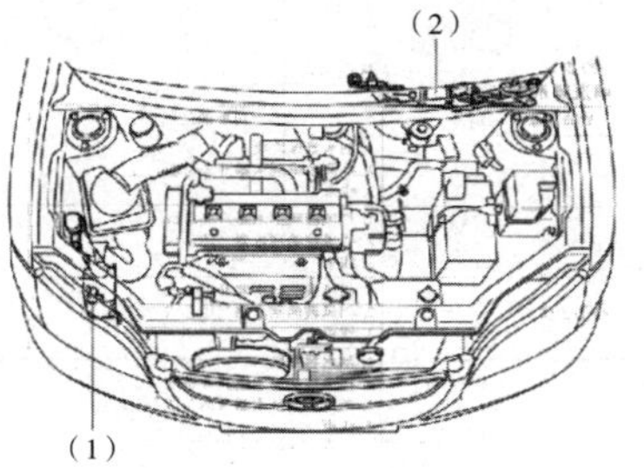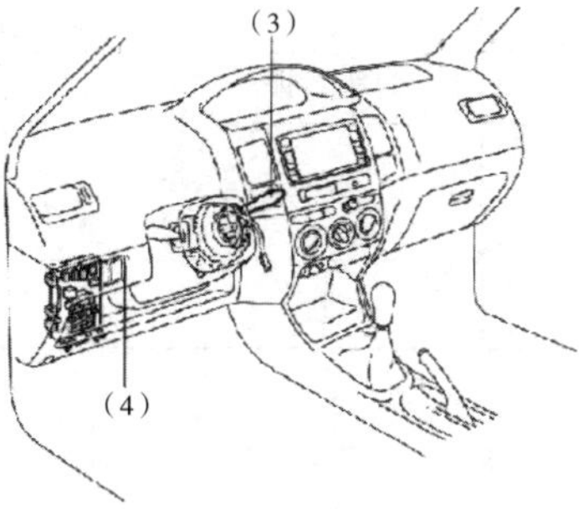
(1)　　　(2)　　　(3)　　　(4)</td></tr>
</table>

续表

<table>
<tr><td>任务过程</td><td colspan="5">2. 喷洗马达工作状况检查。
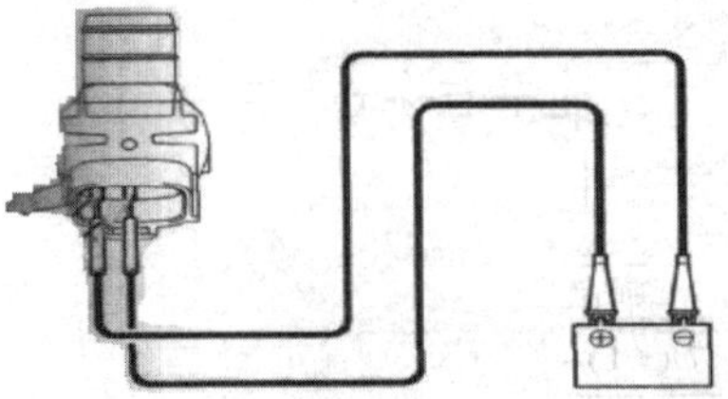
□ 有水流出 □ 无水流出
3. 挡风玻璃刮水电机的检查。
低速挡位检查： 高速挡位检查：
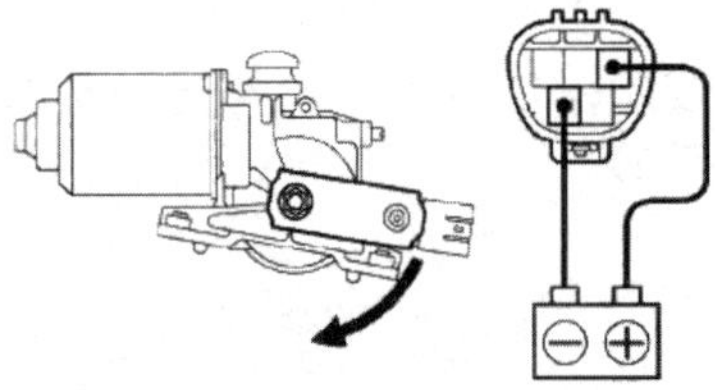 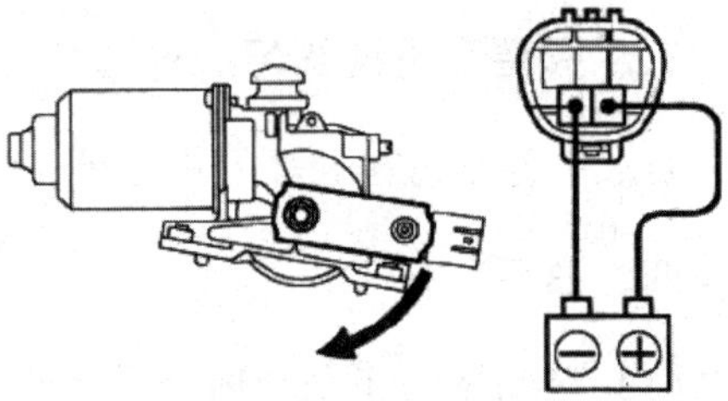
□符合标准 □ 不符合标准 □符合标准 □ 不符合标准</td></tr>
<tr><td rowspan="9">考核评价</td><td colspan="2">考评项目</td><td>分值</td><td>教师考核</td><td>备注</td></tr>
<tr><td rowspan="3">素质考评</td><td>团队协作</td><td>10 分</td><td></td><td></td></tr>
<tr><td>语言表达</td><td>10 分</td><td></td><td></td></tr>
<tr><td>实训纪律</td><td>10 分</td><td></td><td></td></tr>
<tr><td rowspan="4">过程考评</td><td>工具使用</td><td>10 分</td><td></td><td></td></tr>
<tr><td>任务实施</td><td>30 分</td><td></td><td></td></tr>
<tr><td>完成情况</td><td>20 分</td><td></td><td></td></tr>
<tr><td>工位整理</td><td>10 分</td><td></td><td></td></tr>
<tr><td>合计</td><td colspan="4"></td></tr>
</table>

任务二　电动车窗和电动天窗的检修

任务描述

一辆科鲁兹轿车，车主反映：前乘客侧（右前）电动车窗不能升降，其他电动车窗工作正常。需要你对电动车窗电路进行检测，确定故障部位并进行修理。

任务分析

所谓电动车窗，一般是指其玻璃升降器能自动升、降的门窗玻璃，即使在行车过程中也能方便地开、关门窗。所以电动车窗又叫自动车窗，过去仅装在高级轿车上，而在现代轿车上已被普遍采用。本任务通过对电动车窗和电动天窗故障的诊断、拆卸、检修、安装调整过程的实施与学习，使学生在掌握结构和工作原理等理论知识的同时，能够独立完成电动车窗和电动天窗各部件的拆装、维护及检修。

知识链接

一、电动车窗

电动车窗系统是通过开关操作开、闭车窗的系统。当电动车窗开关操作时，电动车窗电动机旋转，车窗开闭调节器把电动车窗电动机的旋转运动转换成上下运动打开或关闭车窗，如图 6 – 15 所示。

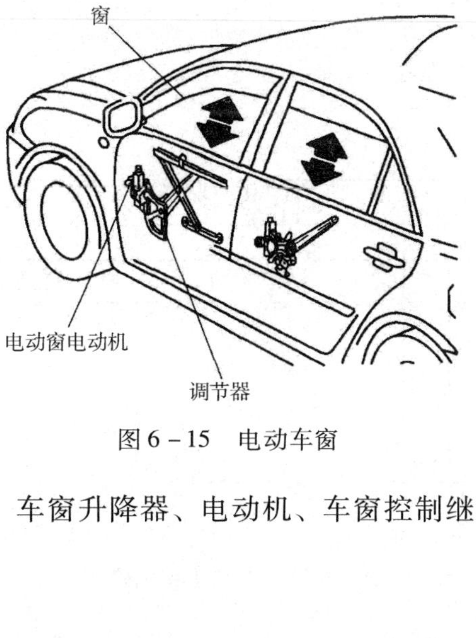

图 6 – 15　电动车窗

电动车窗系统由车窗、车窗升降器、电动机、车窗控制继电器、车窗开关等组成，如图 6 – 16 所示。

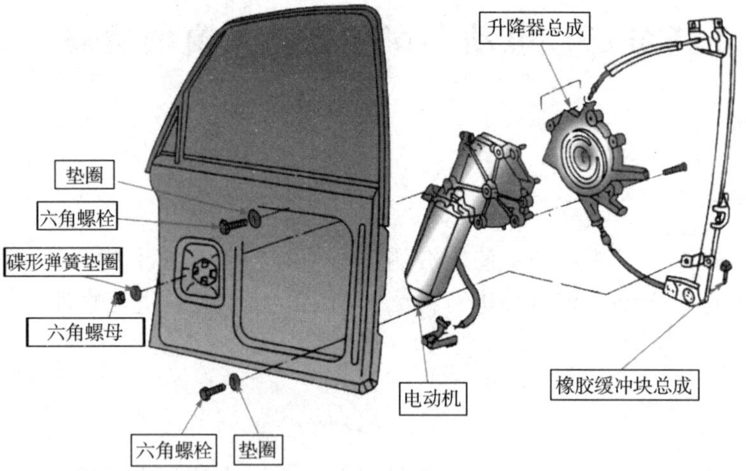

图 6－16　电动车窗结构

所有电动车窗都有两套控制装置，一套为总开关，可由驾驶人通过总控制开关操纵四个车窗的升降；另一套为分开关，分别装在每个车窗中部，可由乘客操纵身边车窗的升降。总开关和分开关互不干涉，均可独立控制。

1. 车窗升降控制

电动车窗的电路图如图 6－17 所示。车身控制模块在安全防盗解除后允许车窗电动机工作。电源电压 B＋通过熔丝分别给驾驶人车窗开关以及驾驶人侧电动机供电。驾驶人通过按下或提起开关，将控制意图传递给驾驶人侧车窗电动机。车窗电动机在接收到信号后，控制车窗双向电动机的工作方向（供电或搭铁），从而带动玻璃上升和下降。通常低配车辆只有驾驶人侧车窗有快速升降功能，而高配车辆的四扇车窗都可以快速升降。

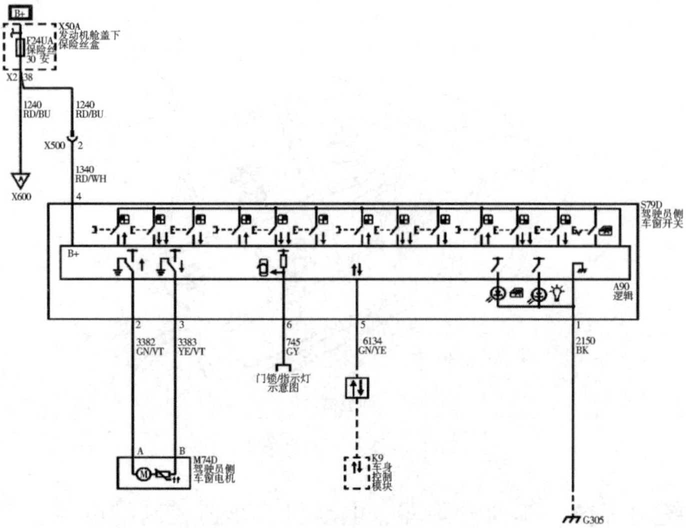

图 6－17　电动车窗电路图

2. 车窗快速升降

前窗和后窗开关有快速上升或下降的功能，允许车窗在没有按住开关的情况下自动下降或升高。向上拉开关，或者将开关按下之后释放，车窗会自动快速上升或下降。在车窗快速升降过程中，再次拉起或按下开关，将终止车窗的快速升降功能。

3. 车窗防夹功能

在执行车窗快速上升的操作过程中，车门内的智能车窗电动机将会检测车窗阻力是否过大，如果阻力过大，车窗电动机会停止上升并下降，以避免伤害被玻璃卡住的乘客。拉起车窗开关并保持可以取消车窗防夹功能。

4. 车窗锁止

驾驶人电动车窗开关包含一个车窗锁止开关，如图 6－18 所示，当驾驶人按下车窗锁止开关时，向车身控制模块发送串行数据信息，该模块将向后窗开关发送停用指令，将两后窗开关停用。此时，后排乘客无法操作车窗，但使用驾驶人车窗开关对后车窗操作时，后车窗仍将正常工作。

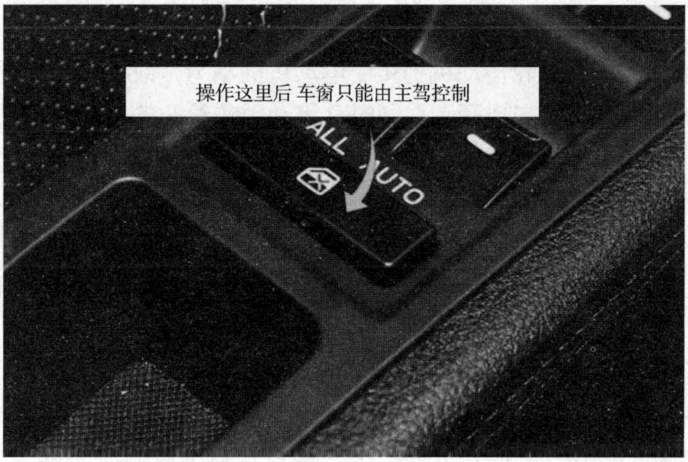

图 6－18　驾驶人电动车窗锁止开关

二、天窗

1. 电动天窗结构

电动天窗是最受车主欢迎的汽车天窗，它主要由滑动机构、驱动机构、开关和控制模块等组成，如图 6－19 所示。

（1）滑动机构。电动天窗滑动机构主要由导向块、导向销、连杆、托架和前、后枕座等组成。

（2）驱动机构。电动天窗驱动机构主要由电动机、传动机构和滑动螺杆等组成。

1）电动机通过传动装置为天窗的开闭提供动力。电动机能双向转动，即通过改变电流的方向来改变电动机的旋转方向，实现天窗的开闭。

2）传动机构主要由蜗轮蜗杆传动机构、中间齿轮传动机构（主动中间齿轮、过渡中间

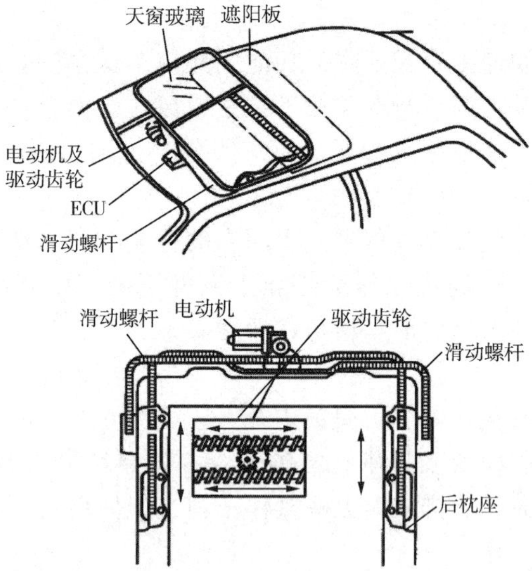

图 6－19　电动天窗结构图

齿轮）和驱动齿轮等组成。齿轮传动机构接受电动机的动力，改变旋转方向，并减速增矩后将动力传给滑动螺杆，使天窗实现开闭；同时又将动力传给凸轮，使凸轮顶动限位开关进行开闭。主动中间齿轮与蜗轮固装在同一轴上，并与蜗轮同步转动；过渡中间齿轮与驱动齿轮固装在同一输出轴上，被主动中间齿轮驱动，使驱动齿轮带动玻璃开闭。

（3）车身控制单元（BCM）是一个数字电路，设有定时器、蜂鸣器和继电器等，其作用是接收开关输入的信息，通过数字电路进行逻辑运算，确定继电器的动作，控制天窗的开闭。

（4）电动天窗的开关由控制开关和限位开关组成。

1）如图 6－20 所示，控制开关主要包括滑动开关和斜升开关。滑动开关有滑动打开、滑动关闭和断开（中间位置）3 个挡位。斜升开关也有斜升、斜降和断开（中间位置）3 个挡位。通过操作这些开关，可使天窗驱动机构的电动机实现正反转，使天窗实现不同状态。

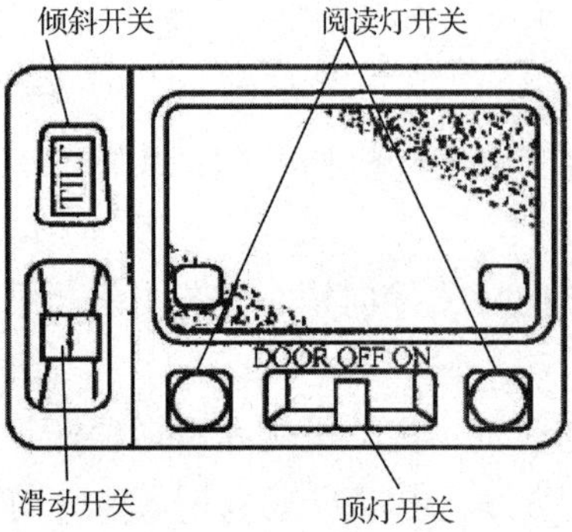

图 6－20　电动天窗的控制开关

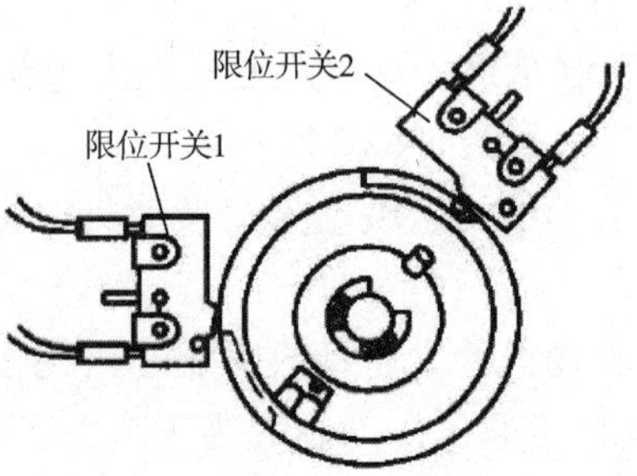

图 6－21　电动天窗的限位开关

2）如图6－21所示，限位开关（又称行程开关）主要是用来检测天窗所处的位置。限位开关是靠凸轮转动来实现断开和闭合的，凸轮安装在驱动机构的动力输出端。当电动机将动力输出时，通过驱动齿轮和滑动螺杆减速以后带动凸轮转动，于是凸轮周缘的突起部位顶动限位开关使其开闭，以实现对天窗的自动控制。

2. 电动天窗控制

（1）局域网（LIN总线）。天窗电气系统使用的主模块/子模块配置采用了基于LIN总线的通信系统。车身控制模块被指定为主模块，天窗和遮阳板控制模块则设置为子模块。

（2）天窗和遮阳板操作。天窗和遮阳板的操作之间可以相互影响，在打开天窗时，系统主模块（车身控制模块）也将指令遮阳板打开至预设位置，并且遮阳板的关闭位置总是小于天窗的关闭位置。如果系统检测到遮阳板系统故障时，也将停用天窗系统。天窗和遮阳板的操作方法因车辆配置不同可能有所不同，详细操作方法请参考《车辆用户手册》。别克君越的天窗和遮阳板的电路图如图6－22所示。

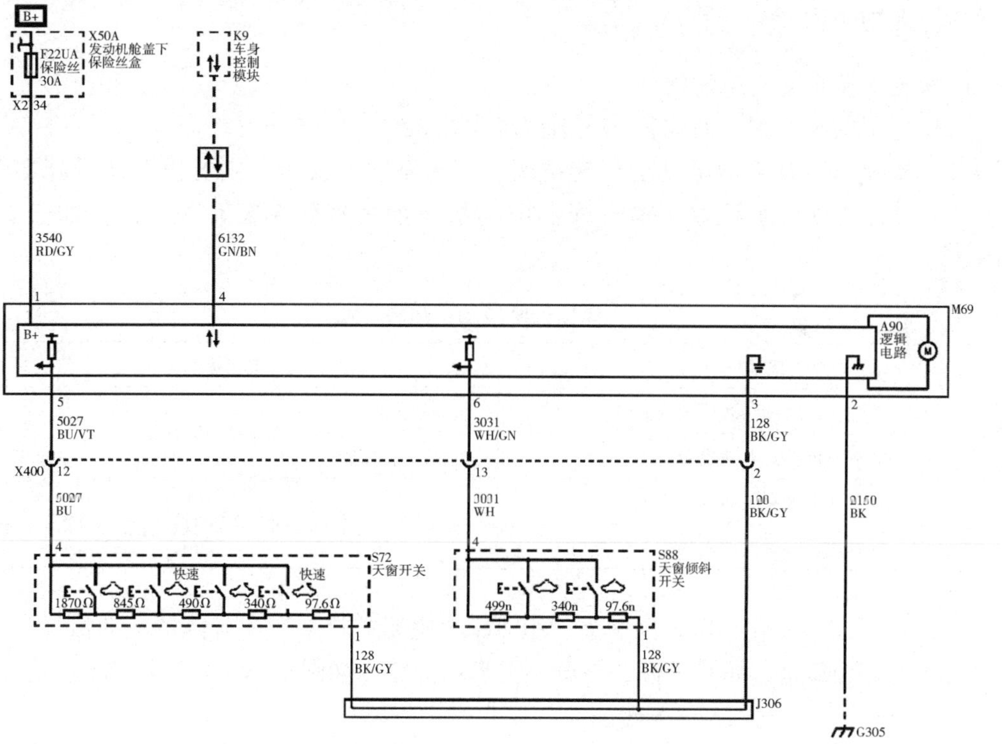

图6－22　天窗和遮阳板电路图

1）防夹功能。在天窗或遮阳板向关闭方向移动时，如果电动机检测到物体阻碍后，向关闭方向的移动将停止，且天窗和遮阳板将反向移动一小段距离，防止造成系统损坏和人身伤害。

2）天窗系统过热保护。天窗和遮阳板控制器具有一个热保护法，防止因开关操作不当导致的过热故障而造成天窗和遮阳板控制器和电动机损坏。热保护法将使所有新的天窗和遮阳板打开指令被忽略，直到电动机冷却。

任务实施

一、实施环境

（1）汽车实训基地。

（2）丰田卡罗拉1.6L整车。

（3）翼子板护裙、转向盘护套、座椅护套和脚垫。

（4）熔断丝、车窗升降器电动机、车窗开关。

（5）数字万用表、扳手、旋具、夹子钳、塞尺、连接电缆、电流表、试灯、稳压电源等。

（6）一汽丰田卡罗拉汽车维修手册。

二、实施步骤

1. 车窗升降器电动机的检查

（1）拆下前乘客侧（右前）车窗升降器电动机。

（2）检查车窗升降器电动机运转情况。如果不符合要求，则更换车窗升降器电动机。如果符合要求，则检查车窗升降器电动机至前乘客侧车窗开关电路，如表6－1所示。

表6－1　车窗升降电动机运转

连接条件	规定状态
蓄电池正极—电动机端子1	电动机齿轮顺时针旋转
蓄电池负极—电动机端子2	
蓄电池正极—电动机端子2	电动机齿轮逆时针旋转
蓄电池负极—电动机端子1	

（3）拔下前乘客侧车窗开关插头。用万用表电阻挡检查车窗升降器电动机至车窗开关之间电路是否断路。如果不符合要求，则修理电路，如图6－23、表6－2所示。

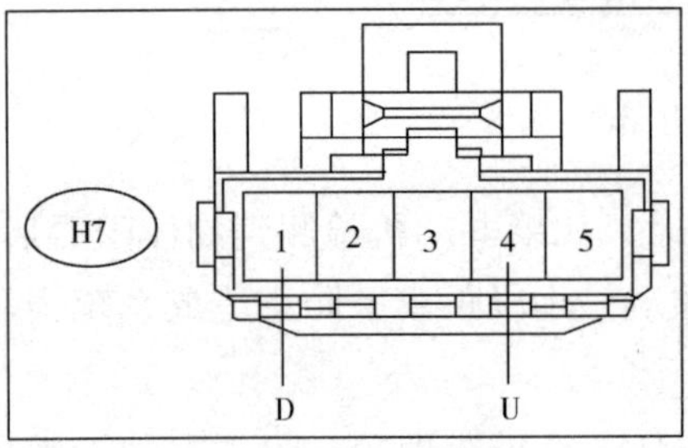

（a）前乘客侧车窗开关插头端子

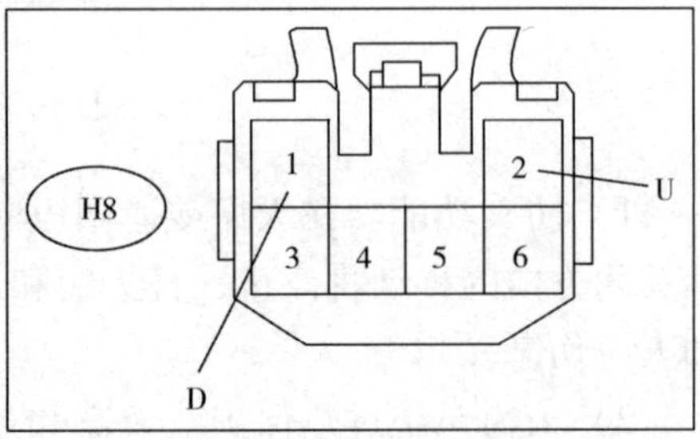

（b）前乘客侧车窗升降器电动机插头端子

图6－23　插头端子

表 6-2　车窗升降器电动机与车窗开关之间导线导通性

检测端子	规定状态
H7-4（U）—H8-2（U）	小于 1Ω
H7-1（D）—H8-1（D）	小于 1Ω

（4）连接车窗升降器电动机插头、车窗开关插头。检查车窗升降器电动机是否恢复正常。如果没有，则检查前乘客侧车窗开关。

（5）装上前乘客侧车窗升降器电动机、前乘客侧车窗开关。

2. 检查车窗开关

（1）拆下前乘客侧（右前）车窗开关。

（2）拔下前乘客侧车窗开关插头（H7）。

（3）用万用表电阻挡检查车窗开关端子之间导通性。如果不符合要求，则更换前乘客侧车窗开关，如图 6-23、表 6-3 所示。

表 6-3　车窗开关端子之间导通性

检测端子	开关状态	规定状态
端子 1（D）—端子 2（S）	UP	小于 1Ω
端子 3（B）—端子 4（U）		小于 1Ω
端子 1（D）—端子 2（SD）	OFF	小于 1Ω
端子 4（U）—端子 5（SU）		小于 1Ω
端子 4（U）—端子 5（SU）	DOWN	小于 1Ω
端子 1（D）—端子 3（B）		小于 1Ω

（4）打开点火开关，用万用表电压挡检查车窗开关插头 3 端子（H7）有无电压（蓄电池电压），如无电压，说明电源电路断路，应修理电路。用万用表电压挡检查车窗开关插头 2 端子、3 端子（H7）与车身搭铁是否导通，如不导通，说明搭铁电路断路，应修理搭铁线。

（5）插上前乘客侧车窗开关插头。检查前乘客侧车窗升降是否恢复正常。

（6）装上前乘客侧车窗开关。

三、检测练习

要求：各小组在老师的指导下，严格按照操作规范，合作进行拆装和更换。

四、总评

（1）各组学习小结与体会。

（2）教师对各组学习情况进行评分并总结。

任务工单

任务 6 – 2　　**电动车窗和电动天窗的检修**

班级		姓名		学号	
地点				等级	
工具准备					

1. 前乘客侧车窗升降电动机拆卸步骤。

2. 检查电器运转情况。

连接条件	结果
蓄电池正极—电动机端子 1	
蓄电池负极—电动机端子 2	
蓄电池正极—电动机端子 2	
蓄电池负极—电动机端子 1	

□ 正常　□ 故障

3. 导线的检查。

检测端子	结果
H7 – 4（U）—H8 – 2（U）	
H7 – 1（D）—H8 – 1（D）	

4. 开关的检查。

检测端子	开关状态	结果
端子 1（D）—端子 2（S）	UP	
端子 3（B）—端子 4（U）		
端子 1（D）—端子 2（SD）	OFF	
端子 4（U）—端子 5（SU）		
端子 4（U）—端子 5（SU）	DOWN	
端子 1（D）—端子 3（B）		

续表

	考评项目		分值	教师考核	备注
考核评价	素质考评	团队协作	10 分		
		语言表达	10 分		
		实训纪律	10 分		
	过程考评	工具使用	10 分		
		任务实施	30 分		
		完成情况	20 分		
		工位整理	10 分		
	合计				

任务三　电动后视镜和电动座椅的检修

任务描述

为了方便驾驶人调整后视镜的角度，许多轿车安装了电动后视镜，驾驶人坐在座椅上直接操纵旋钮式开关，通过电动机就可以方便地对左右后视镜的角度进行随意调节。有些车辆为了适应不同驾驶人、乘员对座椅位置的要求，提高乘坐舒适性，尤其使驾驶人保持正确的坐姿和便于驾驶操作，驾驶席座椅和前排乘客席座椅设置了调节装置，采用电动调整的座椅，称为电动座椅。

任务分析

电动后视镜由调整开关、电动机、传动和执行机构等组成。电动座椅调整灵活、方便、省力。电动座椅有调节开关和调节装置，其中调节装置包括调节电动机和传动机构。本任务通过对电动后视镜和电动座椅故障的诊断、拆卸、检修、安装调整过程的实施与学习，使学生在掌握结构和工作原理等理论知识的同时，能够独立完成电动后视镜和电动座椅各部件的拆装、维护及检修。

知识链接

一、电动后视镜

汽车后视镜能反映车辆后部和两侧的情况，驾驶人通过观察后视镜可以获得广阔的视野范围，避免危险和事故发生。汽车后视镜有外后视镜和内后视镜两种。外后视镜安装在汽车前车门外侧，左右车门上各一个，可以观察汽车两侧的后部和下部。内后视镜安装在汽车前部顶棚的中央，可以观察汽车后方及车内情况，如图 6－24、图 6－25 所示。

图 6－24　车外后视镜

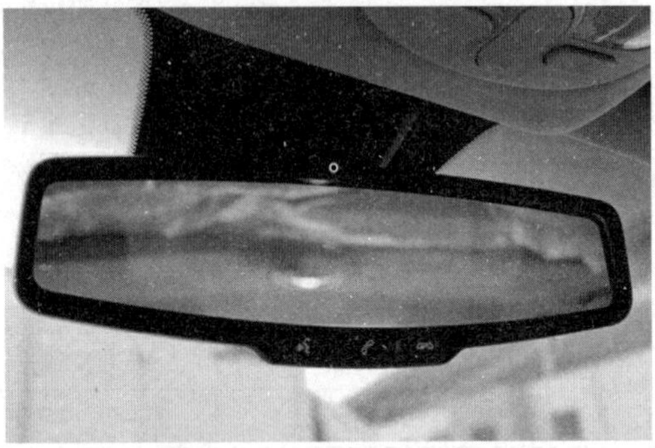

图 6－25　车内后视镜

1. 后视镜功能

车辆后视镜按照功能可分为电动调节后视镜、电动折叠后视镜、电加热后视镜、防眩目后视镜和记忆功能后视镜等，不同车辆的配置可能不同，详细使用方法请参考《车辆用户手册》。

2. 后视镜结构

汽车的电动后视镜一般由镜片、驱动电动机、控制电路及操纵开关组成，如图 6－26 所示。在每个电动后视镜的背后装两个可逆电动机和驱动机构，可操纵后视镜上下及左右转动。上下方向的转动由一个电动机控制；左右方向的转动由另一个电动机控制。通过改变电动机的电流方向，即可完成后视镜的位置调整。

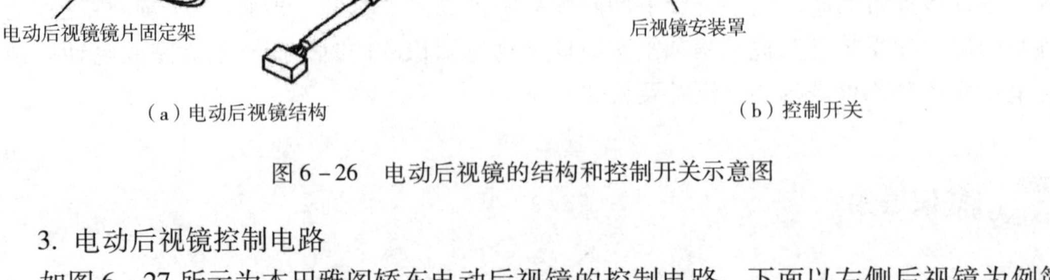

（a）电动后视镜结构　　（b）控制开关

图 6－26　电动后视镜的结构和控制开关示意图

3. 电动后视镜控制电路

如图 6－27 所示为本田雅阁轿车电动后视镜的控制电路，下面以左侧后视镜为例简单分析其工作过程。此电动后视镜开关中上面的 4 个开关为共用的后视镜方向调节开关，下面两个开关为控制左侧或右侧电动后视镜的联动分开关。

（1）左侧后视镜向下倾斜。如图 6－27 所示，首先将电动后视镜开关中下面的联动分开关按至“左”位置，然后按下“下”，此时电路的电流方向为：蓄电池“+”→熔断丝22和23→点火开关→熔断丝30→电动后视镜开关端子6→联动开关“下”的左端→左侧后视镜开关→电动后视镜开关端子9→左电动后视镜“上下”调节电动机→电动后视镜开关端子2→左侧后视镜开关→联动开关“下”的右端→搭铁，左侧后视镜实现向下倾斜。

（2）左侧电动后视镜向上倾斜。此时，电动后视镜开关中下面的联动开关依然在“左”的位置，按下“上”，电流的流向为：蓄电池“+”→熔断丝22和23→点火开关→熔断丝30→电动后视镜开关端子6→联动开关“上”的右端→左侧后视镜开关→电动后视镜开关端子2→左电动后视镜“上下”调节电动机→电动后视镜开关端子9→左侧后视镜开关→联动开关“上”的右端→搭铁，左侧后视镜实现向上倾斜。电动后视镜左右运动的电路分析与此类似，此处不再赘述。

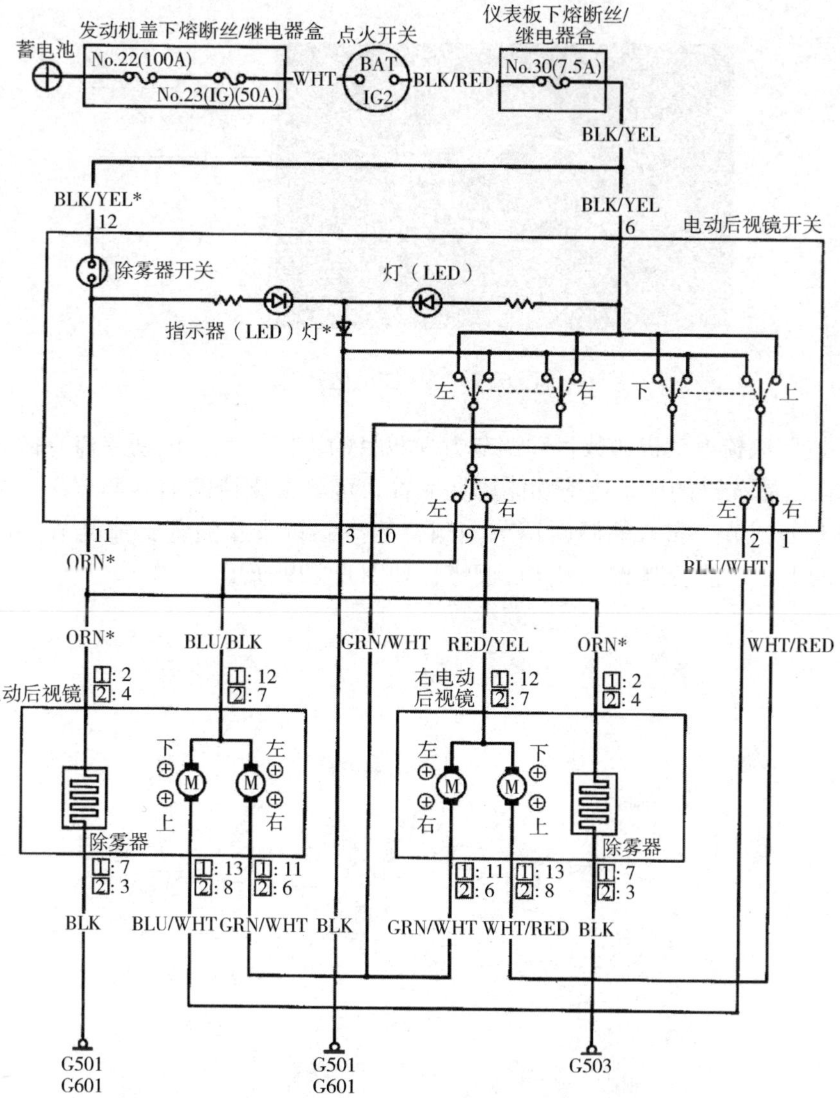

图6-27 本田雅阁轿车电动后视镜的控制电路图

二、电动座椅

（一）电动座椅的分类和组成

汽车座椅可采用手动或电动方式进行调整。采用电动调整的座椅称为电动座椅。电动座椅调整灵活、方便、省力。

1. 电动座椅的分类

（1）按控制方式分类。按照控制方式不同，电动座椅有普通电动座椅和带记忆功能的电动座椅两种。

1）普通控制电动座椅开关与电动机之间没有控制模块，开关直接控制电动座椅电动机。

2）带记忆功能电动座椅开关与电动机之间有控制模块，控制模块可以记忆驾驶人预设座椅位置，如图 6－28 所示。

图 6－28　座椅记忆开关

（2）按照座椅电动机的数目和调节方向数目的不同分类。电动座椅有四方向、六方向、八方向。更先进的电动座椅功能更加完善，可具备座椅的前后调节、上下调节、座位前部的上下调节、靠背的倾斜调节、侧背的倾斜调节、侧背支撑调节、腰椎支撑调节、靠枕的上下、前后调节等多向可调等，如图 6－29 所示。

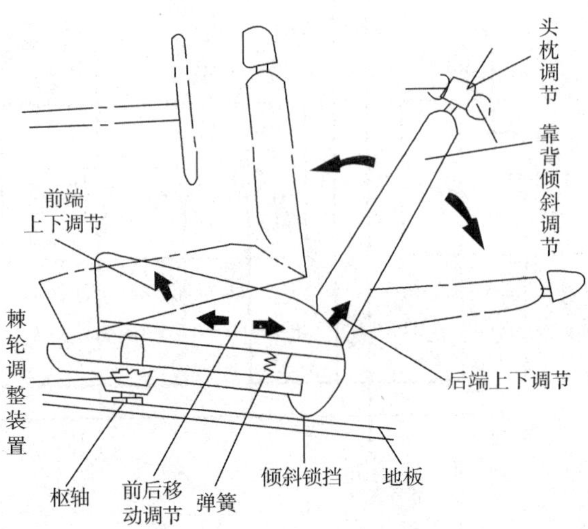

图 6－29　座椅调节示意图

2. 电动座椅的组成

为了实现座椅的调节，电动座椅有调节开关和调节装置，其中调节装置包括调节电动机和传动机构，如图 6－30 所示。

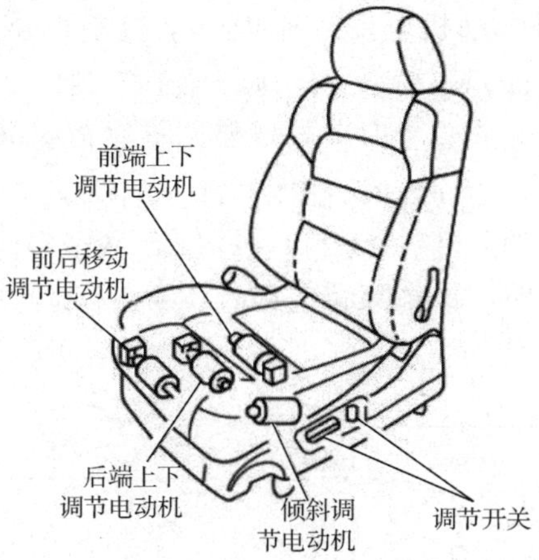

图 6－30　电动座椅的组成

电动座椅的调整是由调节装置来完成的。电动座椅的前后移动调节装置包括前后移动调节电动机和传动机构，前后调节电动机为双向永磁直流电动机，传动机构由螺杆、螺母、轨道、支架等组成。前后移动调节电动机通电旋转，带动螺杆转动，使螺母在轨道上滑动，座椅便可向前或向后移动，如图 6－31 所示。

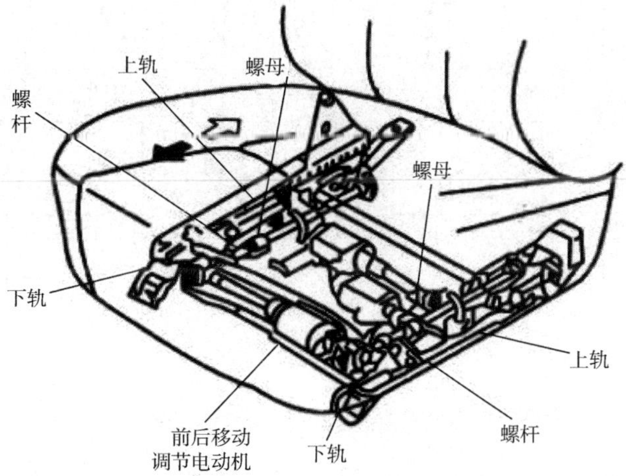

图 6－31　电动座椅前后移动调节装置结构

（二）电动座椅控制电路

1. 雷克萨斯 LS400 轿车电动座椅控制电路（不带储存功能）

该电动座椅包括滑动电动机、前垂直电动机、倾斜电动机、后垂直电动机和腰椎电动机，可以实现座椅的前后移动、前部高度调节、靠背倾斜程度调节、后部高度调节及腰椎前后调节，如图 6－32 所示。

电路中有 5 个开关，分别控制 5 个电动机。开关有一个共同特点：均为常搭铁型结构，即电动机没有动作时，电动机两端通过开关搭铁；当开关打向其一侧时，动作侧开关接通电源。每个电动机中均设有断路器，当座椅位置调整到极限时，流过电动机的电流增加，断路器断开，切断电动机电流，保护电动机不被烧损；松开调整开关，冷却后，断路器又重新复位。下面以座椅靠背的倾斜调节为例，介绍电路的控制过程。

当电动座椅的开关处于倾斜位置时，如果要调整靠背向前倾斜，则闭合倾斜电动机的前进方向开关，即端子 4 置于左位时，电路为：蓄电池正极→FLALT→FLAM1→DOOR CB→端子 14→（倾斜开关“前”）→端子 4→1（2）端子→倾斜电动机→2（1）端子→端子 3→端子 13→搭铁。此时，座椅靠背前移。

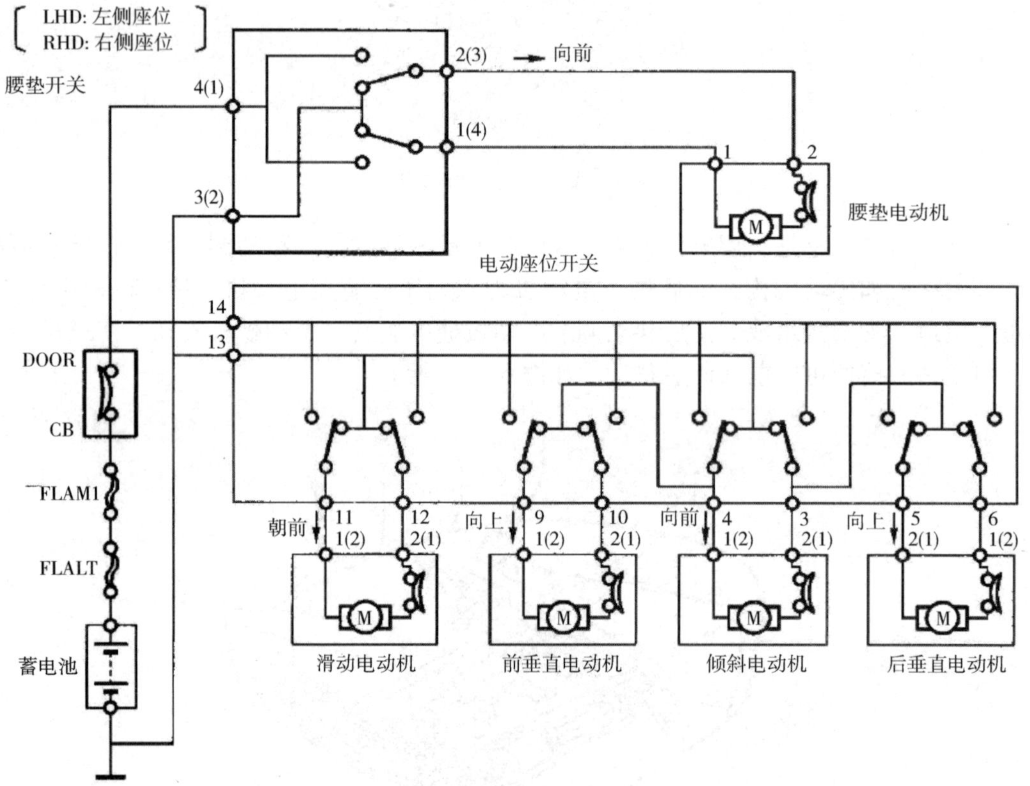

图 6－32　雷克萨斯 LS400 轿车电动座椅控制电路（不带储存功能）

当端子 3 置于右位时，倾斜电动机反转，座椅靠背后移。此时的电路为：蓄电池正极→FLALT→FLAM1→DOOR CB→端子 14→（倾斜开关“后”）→端子 3→2（1）端子→倾斜电动机→1（2）端子→端子 4→端子 13→搭铁。

2. 广州本田雅阁电动座椅控制电路

该座椅共设置了前端上下调节电动机、前后调节电动机、后端上下调节电动机和靠背倾斜调节电动机 4 个电动机，分别对座椅前后滑动、前部上下移动、后部上下移动及靠背前后倾斜8个方向进行调节，如图6－33所示。

（1）座椅前端的上下调节。控制前端上下调节开关向上调整，A3和B6、A4和B5接通。电路：蓄电池"＋"→发动机盖下熔丝盒熔丝→前乘客席侧仪表板下熔丝盒"2"号熔丝→电动座椅调节开关B6端子→A3端子→前端上下电动机"1"号端子→电动机"2"号端子→电动座椅调节开关A5→B5→搭铁→蓄电池"－"。

（2）座椅倾斜的前后调节。控制倾斜调节开关向前调整，B2和B3、B1和B4接通。电路为蓄电池"＋"→发动机盖下熔丝盒熔丝→前乘客席侧仪表板下熔丝盒"4"号熔丝→电动座椅调节开关B2→B3→倾斜调节电动机"2"号端子→电动机→"1"端子→电动座椅调节开关B4→B1→搭铁→蓄电池"－"。若向后调节则电流经过电动机方向相反。

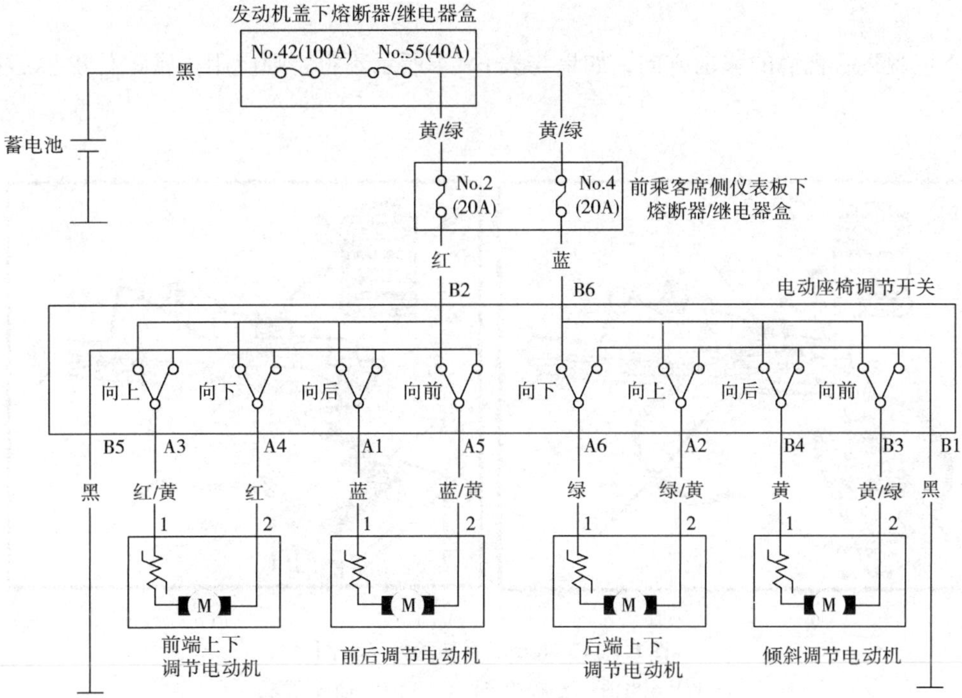

图6－33　广州本田雅阁电动座椅控制电路

任务实施

一、实施环境

（1）汽车实训基地。

（2）扳手、旋具。

（3）翼子板护裙、转向盘护套、座椅护套和脚垫。

（4）汽车电动后视镜、电动后视镜电路图、本田雅阁电动座椅。

（5）数字万用表、夹子钳、塞尺、连接电缆、电流表、试灯、稳压电源等。

（6）广州本田雅阁轿车维修手册。

二、实施步骤

1. 电动后视镜的检修

（1）必要时拆卸车外后视镜总成。

（2）使用万用表测试下列插接器端子之间是否导通：A 和 B、A 和 D、B 和 D，如果电阻表指示任何端子之间为开路或电阻超过 200Ω，则应用正常零件更换后视镜总成，如图 6－34 所示。

（3）如果所列插接器端子之间全部导通，则继续至步骤（4）。

（4）参照表 6－4，将 12V 蓄电池 1 的正极（＋）和负极（－）引线连接至插接器端子。

（5）观察后视镜的移动方向，如果与表 6－4 所示不符，则应用正常零件更换后视镜总成。

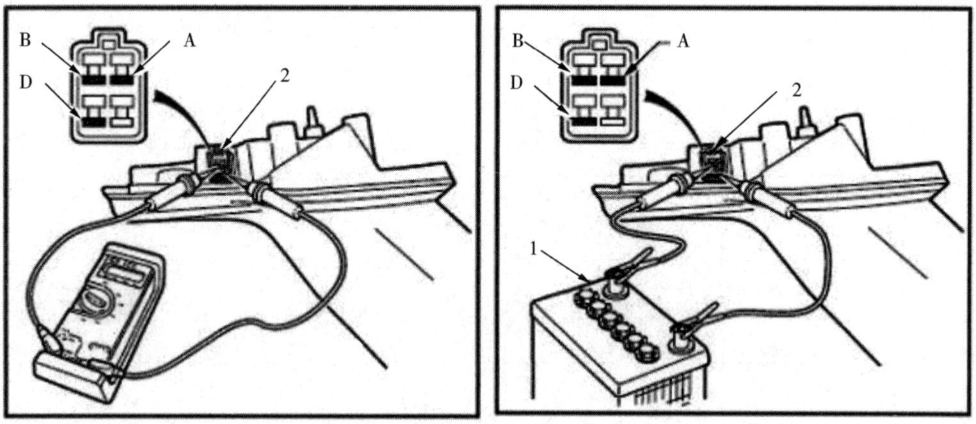

图 6－34　电动后视镜检修示意图

1—12V 蓄电池　2—插接器　A、B、D—插接器端子

表 6－4　　电动后视镜及端子检测表

后视镜移动方向	端子 A	端子 B	端子 D
左侧后视镜－向内	－	＋	
向外	＋	－	
上升	＋		－
下降	－		＋
右侧后视镜－向内	＋	－	
向外	－	＋	
上升	＋		－
下降	－		＋

2. 后视镜控制开关检测

（1）拆卸后视镜控制开关。

（2）后视镜控制开关由两个开关组成：后视镜选择开关1，后视镜方向开关2。

（3）按表6－5所示设置后视镜控制开关上的端子。使用万用表测试所列开关端子之间是否导通，如图6－35所示。

（4）如果开关未通过测试的任何一项，务必用正常零件更换开关总成。

（5）如果开关正常，则重新安装现有后视镜控制开关。

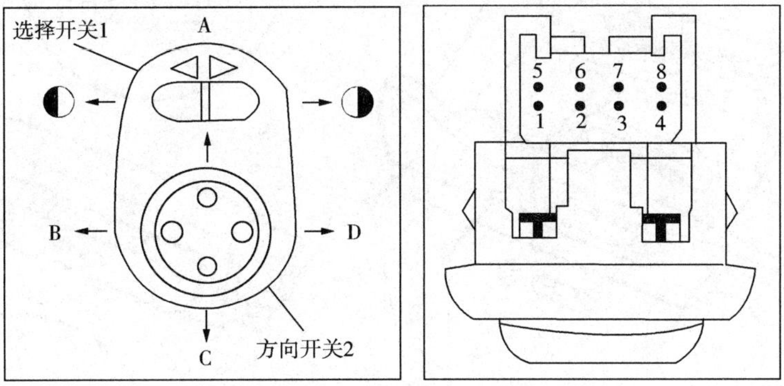

图6－35　后视镜控制开关示意图

表6－5　后视镜控制开关端子检测表

后视镜选择开关位置	后视镜方向开关位置	开关端子	开关正常时的状态
◐	A	1、5 2、7	导通
◐	B	1、5 2、4	导通
◐	C	1、7 2、5	导通
◐	D	1、4 2、5	导通
◑	A	1、5 2、3	导通
◑	B	1、5 2、8	导通
◑	C	1、3 2、5	导通
◑	D	1、8 2、5	导通

3. 检测电动座椅调节开关

以本田雅阁电动座椅为例。

（1）拔出调节开关的按钮，拆下开关罩，拔下调节开关的两个插头，从开关罩上拆下调节开关，如图 6－36 所示。

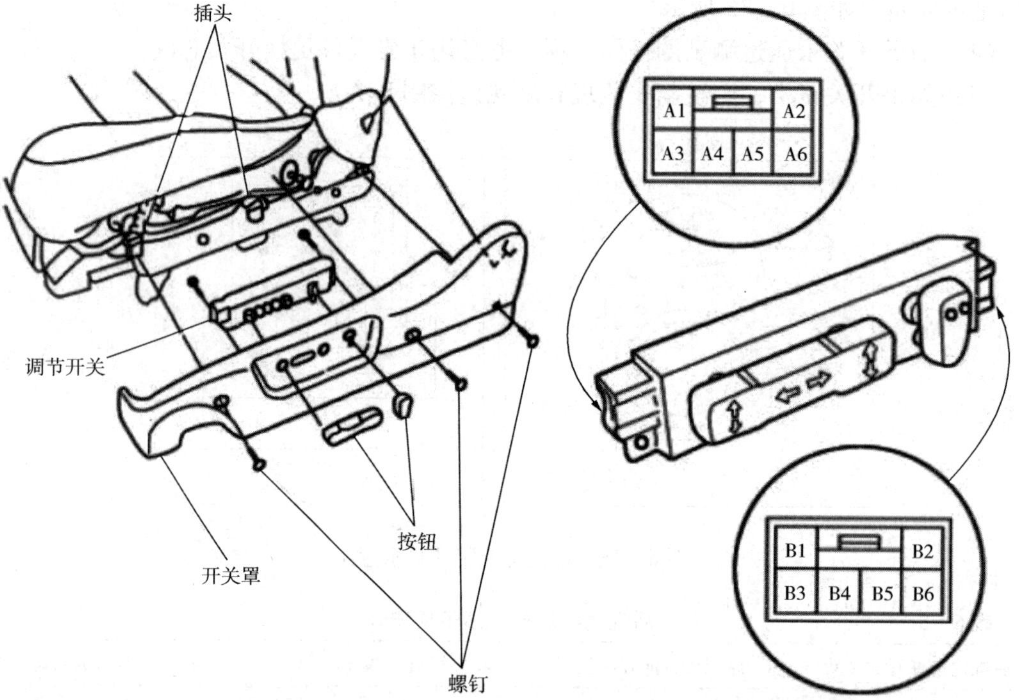

（a）拆下调节开关　（b）调节开关端子

图 6－36　电动座椅调节开关检测示意图

（2）用万用表电阻挡检查调节开关（前后移动调节开关）的导通情况。如果符合要求，则表明调节开关正常。如果不符合要求，则表明调节开关损坏，应更换调节开关。

（3）插上电动座椅调节开关插头，检查电动座椅前后调整是否恢复正常。如果仍不能调整，则检查调节开关至前后移动调节电动机之间电路或前后移动调节电动机。

（4）装上调节开关、开关罩和按钮。

调节开关导通情况见表 6－6。

表 6－6　　电动座椅调节开关导通情况

调节开关位置	调节开关对应端子	是否导通
接通向前移动调节	A1—B5、A4—B2	导通
接通向后移动调节	A1—B6、A4—B5	导通

4. 检查电动座椅调节电动机

（1）拆下调节开关罩，拔下调节开关的两个插头，如图 6－37 所示。

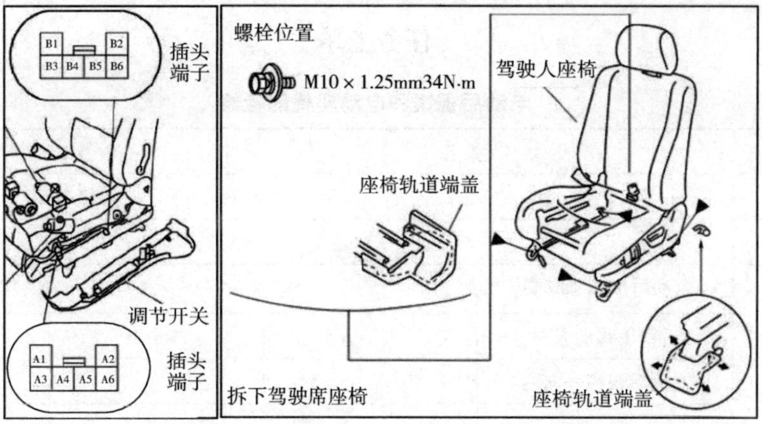

图 6－37　电动座椅调节电动机检测示意图

（2）将蓄电池直接向前后移动调节电动机通电，检查前后移动调节电动机运转情况。

如果符合要求，则表明前后移动调节电动机正常。如果前后移动调节电动机不运转，则检查前后移动调节电动机或前后移动调节电动机与调节开关之间电路。

调节电动机运转情况如表 6－7 所示。

表 6－7　　电动座椅调节电动机导通情况

接蓄电池正极端子	接蓄电池负极端子	前后调节电动机是否转动
A5	A1	是（向前）
A1	A5	是（向后）

（3）拆下驾驶席座椅轨道端盖，拧下驾驶席座椅的固定螺栓（图中黑三角），拆开座椅线束和线束夹，拆下驾驶席座椅。

（4）拔下前后移动调节电动机插头，检查前后移动调节电动机是否正常。如果前后移动调节电动机损坏，则更换前后移动调节电动机。如果前后移动调节电动机正常，则检查前后移动调节电动机与调节开关之间导线是否断路。

（5）装上驾驶席座椅。

（6）装上调节开关罩。

三、检测练习

要求：各小组在老师的指导下，严格按照操作规范，合作进行拆装和更换。

四、总评

（1）各组学习小结与体会。

（2）教师对各组学习情况进行评分并总结。

任务工单

任务 6 -3　　电动后视镜和电动座椅的检修

班级		姓名		学号	
地点				等级	
工具准备					

任务过程

1. 电动后视镜总成端子检测

后视镜移动方向	端子 A	端子 B	端子 D
左侧后视镜—向内			
向外			
上升			
下降			
右侧后视镜—向内			
向外			
上升			
下降			

检测结果：

2. 后视镜开关检测

后视镜选择开关位置	后视镜方向开关位置	开关端子	检测结果
◐	A	1、5 2、7	
◐	B	1、5 2、4	
◐	C	1、7 2、5	
◐	D	1、4 2、5	
◑	A	1、5 2、3	
◑	B	1、5 2、8	
◑	C	1、3 2、5	
◑	D	1、8 2、5	

结论：

续表

<table>
<tr><td rowspan="9">任务过程</td><td colspan="3">3. 电动座椅开关检测</td></tr>
<tr><td>调节开关位置</td><td>调节开关对应端子</td><td>检测结果</td></tr>
<tr><td>接通向前移动调节</td><td>A1—B5、A4—B2</td><td></td></tr>
<tr><td>接通向后移动调节</td><td>A1—B6、A4—B5</td><td></td></tr>
<tr><td colspan="3">结论：
4. 电动座椅调节电动机检测</td></tr>
<tr><td>接蓄电池正极端子</td><td>接蓄电池负极端子</td><td>检测结果</td></tr>
<tr><td>A5</td><td>A1</td><td></td></tr>
<tr><td>A1</td><td>A5</td><td></td></tr>
<tr><td colspan="3">结论：</td></tr>
</table>

<table>
<tr><td rowspan="9">考核评价</td><td colspan="2">考评项目</td><td>分值</td><td>教师考核</td><td>备注</td></tr>
<tr><td rowspan="3">素质考评</td><td>团队协作</td><td>10 分</td><td></td><td></td></tr>
<tr><td>语言表达</td><td>10 分</td><td></td><td></td></tr>
<tr><td>实训纪律</td><td>10 分</td><td></td><td></td></tr>
<tr><td rowspan="4">过程考评</td><td>工具使用</td><td>10 分</td><td></td><td></td></tr>
<tr><td>任务实施</td><td>30 分</td><td></td><td></td></tr>
<tr><td>完成情况</td><td>20 分</td><td></td><td></td></tr>
<tr><td>工位整理</td><td>10 分</td><td></td><td></td></tr>
<tr><td>合计</td><td colspan="4"></td></tr>
</table>

任务四　中控锁及防盗系统的检修

任务描述

随着汽车技术的发展和人们对车辆舒适性、安全性要求的不断提高，现代汽车已广泛使用中控锁和防盗系统。随着中控锁和防盗系统技术的不断更新，给我们在汽车故障诊断与维修中增加了不少难度。

任务分析

现代轿车采用的中控锁系统采用集中控制方式控制所有车门、尾门及油箱盖一起上锁或开锁，并具有钥匙禁闭安全功能。汽车防盗系统是指防止汽车本身或车上的物品被盗所设的系统。它由电子控制的遥控器或钥匙、电子控制电路、报警装置和执行机构等组成。本任务通过对中控锁及防盗系统故障的诊断、拆卸、检修、安装调整过程的实施与学习，使学生在掌握结构和工作原理等理论知识的同时，能够独立完成中控锁及防盗系统各部件的拆装、维护及检修。

知识链接

一、中控锁系统

汽车中控锁全称是中央门锁控制系统，为提高汽车使用的便利性和行车的安全性，现代汽车越来越多地安装中控锁，如图 6－38 所示。

图 6－38　汽车中控锁

汽车门锁最初与普通门锁没有什么区别，是由各个车门单独机械控制的（现在部分载货汽车的门锁还是如此）。作为对传统车锁在功能上的补充，中控锁在传统车锁的基础上又增加了中控锁控制单元、控制按键、带有相应执行能力的门锁以及监测各执行机构工作状况的传感器，当然，带有遥控功能的钥匙也是重要的部件之一。

中控锁的优点：

①中央控制：当驾驶人锁住其身边的车门时，其他车门也同时锁住，驾驶人可通过门锁开关同时打开各个车门，也可单独打开某个车门。

②速度控制：当行车速度达到一定时，各个车门能自行锁上，防止乘员误操作车门把手而导致车门打开。

③单独控制：除在主车门以外，还在其他门设置单独的弹簧锁开关，可独立地控制一个车门的打开和锁住。

1. 中控锁分类

（1）启动钥匙直接控制。这是现代普通汽车运用最多的方式，它由钥匙、主控制锁体、分动锁体组成。

（2）遥控器与钥匙同时控制。按动钥匙上的开锁键，钥匙内的芯片会发出开锁信号，同时安装在车门内或者车内其他地方的闭锁器会收到该信号开启车门，如图 6－39 所示。

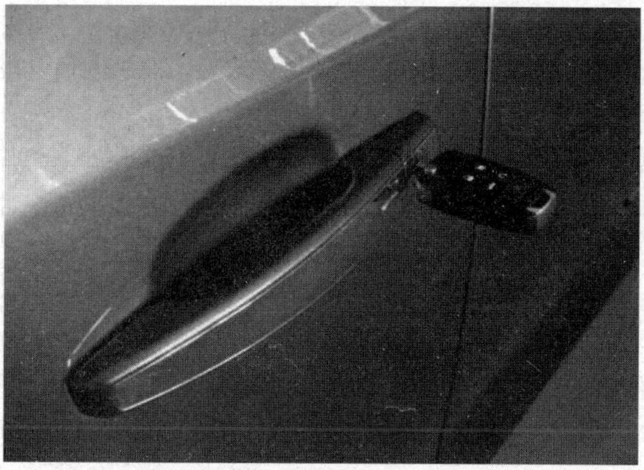

图 6－39　遥控器与钥匙同时控制的中控锁

（3）电子智能感应控制。电子感应控制式只有现代高级轿车才安装，只要将钥匙放在口袋里，靠近汽车一定距离时，车门锁便会自动打开。进入车内，只需按动启动按钮（或旋钮），汽车即可点火启动。此功能是目前中、高级轿车上多采用的“无钥匙进入系统”，如图 6－40 所示。

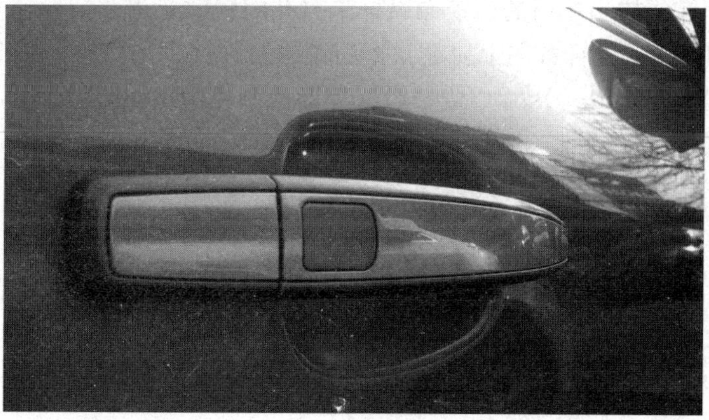

图 6－40　无钥匙进入系统车门感应开关

2. 中控锁组成

电动中控门锁系统包括以下部件：电动门锁开关（中控锁开关）、门锁控制器、门锁执行器。

（1）门锁开关。大多数中控锁的开关都是由总开关和分开关组成的。总开关装在驾驶人身旁车门上，驾驶人操纵总开关可将全车所有车门锁住或打开（与电动门窗等合在一起）；分开关装在其他各个车门上，可单独控制一个车门。

（2）门锁执行机构。中控锁执行机构用于执行驾驶人的指令，将门锁锁止或开启。门锁执行机构有电磁式、直流电动机式等驱动方式，其结构都是通过改变极性转换运动方向而执行锁门或开门动作的。

①电磁式：它内设 2 个线圈，分别用来开启、锁闭门锁，门锁集中操作按钮平时处于中间位置。当给锁门线圈通正向电流时，衔铁带动连杆左移，门被锁住；当给开门线圈通反向电流时，衔铁带动连杆右移，门锁被打开。

②直流电动机式：它是通过直流电动机转动并经传动装置（传动装置有螺杆传动、齿条传动和直齿轮传动）将动力传给门锁锁扣，使门锁锁扣进行开启或锁止。由于直流电动机能双向转动所以通过电动机的正反转实现门锁的锁止或开启。这种执行机构与电磁式执行机构相比，耗电量较小。

（3）门锁控制器。门锁控制器是为门锁执行机构提供锁止/开启脉冲电流的控制装置。无论何种门锁执行机构都是通过改变执行机构通电电流方向控制连杆左右移动，实现门锁的锁止和开启。门锁控制器的种类很多，按其控制原理大致可分为晶体管式和车速感应式等门锁控制器。

①晶体管式：晶体管式门锁控制器内部有两个继电器，一个管锁门，一个管开门。继电器由晶体管开关电路控制，综合利用电容器的充放电过程控制一定的脉冲电流持续时间，使执行机构完成锁门和开门动作。

②车速感应式：装有一个车速为 10km/h 的感应开关，当车速大于 10km/h 时，若车门未上锁，驾驶人不需动手，门锁控制器自动将门上锁。

3. 中控锁工作原理

（1）当用钥匙或拔出左门的门锁操纵杆来打开门锁时，由于门锁通过连接杆与前车门锁执行元件相连接，连杆被向上拉起，车门锁执行元件中的门锁开关与锁体触点（开门）闭合，控制单元收到（开门）信号后，立即控制主门锁执行器工作，同时主执行器给另外 3 个副执行器（开门）信号。4 个车门及行李箱同时开启。

（2）当用钥匙或按下左门的门锁操纵杆来锁住车门时，连接杆被压下，车门锁执行元件中的门锁开关与门锁触点（关门）闭合，控制单元收到（关门）信号后，立即控制主门锁执行器工作，同时主执行器给另外 3 个副执行器（关门）信号。4 个车门及行李仓同时进入锁止状态。

（3）连接电路图，如图 6－41 所示。

二、防盗系统

汽车电子防盗控制系统是指防止汽车本身或车上的物品被盗所设的系统。它由电子控制的遥控器或钥匙、电子控制电路、报警装置和执行机构等组成。最初汽车上装备门窗、门锁等机构以阻止盗贼进入车辆，以及为防止盗贼拆卸零件而设计了专用套筒扳手等。现代汽车又采用了电动车窗、中央门锁系统、遥控门锁系统等。这些系统主要为方便用户而设计，并不能有效防止车辆被盗，因此现代汽车都装备专门的防盗系统，同时

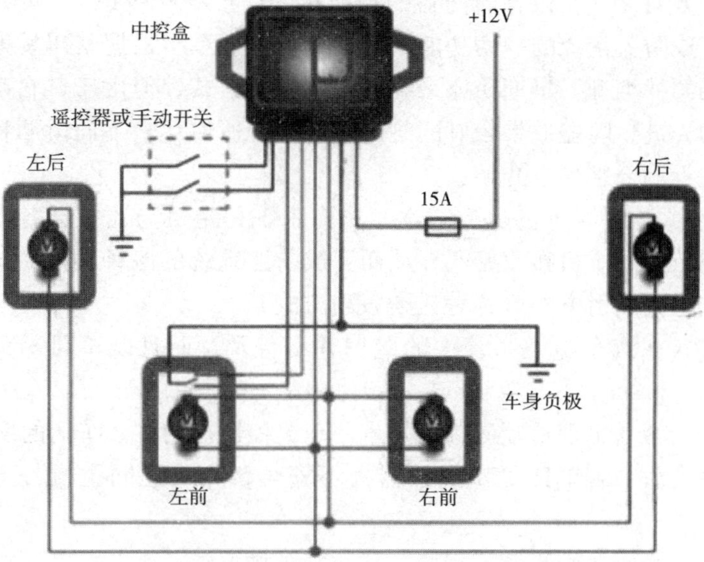

图 6-41　中控锁连接电路图

具备遥控、警报、防启动等功能，其中防启动系统是最有效的防盗方式，可以有效防止汽车在未被授权的情况下靠自己本身的动力被开走。

汽车防盗系统实质上是一种安装在车上，用来增加盗车难度，延长盗车时间的装置。

1. 遥控防盗系统的功能

为了适应市场的需求，汽车防盗系统除了具有防盗功能外，还增加了许多方便使用的附加功能（也称便民功能）。现代汽车遥控防盗系统一般同时具有以下功能：

（1）遥控和警报功能。遥控功能包括遥控中央门锁、遥控电动门窗、遥控开启行李箱、遥控启动、寻车和阻吓窃贼等功能。遥控功能是防盗系统基本功能之一，因此，大部分防盗系统又称“遥控防盗系统”。警报功能具有振动探测、门控保护及微波或红外探头等功能，当车辆被触动或非法进入时发出声音、灯光等警报信号。

汽车遥控防盗系统由下面几个部分组成：

1）主机部分：即遥控防盗系统控制单元，它是防盗系统的核心和控制中心。

2）感应探测部分：它由传感器或探头组成，目前普遍使用的是振荡传感器，微波及红外探头应用较少。

3）门控部分：包括发动机罩开关、门开关及行李箱开关等。

4）报警部分：防盗喇叭。系统被触发或动作（开、闭锁）时发出警报。

5）遥控器部分：包括按键和指示灯。

6）其他部分：包括配线、继电器和熔丝等。

（2）遥控器的传输密码。汽车遥控防盗系统的遥控器发射机与主机系统之间除了要有相同的发射和接收频率之外，还要有密码才能相互识别。防盗系统的密码是一组由不同方式组合的数据，它一方面记载着防盗系统的身份信息（身份码），区别各个防盗系统的不同；另一方面，它又包含着防盗的功能指令信息（指令码），负责开启或关闭防盗系统，控制完成防盗系统的一切功能。汽车遥控防盗系统根据密码发射方式的不同可分为定码和跳码两种类型。早期防盗系统多采用定码方式，但由于其自身缺点，现已逐渐被技术上较为先进、防盗效果较好的跳码防盗系统所取代。下面就两种不同类型防盗系统的原理、特点等分别加以介绍：

1）定码防盗系统：早期的遥控式汽车防盗系统是主机与遥控器各有一组相同的密码，遥控器发射密码，主机接收密码，从而完成防盗系统的各种功能，这种密码发射方式称为第一代固定码发射方式（简称定码发射方式）。

定码发射方式在汽车防盗系统中的应用并不普及，而且既不可靠又不安全，原因有三：

①密码量少，容易出现重复码，即发生一个遥控器控制多部车辆的现象。

②遥控器丢失后，若单独更换遥控器极不安全，除非连同主机一道更换，但费用过高。

③安全性差，密码易被复制或盗取，从而使车辆被盗。

2）跳码防盗系统：由于定码防盗系统存在上述不安全的问题，在20世纪90年代中期推出了跳码防盗系统，其特点如下：

①遥控器的密码除了身份码和指令码外，又多了一个跳码部分。跳码即密码依一定的编码函数，每发射一次，密码随即变化一次，密码不会被轻易复制或盗取，安全性极高。

②密码组合上亿组，根本杜绝了重复码。

③主机可以与遥控器之间按特定程序相互识别（即遥控设定）。若遥控器丢失，可安全且低成本地更换或复制遥控器。

（3）防启动功能。大部分汽车原厂家设计和安装的遥控防盗系统集遥控、警报、防启动为一体。原厂的防启动系统大多采用专门的防启动电脑（IMMU）或在发动机控制电脑中设置防盗功能，并且在点火钥匙中置入一块带有启动密码的缩微电子芯片，在启动时，防启动系统将会对点火钥匙的密码进行认证，认可后方能启动发动机。这种系统可有效地防止非法配置点火钥匙盗车。点火钥匙在汽车出厂时就已配备，其性能良好，且对电路和控制装置没有电波信号干扰。

防启动系统一般有以下几种类型：

1）启动电路控制防启动系统。这种防启动系统是在车主离开汽车并设定防盗系统后，如有人非法进入车内，并试图用非法配制的点火钥匙启动车辆，这时，启动机电路受防启动系统的作用，使启动机无法运转，从而防止车辆被盗。这种防启动系统比较容易被破解，只要盗贼采用直接供电的方式使启动机运转，就可以开走车辆，所以已经很少采用了。

2）点火控制防启动系统。这种防启动系统是在系统被触发时，点火电路受防启动系统的作用，拒绝提供发动机运转所需的点火功能，并通过声响及灯光报警装置向车主或车场保管人员通报。如果点火控制防启动系统在车辆正常使用或维修中被意外触发，由于供油系统还能正常供油，可能因供油量太大导致机械事故或发生火灾，因此也很少采用了。

3）油路控制防启动系统。其基本原理与点火控制防盗系统相似，只要该系统进入工作状态，发动机电脑控制系统就会切断喷油控制电路（有的车型也同时切断汽油泵电路），启动防启动功能。这种防启动系统比较可靠，因此大部分防启动系统都采用切断喷油器控制信号来防止车辆被非法启动。

4）多重控制防启动系统。有一些车型，例如上海别克汽车的防启动系统被触发后，启动机电路及喷油器信号同时锁止，如果强行给启动机供电，发动机仍然不能启动。大部分2000年以后的新款车型，防启动系统被触发后，控制电脑将点火及喷油器信号同时锁止。原厂的防启动系统大多采用专门的防启动控制单元（IMMU）或在发动机控制单元中设置防盗功能，并且在点火钥匙中置入一块带有启动密码的缩微电子芯片，在启动时，防启动系统将会对点火钥匙的密码进行认证，认可后方能启动发动机。这种系统可有效地防止非法配置点火钥匙盗车。点火钥匙的启动密码除了极少数车型采用定码（或电阻，如早期的通用公司）以外，大部分采用跳码形式，每一次启动的密码都随机改变，几乎不可能破解。

沃尔沃（Volvo）汽车公司的S80型轿车采用一套新型防盗系统，其中既有机械方式，也有电子方式，还有防砸功能。它的车门钥匙锁芯可以无阻力旋转，当盗贼用螺钉旋具或其他坚硬物体撬锁时，该锁芯可随撬动的物体旋转方向转动而无法撬开。电子静止状态控制，一旦车主打开该系统离开汽车，如有人想移动该车，车辆就会拒绝进入行驶状态。它的前后风挡玻璃和车窗玻璃都是采用特种玻璃，即使用铁锤或铁棒击打，玻璃也不会出现缝隙和漏洞，令盗贼的手无法伸进车内，将车门打开。

有的电子公司采用指纹或声音来进行驾驶者合法身份的识别。但是指纹或声音识别技术有其实用的局限性。当他人借车时，车主必须授权方可让他人驾驶。

新一代奔驰车型的驾驶者识别系统（DAS）采用的钥匙被称为智能钥匙或电子钥匙。该车并无机械点火锁，当将一把电子钥匙的楔形舌片插入点火开关时，此电子钥匙就发出一个红外密码数据信号，点火开关控制电脑接收到信号，并将其与存储器内的密码相对比，如果两密码相同，控制电脑就打开转向盘锁。此外，发动机控制电脑与点火开关控制电脑还要进行密码识别，识别正确发动机才能启动。该密码采用随机码方式，即每启动一次，密码就会发生变化。替代钥匙和外车门锁的智能卡也是一种无钥匙进车装置。新的奔驰车型已采用这种技术。这种智能卡的外观就像信用卡，驾驶人可将其放于他（或她）的衣袋或钱包里。只要驾驶人触及车门拉手，中央门锁系统就“醒来”，并发出一个无线电质问信号。智能卡作了应答，车门锁便打开。要开动汽车，驾驶人应踏下制动踏板，并转动点火开关或按下指定的按钮。

2. 奥迪A6电子防盗控制系统

（1）奥迪A6发动机防盗锁止控制系统组成与工作原理。

1）组成：由带脉冲转发器的遥控钥匙、点火锁芯上的识读线圈、防盗器控制单元（与组合仪表一体）、发动机控制单元及组合仪表上的防盗警报指示灯等组成。

2）基本原理：打开点火开关后，组合仪表内的防盗控制单元通过单线传输给钥匙，钥匙获得能量输出固定码给防盗控制单元，并与防盗控制单元内的固定码比较（固定码的传输）；如果固定码一致，防盗控制单元随机产生一组变码传输给应答钥匙，在钥匙内经过算式 A 运算后将结果发给防盗控制单元，返回的结果与防盗控制单元本身按算式 A 计算的结果比较（可变码的传输）；如果两者计算结果相同，防盗控制单元将发送信号给发动机控制单元，这时发动机控制单元也会随机产生一组变码，这组变码传输给防盗控制单元，这时防盗控制单元会按算式 B 进行计算，再将结果传输给发动机控制单元，与由发动机控制单元按算式 B 计算出的结果比较（可变码的传输），如结果一致，则发动机控制单元允许启动，如果核对后代码不一致，发动机将在启动后 2s 内熄灭，停止工作。

（2）奥迪 A6 防盗报警系统组成与工作原理。奥迪 A6 防盗报警系统包括中央门锁防盗控制系统（图 6－42）与内部监控控制系统（图 6－43），主要也由信号输入装置（传感器）、控制单元及执行器三部分组成。

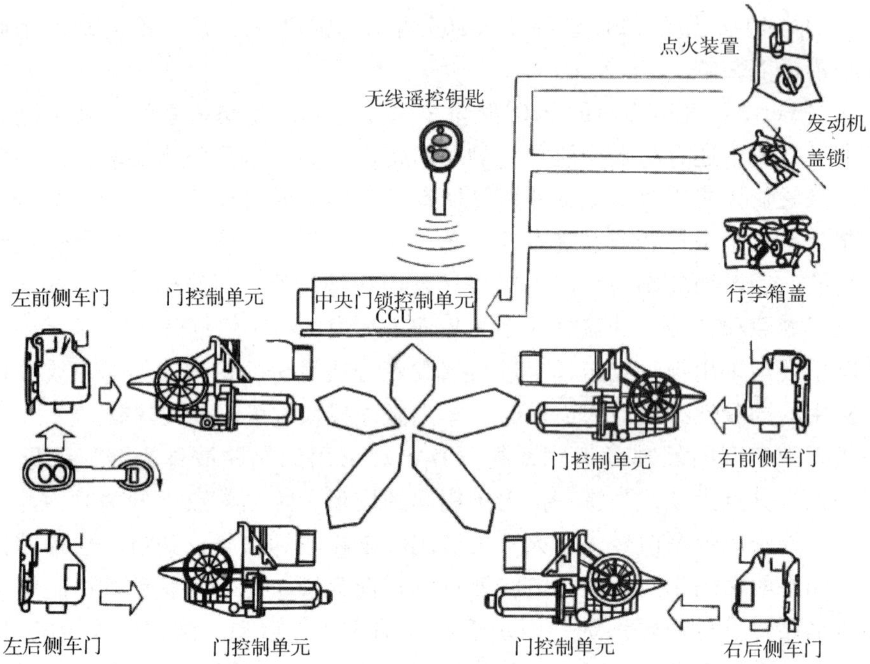

图 6－42　中央门锁防盗报警控制系统

1）传感器：包括超声波传感器、发动机机舱盖报警开关、行李箱盖开关、车门开关等，用来探测是否发生非法进入汽车或非法打开汽车各监控部位的情况。

2）控制单元包括防盗报警控制单元，即中央门锁控制模块（防盗报警控制单元、中央门锁电动机、车内照明灯延时关闭共用一个控制单元，装在超声波控制单元的前面）、超声波控制单元（装在行李舱左内侧），其安装位置见图 6－44。

3）执行元件。

内部监控开关：能够中断内部监控器的监控功能，如图 6－45 所示。

防盗警报器信号喇叭：发出声音警报，声音警报与可见转向信号警报交替发出。

转向信号灯：防盗报警器触发报警时，防盗警报器控制单元接通转向信号灯电路，发出闪光信号（闪烁）。

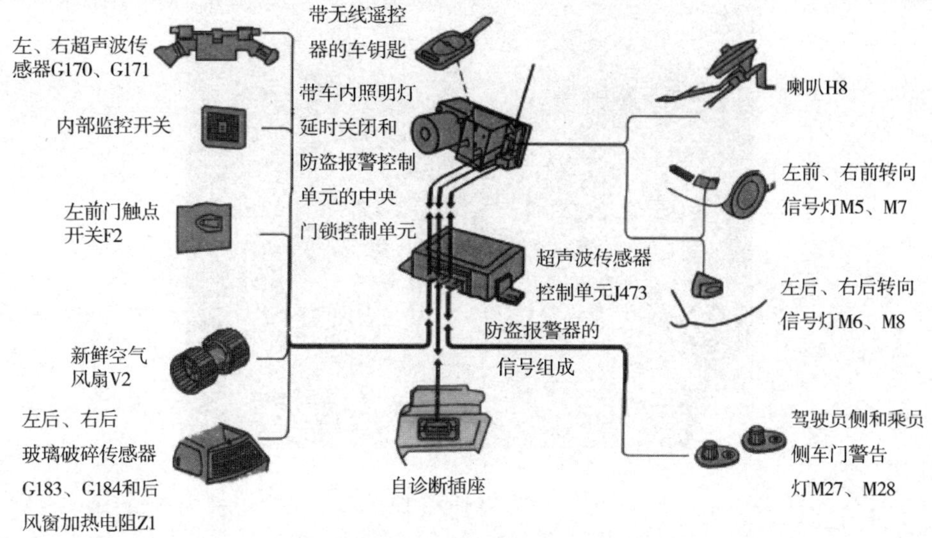

图 6－43　奥迪 A6 内部监控系统组成

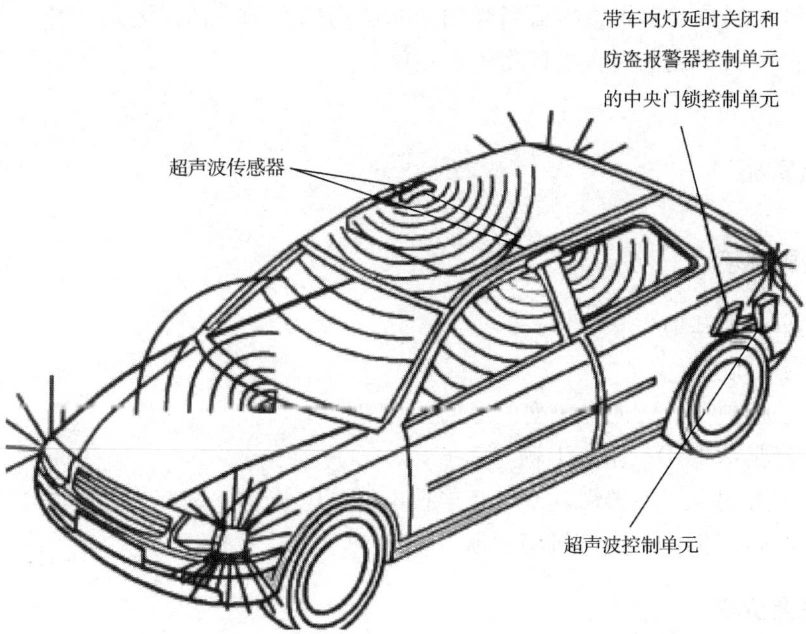

图 6－44　奥迪 A6 内部监控电子控制单元位置图

警报灯：是发光二极管，由超声波控制单元触发，闪烁频率表示内部监控系统的状态，也可用作自诊断辅助指示灯。

（3）防盗报警系统基本工作原理。

防盗报警系统被激活时，防盗报警控制单元（中央门锁控制模块）将直接监控收音机（奥迪原装收音机装置）、所有车门、发动机盖和行李箱盖等处，同时位于左、右柱上部装饰板内的超声波传感器将监视侧窗（汽车内部空间），并将监视信号传至超声波

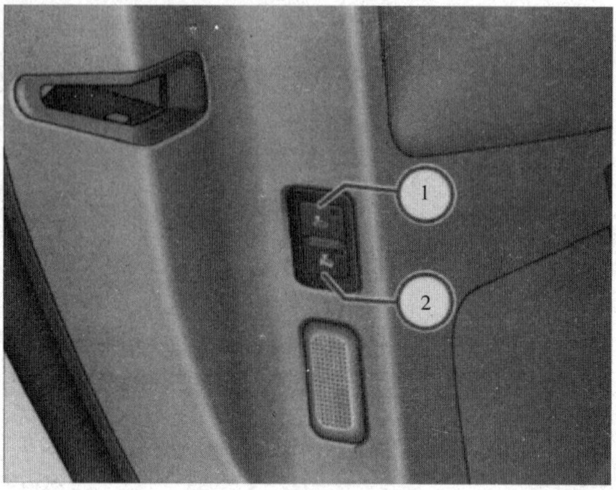

图 6－45　内部监控开关
1—内部监控开关　2—防牵引控制开关

传感器控制单元。如果超声波传感器的监视信号有波动，超声波传感器控制单元将通过防盗报警系统控制单元发出警报；同样如用非法钥匙开门、撬动发动机盖、行李箱盖等处，防盗报警控制单元也会直接控制声光报警。

任务实施

一、实施环境

（1）汽车实训基地。
（2）扳手、旋具。
（3）翼子板护裙、转向盘护套、座椅护套和脚垫。
（4）日产骐达 TIIDA 轿车 1 辆。
（5）数字万用表、夹子钳、塞尺、连接电缆、电流表、试灯、稳压电源等。
（6）日产骐达 TIIDA 轿车维修手册。

二、实施步骤

1. 中控门锁系统的拆卸与安装
（1）前车门锁的拆装。
1）前门锁组成部件。
2）拆卸步骤。
3）按照与拆卸相反的顺序安装。
（2）后车门锁的拆装。
1）零部件位置。
2）拆装步骤同前车门锁。

（3）拆卸和安装行李箱盖锁。

（4）拆卸和安装行李箱盖锁扣。

1）拆卸：拆卸行李箱后板和行李箱后饰件；拆下固定螺栓，再从行李箱锁支架上拆下锁扣。

2）按照与拆卸相反的顺序安装。

2. 防盗系统常见故障诊断

（1）安全防盗系统无法正常解除或启用。

①检查是否能执行“防盗系统诊断系统检查”，如果不能执行，则检查诊断系统的电路；如果能执行，则进行下一步。

②打开驾驶侧和乘客侧车窗，从点火开关中拔出钥匙，关闭所有车门、行李箱盖和发动机舱盖，用发射器锁上各车门。检查安全防盗系统是否启用（当启用了安全防盗系统时，车辆将鸣响报警器并闪烁一次转向信号灯）。如果不能启用，则检查防盗警报器是否接触不良；如果能启用，则进行下一步。

③在防盗系统仍然启用时用钥匙打开车门锁，检查安全防盗系统是否被解除（当安全防盗系统被解除时，车辆将闪烁两次转向信号灯）。

④测试防盗报警器是否接触不良。

⑤将顶灯切换至中间位置（DOOR），用发射器打开所有车门锁，观察门控灯，打开并关闭每个车门。操作所有车门时，观察门控灯是否亮。如果亮，则进行步骤⑨；如果不亮，则进行下一步。

⑥断开发动机舱盖开关，尝试启用安全防盗系统。如果安全防盗（CTD）系统能启用，则进行步骤⑪；如果不能启用，则进行下一步。

⑦测试发动机舱盖开关信号电路是否对地短路。如果存在对地短路，则应修理或更换；如果没有对地短路，则进行下一步。

⑧测试智能开关单元是否接触不良。如果存在接触不良，则应修理或更换；如果不存在接触不良现象，则进行步骤⑫。

⑨测试钥匙提示电路是否对地短路。如果存在对地短路，则应修理或更换；如果没有对地短路，则进行下一步。

⑩更换点火开关，然后进入步骤⑬。

⑪更换发动机舱盖开关，然后进入步骤⑬。

⑫更换智能开关单元（ISU），然后进入步骤⑬。

⑬运行系统，检验修理效果。

（2）安全防盗系统不能用钥匙锁芯解除。

①检查是否能执行“防盗系统诊断系统检查”，如果不能执行，检查诊断系统的电路；如果能执行，则进行下一步。

②接通点火开关，但不启动发动机，安装故障诊断仪。选择“ISU Central Door Locking Data Display（ISU 中央门锁数据显示）”。观察“Tamper Switch（防撬开关）”参数是否显示“INACTIVE（未启动）”。如果不显示，则进行步骤⑥；如果显示，则进行下一步。

③将不工作的钥匙锁芯开锁，观察“Tamper Switch（防撬开关）”参数是否显示“ACTIVE（启动）”。如果显示，则进行步骤⑧；如果不显示，则进行下一步。

④断开不工作的防撬开关插接器，测试防撬开关接地电路是否开路。如果存在开路，则修理或更换后进入步骤⑪；如果不存在开路，则进行下一步。

⑤测试门锁防撬开关信号电路是否开路。如果存在开路，则修理或更换后进入步骤⑪；如果不存在开路，则进行步骤⑦。

⑥测试门锁防撬开关电路是否对地短路。如果存在短路，则修理或更换后进入步骤⑪；如果不存在短路，则进行步骤⑦。

⑦测试不工作的门锁防撬开关是否接触不良。如果存在接触不良，则修理或更换后进入步骤⑪；如果不存在，则进行步骤⑨。

⑧ 测试智能开关单元是否接触不良。如果存在接触不良，则修理或更换后进入步骤⑪；如果不存在，则进行步骤⑩。

⑨更换不工作的门锁防撬开关，然后进入步骤⑪。

⑩更换智能开关单元（ISU），然后进入步骤⑪。

⑪运行系统，检验修理效果。

三、检测和故障诊断练习

要求：各小组在老师的指导下，严格按照操作规范，合作进行拆装和更换。

四、总评

（1）各组学习小结与体会。

（2）教师对各组学习情况进行评分并总结。

任务工单

任务 6－4　　中控锁及防盗系统的检修

<table>
<tr><td>班级</td><td></td><td>姓名</td><td></td><td>学号</td><td></td></tr>
<tr><td>地点</td><td colspan="3"></td><td>等级</td><td></td></tr>
<tr><td>工具准备</td><td colspan="5"></td></tr>
<tr><td>任务过程</td><td colspan="5">1. 用钥匙开锁的车辆现象：（后备箱变化；四门门锁状态；转向灯；是否有声音提示；顶棚灯变化）

若蓄电池无电：如何开门锁？该如何开启后备箱？

2. 用钥匙锁止的车辆现象：（后备箱变化；四门门锁状态；转向灯；是否有声音提示；顶棚灯变化）

若蓄电池无电：如何锁止四门？

锁止车辆后，内部可否开启车门？几下可拉开内把手？</td></tr>
</table>

续表

<table>
<tr><td rowspan="1">任务过程</td><td colspan="5">如果后座上有孩子，如何保证孩子的安全？

3. 连续两下或单按钥匙的开锁键有什么区别？

连续两下或单按钥匙的锁止键有什么区别？

长按开锁键会怎样？

长按锁止键会怎样？

4. 锁车后，不小心按了开锁键会怎样？

5. 左前门未关，可否中控锁止？

右前门未关，可否中控锁止？

6. 如何遥控开启后备箱？开锁后如何锁止后备箱？

后备箱本车有几种开启方式？请描述是哪几种。

7. 画出中控锁逻辑简图。</td></tr>
<tr><td rowspan="9">考核评价</td><td colspan="2">考评项目</td><td>分值</td><td>教师考核</td><td>备注</td></tr>
<tr><td rowspan="3">素质考评</td><td>团队协作</td><td>10 分</td><td></td><td></td></tr>
<tr><td>语言表达</td><td>10 分</td><td></td><td></td></tr>
<tr><td>实训纪律</td><td>10 分</td><td></td><td></td></tr>
<tr><td rowspan="4">过程考评</td><td>工具使用</td><td>10 分</td><td></td><td></td></tr>
<tr><td>任务实施</td><td>30 分</td><td></td><td></td></tr>
<tr><td>完成情况</td><td>20 分</td><td></td><td></td></tr>
<tr><td>工位整理</td><td>10 分</td><td></td><td></td></tr>
<tr><td>合计</td><td colspan="4"></td></tr>
</table>

项目小结

本项目把汽车辅助电气系统分成雨刷与喷水系统、车窗与天窗、后视镜与电动座椅、中控与防盗系统四个部分，深入学习了各系统的结构、工作原理和检修方法，其中掌握各系统电路结构与工作过程对本项目知识的理解非常重要。

在故障诊断和维修中，按照维修厂实际流程，对故障进行分析、维修资料运用、电路分析、元件检测、故障排除等步骤进行了实操训练，能达到对汽车辅助电气系统故障诊断和检测的能力要求。

思考题

1. 简述雨刷电动洗涤装置的检测步骤。
2. 电动车窗主要由哪些部件组成？其中升降机构主要有哪几种？
3. 结合电动车窗与电动天窗分析双向电机的检查思路。
4. 简述电动座椅向各方向调节的工作原理。

项目七　汽车舒适与安全系统的检修

学习目标

1. 知识目标

（1）熟悉汽车空调系统的组成与原理，掌握汽车空调系统的故障诊断方法。

（2）熟悉汽车安全气囊的组成与原理，掌握汽车安全气囊的故障诊断方法。

（3）掌握汽车倒车雷达系统的原理与故障诊断方法。

（4）熟知汽车巡航系统的原理与故障诊断方法。

2. 能力目标

（1）能读懂汽车舒适与安全系统的基本电路图。

（2）能对汽车舒适与安全系统的各零部件总成进行检测维修。

（3）能完成汽车舒适与安全系统的故障诊断与排除。

任务一　汽车空调系统的检修

任务描述

在炎热的夏天，空调系统是保障汽车乘坐舒适性的重要部件，空调在使用过程中，可能会出现制冷剂泄漏、不制冷等故障。作为一名合格的汽车维修技师，首先要了解汽车空调各部分的作用、位置及工作原理，然后才能在分析检测的基础上，快速排除各种故障，保证汽车空调系统的正常运行。

任务分析

本任务讲述了汽车空调系统各部件的组成、结构及检修方法，要求学生能独立完成汽车空调制冷制热系统的维护及检修。

知识链接

一、汽车空调的特点

汽车空调是以发动机的动力为代价来调节车厢内空气环境的。与室内空调相比，汽车空调主要有如下特点：

（1）汽车空调安装在行驶的车辆上，承受着剧烈频繁的振动和冲击，因此，各部件应有足够的强度和抗振能力，插头应牢固并防漏，否则将会造成汽车空调制冷系统的泄漏，严重的会损坏制冷系统的压缩机等部件。

（2）汽车空调所需的动力均来自发动机，其中轿车、轻型汽车、中小型客车及工程机械车辆，空调所需的动力和驱动汽车的动力均来自同一台发动机，这种空调称非独立空调系统。大型客车和豪华型大、中客车，由于所需制冷量和暖气量大，一般采用专用发动机驱动制冷压缩机并设立独立的取暖设备，故称之为独立式空调系统。

（3）汽车空调的特定工作环境要求汽车空调的制冷、制热能力尽可能大，其原因如下：

①夏天车内的乘客密度大，产热量大，热负荷高；冬天采暖时人体所需的热量也大。

②为了减轻自重，汽车隔热层一般很薄，加上汽车门窗多、面积大，所以汽车隔热性差，热量损失大。

③汽车的工作环境因在野外，直接受阳光、霜雪、风雨等的影响，环境变化剧烈。要使汽车空调在最短的时间里在车厢内达到舒适的环境，就要求其制冷量特别大。

（4）由于汽车本身的特点，要求汽车空调结构紧凑，质量轻，能在有限的空间进行安装。目前空调的总质量比20世纪60年代下降了50%，而制冷能力却提高了50%。

（5）汽车空调的供暖方式与室内空调完全不同。对于非独立式汽车空调，一般利用发动机的冷却液或废气余热，而室内空调则是利用一个电磁阀改变制冷剂量，机组很快启动并转入稳定状况。

二、汽车空调的制冷和暖风系统的结构及作用

汽车空调制冷系统主要由五种部件组成：空调压缩机、冷凝器、蒸发器、膨胀阀、积累器或贮液干燥器。这些部件通过高压蒸气管路、高压液体管路和低压蒸气管路连接成空调系统，如图7-1所示。

1. 空调压缩机

空调压缩机的作用是使制冷剂完成从气态到液态的转变过程，达到制冷剂散热凝露的目的。同时在整个空调系统中，压缩机还是管路内介质运转的压力源，如果没有它，系统不仅不制冷而且还失去了运行的动力。

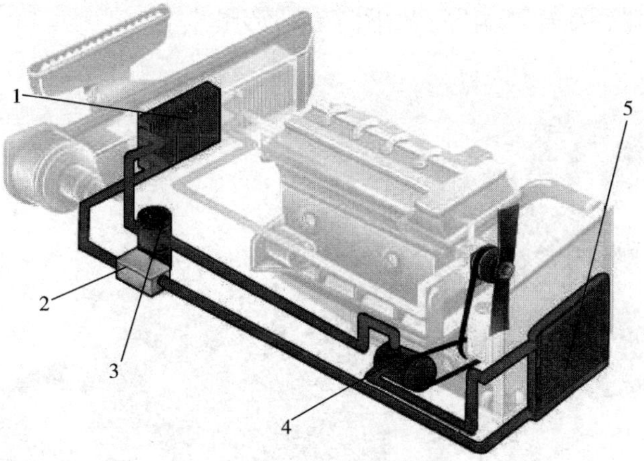

图 7－1 汽车空调制冷系统组成
1—蒸发器 2—节流阀（膨胀阀） 3—贮液干燥器
4—空调压缩机 5—冷凝器

2. 冷凝器

汽车空调制冷系统中的冷凝器是一种由管子与散热片组合起来的热交换器，其作用是将压缩机排出的高温、高压制冷剂蒸气进行冷却，使其凝结为高压制冷剂液体。

3. 蒸发器

蒸发器是一种热交换器，也称冷却器，是制冷循环中获得冷气的直接器件，其作用是将来自热力膨胀阀的低温、低压液态制冷剂在其管道中蒸发，使蒸发器和周围空气的温度降低。同时对空气起减湿作用。

4. 膨胀阀

膨胀阀也称节流阀，是组成汽车空调制冷系统的主要部件，安装在蒸发器入口处，是汽车空调制冷系统的高压与低压的分界点，其功用是把来自贮液干燥器的高压液态制冷剂节流减压，调节和控制进入蒸发器中的液态制冷剂量，使之适应制冷负荷的变化，同时可防止压缩机发生液击现象（即未蒸发的液态制冷剂进入压缩机后被压缩，极易引起压缩机阀片的损坏）和蒸发器出口蒸气异常过热。

5. 贮液干燥器

贮液干燥器简称贮液器，安装在冷凝器和膨胀阀之间，其作用是临时贮存从冷凝器流出的液态制冷剂，以便制冷负荷变动和系统中有微漏时，能及时补充和调整供给热力膨胀阀的液态制冷剂量，以保证制冷剂流动的连续和稳定性。同时，可防止过多的液态制冷剂贮存在冷凝器里，使冷凝器的传热面积减少而使散热效率降低。而且，还可滤除制冷剂中的杂质，吸收制冷剂中的水分，以防止制冷系统管路脏堵和冰塞，保护设备部件不受侵蚀，从而保证制冷系统的正常工作。

为了节省能源，大多数汽车空调暖风系统采暖使用发动机循环冷却液。在制暖时，空调压缩机、冷媒等制冷系统部件不参与工作，热能来源于汽车发动机的冷却液。发动机的热量以传导方式被冷却液吸收，流动的高温冷却液进入加热器，使加热器得到加热，低温空气流经加热器，空气被加热，达到制热的目的。制热系统的部件有：加热器、冷却液、散热器、冷却风扇等，如图 7 -2 所示。

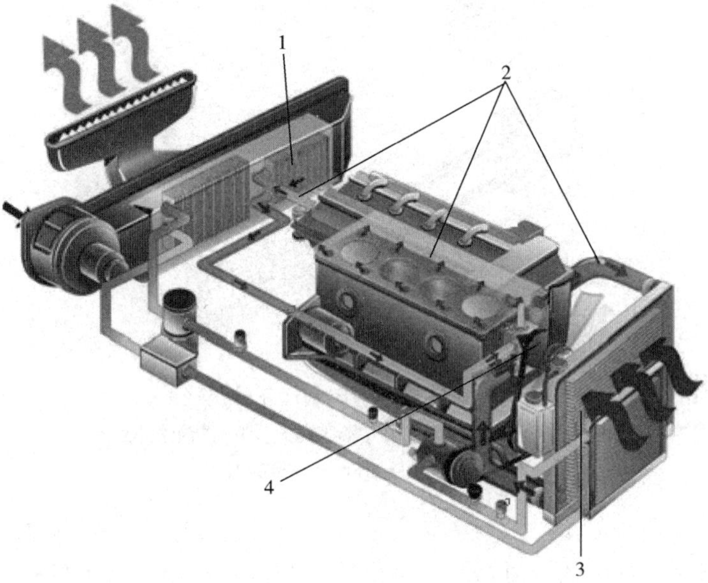

图 7 -2　汽车空调暖风系统组成

1—加热器　2—被加热的冷却液　3—散热器　4—冷却风扇

三、汽车空调的组成功能及性能评价指标

1. 汽车空调系统的组成

汽车空调系统一般由以下五个系统组成。

（1）制冷系统：车室内空气或由外部进入车室内的新鲜空气进行冷却或除湿，使车室内空气变得凉爽舒适。

（2）暖风系统：用于取暖，对车室内空气或由外部进入车室内的新鲜空气进行加热，达到取暖、除湿的目的。

（3）通风系统：使新鲜空气吸进车室内，起通风和换气作用。同时，通风除去车室内空气中的尘埃、臭味、烟气及有毒气体，使车室内空气变得清洁。

（4）控制系统：对制冷和暖风系统的温度、压力进行控制，同时对车室内空气的温度、风量、流向进行控制，完善了空调系统的正常工作。

2. 汽车空调系统的性能指标

汽车空调为满足乘员的舒适性要求，应完成四大功能：调温、调湿、通风、滤气，而衡量这些功能的指标有：

（1）温度指标。温度指标是最重要的一个环节。人感到最舒服的温度是 20 ~ 28℃，超过 28℃，人就会觉得燥热。超过 40℃，即为有害温度，会对人体健康造成损害。低于 14℃人就会觉得冷。当温度下降到 0℃时，会造成冻伤。因此，空调应用控制车内温度夏天在 25℃，冬天在 18℃，以保证驾驶人正常操作，防止发生事故，保证乘员在舒适的状况下旅行。

（2）湿度指标。湿度的指标用相对湿度来表示。因为人觉得最舒适的相对湿度在50%～70%，所以汽车空调的湿度参数要控制在此范围内。

（3）空气的清新度。由于空间小，乘员密度大，在密闭的空间内极易产生缺氧和二氧化碳浓度过高的现象。汽车发动机废气中的一氧化碳和道路上的粉尘，野外有毒的花粉都容易进入车内，造成车内空气浑浊，影响驾驶人员身体健康。这样汽车空调必须具有对车内空气过滤的功能，以保证车内空气的清新度。

四、汽车空调制冷系统的工作过程

当制冷系统工作时，压缩机从蒸发器低压回路吸入低温低压的气态制冷剂，并将其压缩成高温高压的气体，再通过高压管送到冷凝器内冷却，制冷剂被冷却成液体后，在高压的作用下流向贮液干燥器过滤和吸水，再经过膨胀阀节流降压后进入蒸发器，在蒸发器中，制冷剂不断吸收蒸发器芯子周围空气的热量气化成气体，重新被压缩机吸入进行再循环，而冷却空气不断进入车内，实现制冷。整个制冷系统的工作过程如图7－3所示。

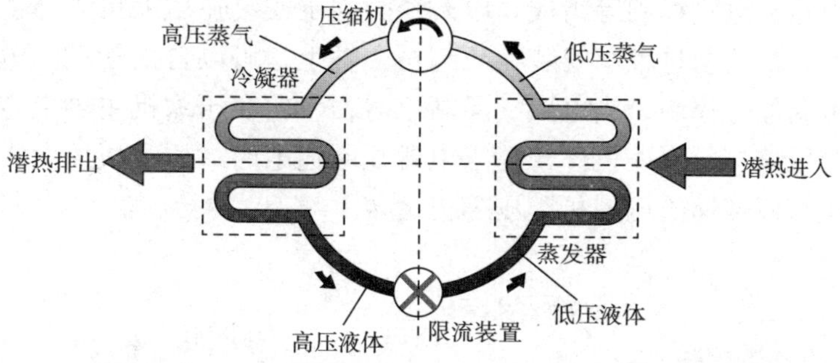

图7－3　空调制冷系统工作过程

（1）压缩机将气态制冷剂压缩成高温高压的制冷剂气体后排出压缩机。

（2）高温高压制冷剂气体经管路流入冷凝器后，在冷凝器内散热降温，冷凝成高温高压的液态制冷剂流出。

（3）高温高压液态制冷剂经管路进入贮液干燥器内，经过干燥、过滤后流进膨胀阀。

（4）高温高压液态制冷剂经膨胀阀节流，状态发生急剧变化，变成低温低压的液态制冷剂。

（5）低温低压液态制冷剂立即进入蒸发器内，在蒸发器内吸收流经蒸发器的空气热量，使空气温度降低，吹出冷风，产生制冷效果，制冷剂本身因吸收了热量而蒸发成低温低压的气态制冷剂。

（6）低温低压的气态制冷剂经管路被压缩机吸入，进行压缩，进入下一个循环，只要压缩机连续工作，制冷剂就在空调系统中连续循环，产生制冷效果；压缩机停止工作，空调系统内制冷剂随之停止流动，不产生制冷效果。

五、汽车空调控制系统及原理

为了保证汽车空调系统正常工作，满足车内舒适性条件的要求，汽车空调需要由控制系统进行一系列控制。控制系统的控制功能包括车内温度控制、发动机负荷控制和安全保护控制。

车内温度控制：控制系统送风温度、送风量和送风方向，以调节车内温度。

发动机负荷控制：非独立式空调由发动机驱动，空调的运行会影响发动机负荷的变化，进而影响汽车的行驶性能。空调控制系统应协调发动机和空调的运行。

安全保护控制：当空调系统压力过大或温度过高时，会造成空调系统的损坏，因此，控制系统应能进行安全保护控制。

1. 常用控制装置

（1）电磁离合器结构如图 7－4 所示，安装在压缩机的主轴上，其作用是接通或断开发动机的动力，使压缩机运转或停转。同时，当压缩机过载时，离合器打滑，起到一定的保护作用。电磁离合器有两种结构形式：一种是旋转线圈式，电磁线圈与带轮一起转动；另一种是固定线圈式，电磁线圈固定不动。固定线圈式应用较多。电磁离合器主要由压力板、带轮、电磁线圈等组成。电磁线圈固定安装在压缩机壳体上，压力板安装在压缩机主轴上，带轮通过轴承安装在压缩机主轴上，可以自由转动。电磁线圈的电路受压力开关和恒温器等控制，当电磁线圈断电时，带轮在压缩机主轴上空转，发动机的动力不能传递给压缩机，压缩机停转；当电磁线圈通电时，压力板压向带轮，发动机的动力经带轮、压力板传递给压缩机，压缩机运转。

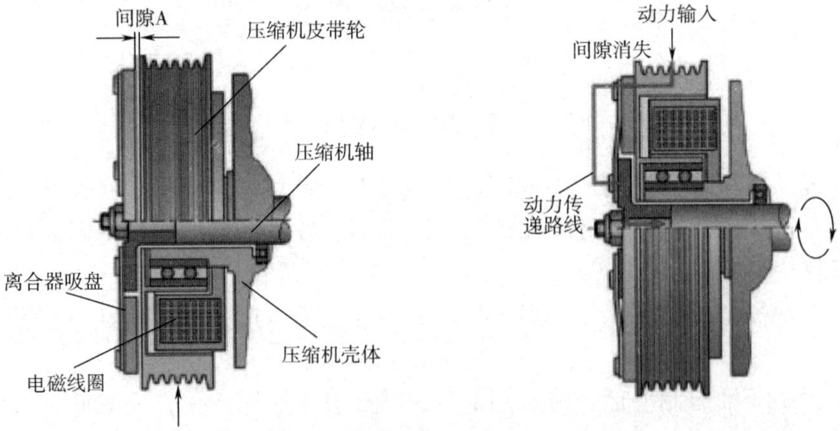

图 7－4　压缩机电磁离合器结构图

（2）恒温器的安装位置如图 7－5 所示。恒温器又称温度控制器、温控开关、热敏开关等。安装在蒸发器表面，串联在压缩机离合器的电路中，其作用是检测蒸发器表面的温度，通过控制压缩机的通断来控制蒸发器表面的温度，从而调节车内温度，防止蒸发器表面因温度过低而结霜。常用的恒温器有波纹管式和热敏电阻式两种。

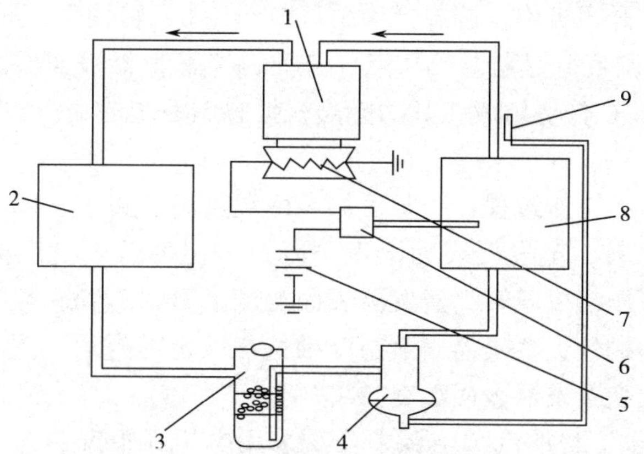

图 7-5　恒温器的安装位置

1—压缩机　2—冷凝器　3—贮液干燥器　4—膨胀阀　5—蓄电池
6—恒温器　7—压缩机离合器电磁线圈　8—蒸发器　9—毛细管温控器

1）波纹管式恒温器。波纹管式恒温器又称压力式恒温器、机械式恒温器，主要作用是控制蒸发器表面温度，防止蒸发器表面结霜而影响系统正常工作。波纹管式恒温器结构如图 7-6 所示，主要由感温系统、调温机构和触点开闭机构组成。

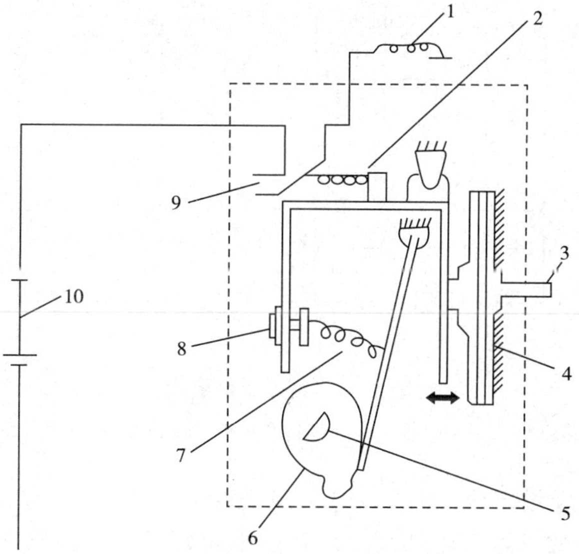

图 7-6　波纹管式恒温器结构

1—离合器电磁线圈　2—弹簧　3—毛细管　4—波纹管　5—转轴
6—调节凸轮　7—调节弹簧　8—调节螺钉　9—触点开关　10—蓄电池

感温系统是由毛细管 3 和波纹管 4 组成的一个密封腔，内部充满饱和状态的感温介质，毛细管 3 插入蒸发器表面的翅片上，检测蒸发器出风口方向的表面温度。当蒸发器表面温度变化时，波纹管 4 中感温介质的温度和压力也随之变化，使波纹管伸长或缩短，进一步控制触点开闭机构。调温机构由调节凸轮6、转轴5、调节螺钉8、调节弹簧7等组成，其功能是调节恒温器的工作点，进而调节蒸发器表面温度。触点开闭机构由触点开关9、弹簧2、杠杆等组成，其功能是根据感温系统的动作，通过触点的开闭控制压缩机的通断。

波纹管式恒温器的工作过程：当蒸发器表面温度高于设定值时，波纹管伸长，触点开关闭合，压缩机运转，蒸发器表面温度下降；当温度低于设定值时，在弹簧的作用下，触点开关断开，压缩机停转，蒸发器表面温度上升，直到触点开关再次闭合，压缩机运转。此过程不断循环，蒸发器表面温度维持在设定值附近。调节凸轮位置和调节弹簧的预紧力，可以改变蒸发器表面温度。

2）电子式恒温器。目前汽车空调中广泛采用电子式恒温器，大多采用热敏电阻来实现，其控制电路如图7－7所示，主要由温度检测电路、信号放大电路和电子开关电路组成。其中热敏电阻5、温度调整电阻4等组成温度检测电路，VT_1、VT_2组成信号放大电路，VT_3、VT_4组成电子开关电路。热敏电阻5是具有负温度系数的热敏电阻，通过小插片插在蒸发器出风口方向的翅片上，检测蒸发器表面温度。

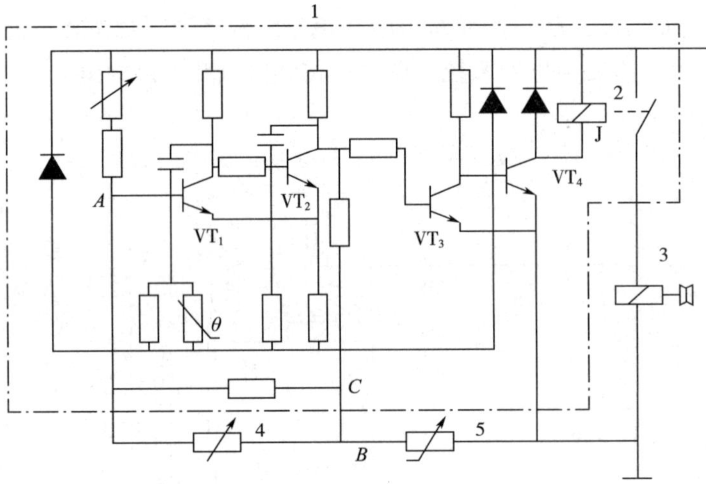

图7－7　电子式恒温器

1—电子式恒温器　2—继电器　3—压缩机离合器　4—温度调整电阻　5—热敏电阻

当温度调整电阻4设定后，*B*点的电位高低取决于热敏电阻5的大小。当车内温度高于设定温度时，热敏电阻5阻值变小，*B*点电位降低，晶体管VT_3截止，VT_4导通，继电器2线圈通电，触点闭合，接通压缩机电磁离合器电路，压缩机运转，温度下降；当温度低于设定温度时，热敏电阻阻值增大，*B*点电位升高，晶体管VT_3导通，VT_4截止，继电器2线圈断电，触点断开，切断压缩机电磁离合器电路，压缩机停转，温度上升。此过程不断循环，蒸发器表面温度维持在设定值附近。

调节温度调整电阻4可改变*A*点电位，进而改变蒸发器表面设定温度。当温度调整电阻阻值减小时，*A*点电位降低，晶体管VT_1截止，VT_2导通，*B*点电位降低，VT_3截止，VT_4导通，压缩机运转，设定温度降低；反之温度调整电阻阻值增大时，设定温度升高。

目前电子式恒温器都采用了专用集成电路模块，其电路大大简化，安装调试更加简便，可靠性提高，但其基本工作原理是相同的。

(3) 压力开关。压力开关安装在制冷剂循环管路中，检测制冷循环系统的压力，当压力异常时启动相应的保护电路，防止造成系统的损坏。常见的压力开关主要有高压开关、低压开关、双重压力开关和三重压力开关等。

1) 高压开关。汽车空调在使用中，当出现散热片堵塞、冷却风扇不转或制冷剂过量等不正常状况时，系统压力会过高，若不加控制，过高的压力会损坏系统元件。

高压开关安装在高压管路中，一般装在贮液干燥器上，串联在压缩机电磁离合器电路或冷凝器风扇电路中。当系统压力过高时，高压开关动作，切断离合器电路或接通冷却风扇高速挡电路，防止压力继续升高，避免造成系统的损坏。

高压开关有两种类型：常开型和常闭型，其结构如图 7－8 所示。常开型高压开关串联在冷凝器风扇电路中，膜片 2 上方通高压侧制冷剂，下方有弹簧 5。正常情况下，制冷剂压力低于弹簧压力，触点断开，冷凝器风扇低速运转；当制冷剂压力异常升高时，制冷剂压力大于弹簧压力，触点闭合，冷凝器风扇高速运转，加强冷却。常闭型高压开关串联在压缩机电磁离合器电路中，正常情况下，制冷剂压力低于弹簧压力，触点闭合，压缩机运转；当制冷剂压力异常升高时，制冷剂压力大于弹簧压力，触点断开，压缩机停止运转；当制冷剂压力下降到正常值时，触点闭合，压缩机恢复运转。

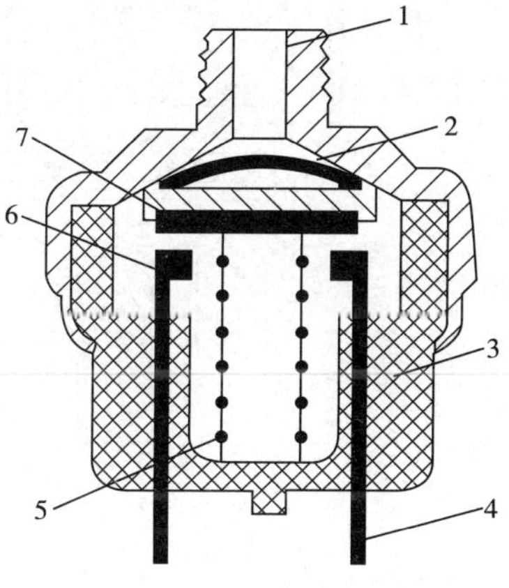

（a）常开型高压开关

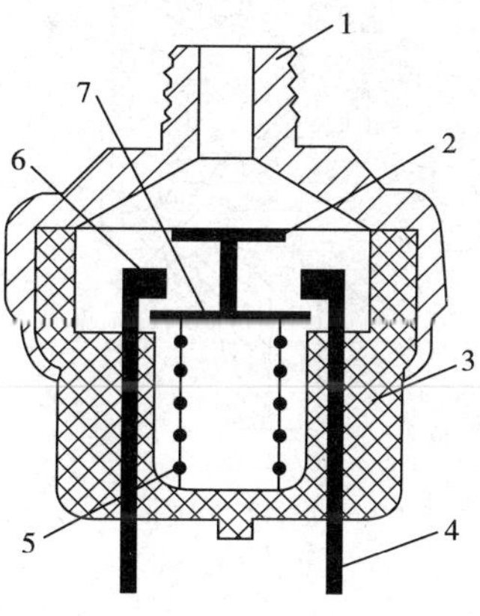

（b）常闭型高压开关

图 7－8　高压开关

1—接头　2—膜片　3—外壳　4—接线柱　5—弹簧　6—固定触点　7—活动触点

2) 低压开关。当制冷系统的制冷剂不足或泄漏时，冷冻润滑油也有可能随之泄漏，造成空调系统润滑不良，如果压缩机在缺油状态下运行，将导致严重损坏。

低压开关通常用螺纹接头直接安装在高压管路中，串联在电磁离合器电路中。其结构与常开型高压开关相似，当制冷剂压力正常时，动触点接通压缩机电磁离合器电路；当压缩机排出的制冷剂压力过低时，低压开关断开，切断电磁离合器电路，压缩机停止运行，防止损坏压缩机。

此外，当环境温度过低时，制冷剂的温度和压力也随之降低。例如：使用 R12 制冷剂的空调系统，当环境温度低于 10℃时，制冷剂压力为 0.423MPa，此时低压开关断开，压缩机停止运转，从而减少动力消耗，达到节能的目的。

3）双重压力开关。新型的空调制冷系统是把高、低压开关组合成一体，成为双重压力开关，安装在贮液干燥器上面，这样就减少了压力开关的数量和接口，从而减少了制冷剂泄漏的可能性。双重压力开关的结构如图 7－9 所示。

双重压力开关的工作原理是：当高压制冷剂的压力正常时，压力保持在 0.423 ~ 2.75MPa，金属膜片处在平衡位置，高压触头 14、15 和低压触头 1、2、6、7 都闭合，电流从 6、7 触头到高压触头 14、15 后再到 1、2 触头出来；当制冷压力下降到 0.423MPa 时，弹簧压力将大于制冷剂压力，低压触头 1、2 和 6、7 脱开，电流随即中断，压缩机停止运行；当压力大于 2.75MPa 时，制冷剂压力继续压迫金属膜片上移，将整个装置往上推到上止点，并推动顶销 12 将动高压触头 14 与静高压触头 15 分开，将离合器电路断开，压缩机停止运行；当高压端的压力小于 2.17MPa 时，金属膜片恢复正常位置，压缩机又开始运行。

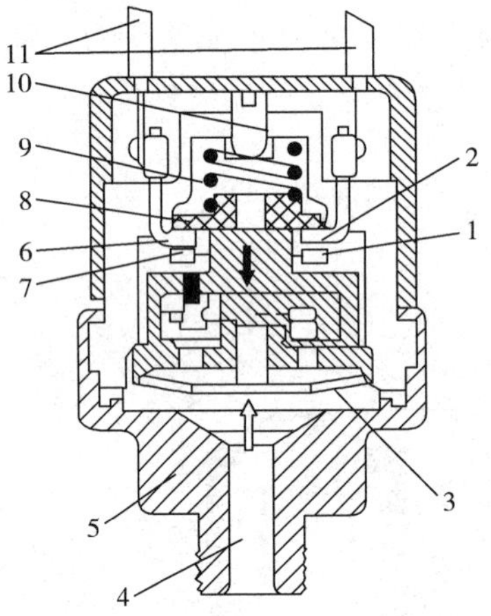

(a)制冷压力小于0.423MPa时

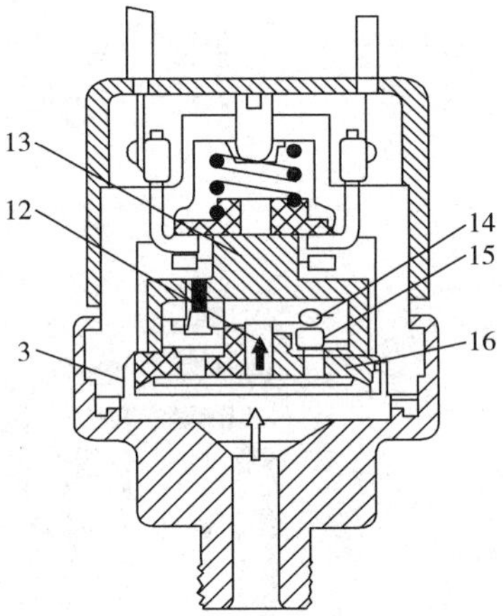

(b)制冷压力大于2.75MPa时

图 7－9　双重压力开关

1、7—动低压触头　2、6—静低压触头　3—膜片　4—制冷剂压力通道　5—开关座
8—绝缘片　9—弹簧　10—调节螺钉　11—接线柱　12—顶销　13—钢座
14—动高压触头　15—静高压触头　16—膜片座

4）三重压力开关由双重压力开关（高压开关、低压开关）和中压开关组成，结构更加紧凑。三重压力开关安装在高压管路中。如图 7－10 所示，当压力过高或过低时，双重压力开关控制压缩机停止运转；当制冷剂压力达到某一中间值时，中压开关控制接通冷凝器风扇电路。

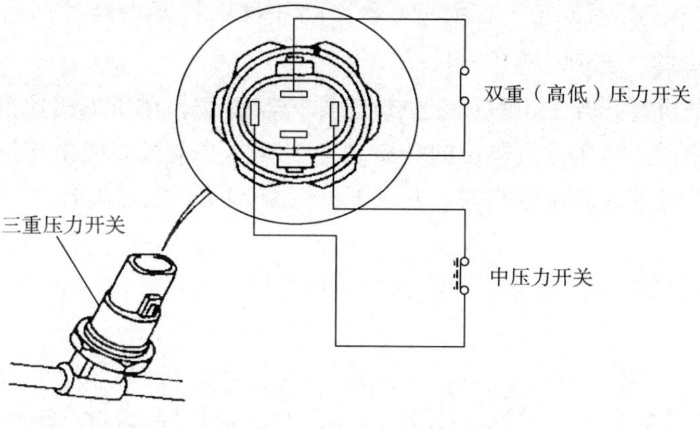

图 7 - 10　三重压力开关

（4）过热限制器。当制冷系统的制冷剂泄漏量较多时，压力下降，若压缩机继续工作，会引起过热现象。此时制冷剂的温度上升，但压力不增加，润滑油变质，进而损坏压缩机。

过热限制器安装在压缩机后盖紧靠吸气腔的位置，串联在压缩机电磁离合器电路中，其作用是检测压缩机的温度，当压缩机温度过高时，切断电磁离合器的电路，使压缩机停止运行，防止损坏压缩机。

如图 7 - 11 所示，过热限制器由过热开关 2 和熔断器 3 两部分组成。过热开关安装在压缩机后缸盖上，是一种温度开关，其结构如图 7 - 12 所示。当压缩机温度正常时，导电触点 7 和接线端子 1 断开；当压缩机过热时，过热开关内的制冷剂蒸气温度和压力也随之升高，推动膜片将导电触点 7 与接线端子 1 接通，接通熔断器电路。熔断器内部 B 和 C 之间接一个低熔点金属丝 5，S 和 C 之间接电热丝 4。正常情况下，电流经空调开关 6、熔断器低熔点金属丝 5 到压缩机离合器的电磁线圈 1；当压缩机过热时，过热开关

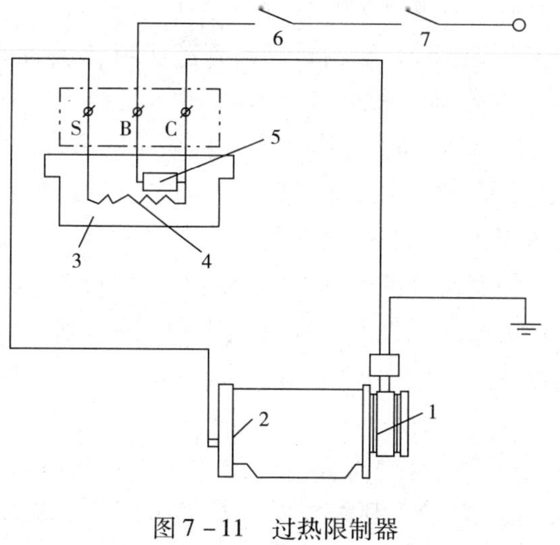

图 7 - 11　过热限制器

1—离合器的电磁线圈　2—过热开关　3—熔断器　4—电热丝
5—低熔点金属丝　6—空调开关　7—点火开关

闭合，熔断器中的电热丝通电，电热丝发热后熔化低熔点金属丝，切断压缩机离合器电路，压缩机停止运转，起到保护作用。

还有一种压缩机过热开关也称压缩机过热保护器，安装在压缩机尾部，直接串联在压缩机离合器的电路中。当压缩机排出的高压制冷剂气体温度过高或由于缺少制冷剂以及润滑不良而造成压缩机本身温度过高时，开关断开，直接断开电磁离合器，压缩机停转。

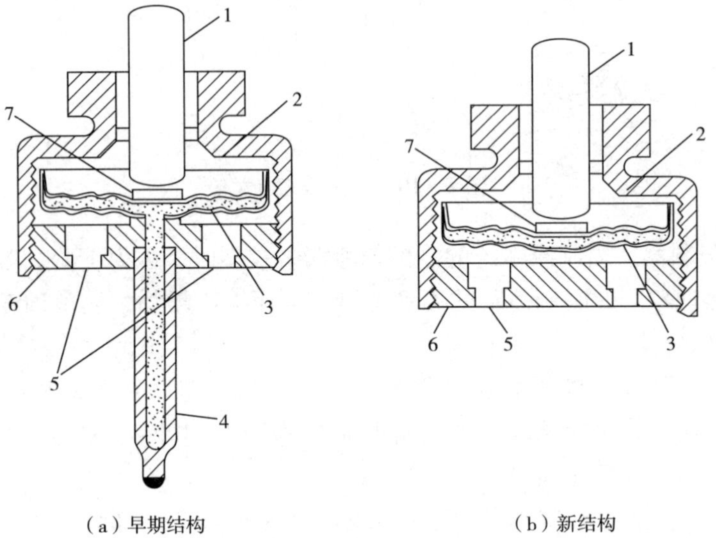

图 7-12　过热开关

1—接线端子　2—外罩　3—膜片　4—热敏管　5—基座开口
6—膜片安装基座　7—导电触点

(5) 冷却液过热开关和冷凝器过热开关。冷却液过热开关也称水温开关，安装在发动机散热器或者冷却液管路上，检测发动机冷却液温度，控制压缩机离合器，防止在发动机过热的情况下使用空调。水温开关一般为双金属片结构，当发动机冷却液温度超过规定值（如奥迪 100 为 120℃）时，触点断开，直接切断（或者触点闭合，通过空调放大器切断）电磁离合器电路使压缩机停止工作；而当发动机冷却液下降至某一规定值（如奥迪 100 为 106℃）时，触点动作，自动恢复压缩机的正常工作。

(6) 环境温度开关。当环境温度过低时，压缩机内冷冻油黏度较大，流动性较差，润滑不良，如此时启动压缩机，压缩机会加剧磨损甚至损坏。在冬季不用制冷时，要求定期开动空调制冷系统以使制冷剂能带动润滑油进行短时间的循环，以保证压缩机以及管路连接部位和阀类零件的密封元件不因缺油而干裂损坏，膨胀阀、电磁旁通阀等不因缺油而卡死失灵。这项保养工作应在环境温度高于 4℃时进行，冬季低于 4℃时最好不要启动压缩机。

环境温度开关串联在压缩机电磁离合器电路中，或直接串联在空调放大器电路中，当环境温度高于 4℃时，触点闭合，压缩机能正常工作；当环境温度低于 4℃时，触点断开，直接断开（或通过空调放大器断开）电磁离合器的电路。国产上海桑塔纳轿车的空调系统便装有这种保护开关。

（7）高压卸压阀。如果制冷剂的压力升得太高，将造成系统的损坏。高压卸压阀安装在压缩机或高压管路上，检测高压侧系统的压力，其结构如图 7－13 所示。当压力正常时，高压卸压阀保持常闭；当压力过高超出调整值时，卸压阀打开，释放制冷剂；直到压力降低到调定值，在弹簧作用下，阀又自动关闭，以保证制冷系统正常工作。

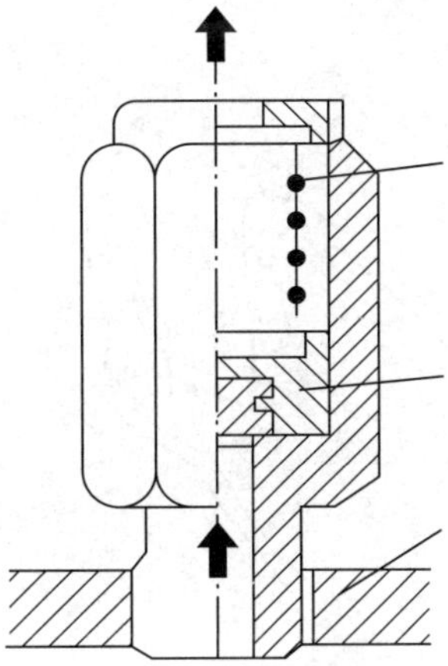

图 7－13　高压卸压阀的结构

（8）怠速控制装置。在非独立式汽车制冷系统中，压缩机由发动机驱动，压缩机的运行必然会影响发动机的性能，尤其在发动机怠速或汽车低速行驶时，若此时开启空调会引起下列不良情况：

1）增大发动机负荷，引起怠速不稳，甚至发动机熄火。

2）发动机怠速或汽车低速行驶时，自然迎风量小，冷却系统散热器的散热主要靠风扇冷却。对于冷却风扇由发动机直接驱动的汽车，低速时风压和风量不足，散热效果差。同时，由于非独立式制冷系统的冷凝器通常安装在散热器前面，进一步影响散热器散热，因此发动机容易过热，影响发动机正常工作。

3）发动机处于怠速时，发电机发出的电能严重不足，制冷系统还要消耗大量电能，增大用电负荷，影响其他用电设备的使用。

4）此时空调冷凝器散热不良，会使冷凝器的冷凝温度和冷凝压力异常升高，压缩机功耗迅速增大，引起空调系统制冷效果差，甚至会因为压力过高而造成损坏。因此，由发动机带动制冷压缩机的非独立式制冷系统，为了保证汽车的怠速性能，实现汽车运行与空调运行的统一，必须增加发动机怠速控制器。

发动机怠速控制器有两种类型：一种是怠速切断装置，发动机怠速时自动切断压缩机的离合器电路，使压缩机停转，减轻发动机负荷，稳定发动机的怠速性能；另一种是怠速提升装置，发动机怠速时，增大节气门开度或怠速旁通道开度，提高怠速，既能保证有足够的动力维持制冷系统工作，又能保证自身正常运转。怠速切断装置曾使用在低档轿车上，目前汽车空调系统已经较少使用，而普遍采用怠速提升装置。

（9）加速切断装置。汽车在加速或超车时，发动机需要输出最大功率，如果启动空调，会消耗发动机功率，降低汽车的加速性能，同时会使压缩机超速损坏。加速切断装置的作用是在汽车加速或超车时暂时切断压缩机离合器电路，提高汽车的加速性能，同时保护压缩机。加速切断装置有机械式、真空式和微机控制式三种形式。

1）机械式加速切断装置。机械式加速切断装置如图 7－14 所示，其开关由加速踏板通过连杆或钢索来控制，当加速踏板踩到其行程的 90% 时，开关断开，压缩机离合器电路断开。

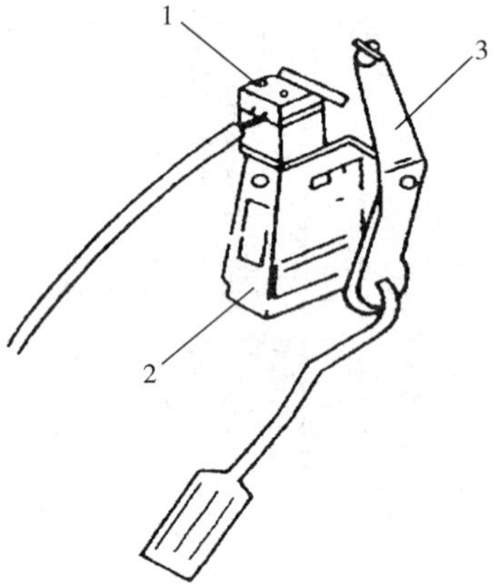

图 7－14　机械式加速切断装置

1—加速切断装置　2—加速踏板托架　3—加速踏板总成

2）真空式加速切断装置。真空式加速切断装置由发动机进气歧管真空度控制，当汽车匀速或少加速行驶时，进气歧管真空度较小，开关闭合，空调正常工作；当汽车急加速或怠速行驶时，进气歧管真空度较大，开关断开，空调停止工作。

3）微机控制式加速切断装置。高级轿车上，如日产风度轿车，车身计算机控制压缩机离合器电路。车身计算机根据节气门位置传感器和曲轴位置传感器信号感知急加速状态时，车身计算机控制断开压缩机离合器电路几秒钟，以实现加速切断控制。

2. 汽车空调系统控制电路

汽车空调系统控制电路是为了保证汽车空调系统各装置之间的相互协调工作，正确完成汽车空调系统的各种控制功能和各项操作，保护系统部件安全工作而设置的，是汽车空调系统的重要组成部分。汽车空调系统电路随着电子技术的应用，由普通机电控制、电子电路控制，逐步发展到微机智能控制，其功能、控制精度和保护措施得到了不断改进和完善。

（1）汽车空调基本电路。汽车空调系统的基本电路如图 7－15 所示。

其工作过程是：接通空调及鼓风机开关，电流从蓄电池流经空调及鼓风机开关后分为两路，一路通过调速电阻到蒸发器风扇电动机。由两个调速电阻组成的调速电路使风机运转有三个速度，当开关旋转至 H（高速）时，电流不经电阻直接到电动机，因此这时电动机转速最高。当开关在 M（中）时，电流只经一个调速电阻到鼓风电动机，因此电动机转速降低。在低位 L 时，两个电阻串入风机电路，故这时电动机的转速最低。由于汽车空调制冷系统工作时，要及时给蒸发器送风，防止其表面结冰，所以，空调系统

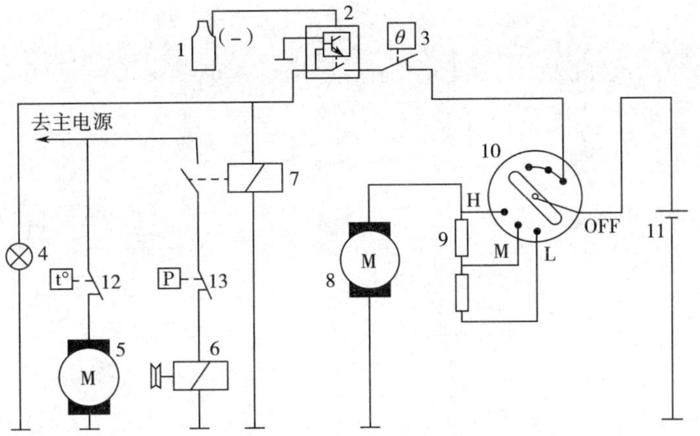

图7-15　汽车空调基本电路

1—点火线圈　2—发动机转速检测电路　3—温控器　4—空调工作指示灯　5—冷凝器风扇电动机　6—电磁离合器　7—空调继电器　8—蒸发器风扇电动机　9—调速电阻　10—空调及风机开关　11—蓄电池　12—温度开关　13—压力保护开关

电路的设计，必须保证只有在风机工作的前提下，制冷系统才可以启动，上述空调开关的结构和电路原理，也是各种空调电路所遵循的基本原则。

另一路经温控器3、发动机转速检测电路2，与空调继电器7和空调工作指示灯4构成回路。温控器3的触点在高于蒸发器设定温度时是闭合的，如果由于空调的工作使蒸发器表面温度低于设定温度时，温控器触点断开，空调继电器7断电，电磁离合器6断电，压缩机停止工作，空调工作指示灯4熄灭，这时蒸发器风扇电动机8仍可以继续工作。压缩机停止工作后，蒸发器温度上升，当高于设定温度时，温控器的触点又闭合，使压缩机再工作，使蒸发器温度控制在设定的温度范围内，保证了系统的正常工作。

为了保证空调系统更好地正作，空调系统电路还设置了发动机转速检测电路2，其作用是只有当发动机转速高于800r/min时，才能接通空调电路。在怠速和转速低于此转速时，自动切断空调继电器7回路，使空调无法启动，保证了发动机的正常怠速工况，发动机转速检测电路的转速信号取自点火线圈。

为了加强冷凝器的冷却效果，汽车空调系统都设置了专用的冷凝器冷却风扇，由电动机5驱动。它的工作受冷凝器温度开关12控制，当冷凝器表面温度高于设定值时，自动接通风扇电动机高速运转，使其强迫冷却。

注意：该电动机的工作不受空调开关控制，所以在汽车空调停止运行时，它也可能启动运转，这在检修和测试系统时要格外小心。

电路中还设置了压力保护开关13，其作用是防止系统超压工作，通常使用的是高低压组合开关，当系统压力异常时，自动切断压缩机电磁离合器，防止系统部件的损坏。

（2）温度控制空调电路。具有温度调节控制的汽车空调电路如图7-16所示，该电路中有一只制冷、取暖工作选择开关3，当它在取暖位置时，空调放大器不工作，系统只能工作在取暖或者自然通风工况。在制冷位置时，空调放大器工作，压缩机才能正常启动。

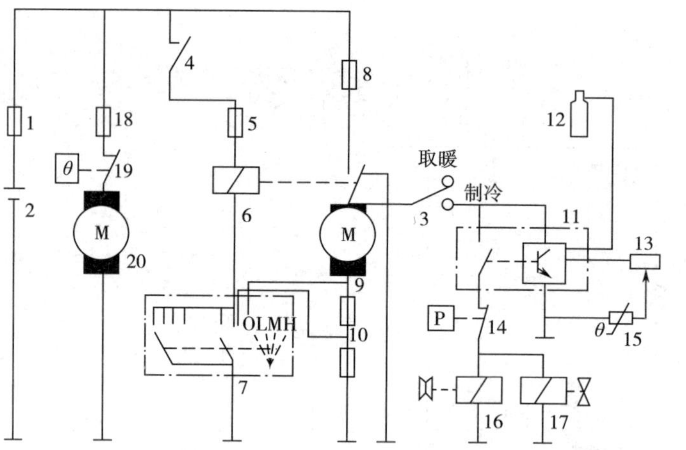

图 7－16　温度调节控制空调电路

1—总保险　2—蓄电池　3—空调选择开关　4—点火开关　5、8、18—熔断丝
6—空调继电器　7—风机调速开关　9—蒸发器风扇电动机　10—调速电阻
11—空调放大器　12—点火线圈　13—温度设定电阻　14—压力开关　15—热敏电阻
16—电磁离合器　17—怠速提高电磁阀　19—温度开关　20—冷凝器风扇电动机

该电路的空调放大器 11，设计有环境温度检测热敏电阻 15，并与温度设定电阻 13 串联，作为对温度的控制机构。当由温度调整电位器设定好所需参数（温度值）后，与串联的热敏电阻的检测值进行比较，当环境温度高于设定值时，空调放大器接通电磁离合器，使系统工作；反之，停止工作。它具有对汽车内温度进行调节和自动工作的功能。

3. 制冷剂

制冷剂是制冷系统中完成制冷循环所必需的工作介质。制冷剂的热力状态在制冷循环中是不断发生变化的，如在蒸气压缩式制冷循环中，制冷剂在蒸发器中吸收被冷却系统的热量而蒸发成为蒸气，在冷凝器中将热量传递给周围环境介质（空气、水等）而被冷却冷凝成液体。制冷机借助于制冷剂的状态变化，完成制冷循环，达到制冷的目的。

（1）对制冷剂的要求。

1）热力学方面的要求：

①在标准大气压下，制冷剂的蒸发温度要足够低。

②临界温度要高，在常温或普通低温范围内能够冷凝液化。

③在工作低温下，蒸发器中制冷剂的压力，最好接近或稍高于大气压力，以防止系统外部的空气或水分渗入系统内。

④在常温下冷凝压力不宜过高（小于 1.5MPa）。

⑤制冷剂单位容积的制冷能力应尽可能大，以便提高制冷效率，减小制冷剂的循环量。

⑥应有较高的导热系数和放热系数，以提高热交换器的工作效能，减小热交换器的

尺寸，提高传热效率。

2）物理化学方面的要求：

①制冷剂的化学稳定性要好，在高温条件下不易分解、不易燃烧，无爆炸危险。

②制冷剂的黏度和密度应小，以减小制冷剂在系统中流动时的阻力，从而减小压缩机的耗功量和缩小流通管径。

③制冷剂对金属和其他材料无腐蚀性和侵蚀作用。

④制冷剂与水有较大的亲和力，以避免导致系统冰堵现象。

⑤制冷剂易与润滑油混合，而不损害其制冷效果，并有助于压缩机件的润滑。

⑥制冷剂对机器缝隙的渗透能力应低。

3）生理学和其他方面的要求：

①制冷剂对人的生命和健康不应有危害性，即不应有毒性、窒息性及刺激作用。与食物也不应有反应。

②制冷剂应符合环境要求，尽量减少对大气臭氧层的破坏作用。制冷剂应价格低廉，容易买到。

（2）常见的汽车制冷剂。现在常见的汽车制冷剂主要有二氟一氯甲烷（$CHClF_2$，R22）和四氟乙烷（$C_2H_2F_4$，R134a）。

1）二氟一氯甲烷。R22 是较常用的中温中压制冷剂，其临界温度为 96℃，凝固点为 -160℃，标准沸点为 -40℃。在较低的温度下，R22 的饱和蒸气压力及单位容积制冷量都比氨高。在同一温度下，R22 的饱和蒸气压力比 R12 高 65% 左右，压缩终温介于 R717 和 R12，能制取的最低蒸发温度为 -80℃，所以 R22 比 R12 和 R717 更适用于低温。R22 的蒸气无色、无味、不燃烧、不爆炸，毒性比 R12 稍大，但仍属于安全的制冷剂。R22 属 HCFC 类制冷剂，在大气层中的寿命较短。R22 在大气层中易水解而随雨水回到地面，对大气臭氧层和全球温室效应影响较小，DOP 为 0.05，GWP 为 510，属于过渡性替代制冷剂。

2）四氟乙烷。R134a 是中温中压制冷剂，其物理特性（相对分子质量、沸点、汽化潜热和临界参数）与 R12 相似。R134a 传热性好，化学稳定性好，不燃烧。而且 DOP 与 GWP 值均较小，在替代 R12 制冷剂时制冷系统与设备只需要做少许改动，因此，R134a 被看作是 R12 的首选替代制冷剂。R134a 渗透性高，密封材料要求高，一般采用聚丁腈橡胶、二聚乙丙橡胶或氯丁橡胶等。现代汽车一般都使用 R134a 作为制冷剂。

4. 冷冻油（润滑油）

（1）冷冻油的作用。在压缩机中，冷冻油主要起润滑、密封、降温以及能量调节四个作用。

①润滑冷冻油在压缩机运转中起润滑作用，以减少压缩机运行摩擦和磨损程度，从而延长压缩机的使用寿命。

②密封冷冻油在压缩机中起密封作用，使压缩机内活塞与汽缸面之间、各转动的轴承之间达到密封的作用，以防止制冷剂泄漏。

③降温冷冻油在压缩机各运动部件间润滑时，可带走工作过程中所产生的热量，使

各运动部件保持较低的温度，从而提高压缩机的效率和使用的可靠性。

④对于带有能量调节机构的制冷压缩机，可利用冷冻油的油压作为能量调节机械的动力。

（2）对冷冻油的基本要求。

①冷冻油的凝固点要低。

②要有适当的黏度。如果黏度太小，在摩擦面不易形成正常的油膜厚度，会加速机械磨损，甚至发生拉毛汽缸、抱轴等故障，机械密封性能也不好，制冷剂容易泄漏；如果黏度太大，润滑和密封性能虽好，但制冷压缩机的单位制冷量消耗的功率会增大，耗电量增加。

③有较好的黏温性能和较高的闪点。制冷压缩机在工作中，汽缸等处的温度高达130～150℃，所以要求冷冻油的黏度在温度变化时其变化要小，闪点要高，不会使冷冻油在温度高的情况下碳化（在规定的条件下，加热冷冻油，冷冻油的蒸气和周围空气的混合气，一旦与火焰接触，即发生闪火现象的最低温度，称为润滑油的闪点）。

④要有良好的化学稳定性和抗氧化安定性。冷冻油在制冷系统内与制冷剂经常接触，在全封闭式的制冷压缩机内，要求能够使用10～15年。

⑤不含水及酸之类杂质，要有良好的电气绝缘性能。在半封闭和全封闭式制冷压缩机中，电动机绕组要与冷冻油经常接触，所以要求冷冻油不能破坏电动机的绝缘物并有良好的绝缘性能。

六、汽车空调检漏与加注方法

在汽车空调故障诊断与排除过程中，制冷剂的检漏与加注是常用的方法。

1. 汽车空调系统检漏

汽车空调在使用过程中，制冷剂泄漏是最为常见的故障。制冷剂泄漏容易造成环境污染，增加车辆维护的费用和时间。常见的汽车空调的检漏方法有：

（1）氮气检漏。向系统充入压力1～2MPa的氮气，把系统浸入水中，冒泡处即为渗漏点。这种方法和常用的肥皂水检漏方法实质一样，虽然成本低，但有明显的缺点，检漏用的水分容易进入系统，导致系统内的材料受到腐蚀，进行检漏时劳动强度大，使维护检修的成本上升。

（2）卤素灯检漏。点燃检漏灯，手持卤素灯上的空气管，当管口靠近系统渗漏处时，火焰颜色变为紫蓝色，即表明此处有大量泄漏。这种方式有明火产生，不但很危险，而且明火和制冷剂结合会产生有害气体。此外，也不易准确地定位漏点，所以这种办法现在很少使用。

（3）气压差检漏。利用系统内外的气压差，将压差通过传感器放大，以数字、声音或电子信号的方式表达检漏结果。此方法只能“定性”地知道系统是否渗漏，而不能准确地找到漏点，且当系统泄漏完时无法检测。

（4）电子检漏。用探头对着有可能渗漏的地方移动，当检漏装置发出警报时，即表明此处有大量的泄漏。电子检漏产品容易损坏，维护复杂，容易受到环境化学物质如汽油、废气的影响，不能准确定位漏点。

（5）荧光检漏。利用荧光检漏剂在紫外蓝光检漏灯照射下会发出明亮的黄绿光的原理，对系统中的流体渗漏进行检测。在使用时，只需将荧光剂按一定比例加入到系统中，系统运行 20min 后戴上专用眼镜，用检漏灯照射系统的外部，泄漏处将呈黄色荧光。荧光检漏的优点是定位准确，渗漏点可以直接用眼睛看到，而且使用简单，携带方便，检修成本较低，代表了汽车空调检漏的发展方向。荧光检漏技术在国外已经有 50 多年的历史，得到了通用、大众、三菱等世界主要汽车制造商的认可和应用。

2. 汽车空调制冷剂的加注方法

（1）抽真空。

1）抽真空的作用是当空调系统在维修后经过气压捡漏后就应加注适量的制冷剂，但在加注前必须将系统中的空气抽完，这项工作称为抽真空，其目的是进一步检查系统在真空下的密封性能，并为加注制冷剂作基础。

2）步骤。

①将歧管压力表各接头用干净布抹干净。

②按如图 7－17 所示的连接方式，接好真空泵。

③打开歧管压力表的高、低压阀，接通真空泵电源。

④抽真空时间在 15min 以上，使低压表在最低值，在 700Pa 以下。

⑤关闭高、低压阀门，再关闭真空泵电源。观察低压表表针在 10min 内不得有回升（真空检漏）。

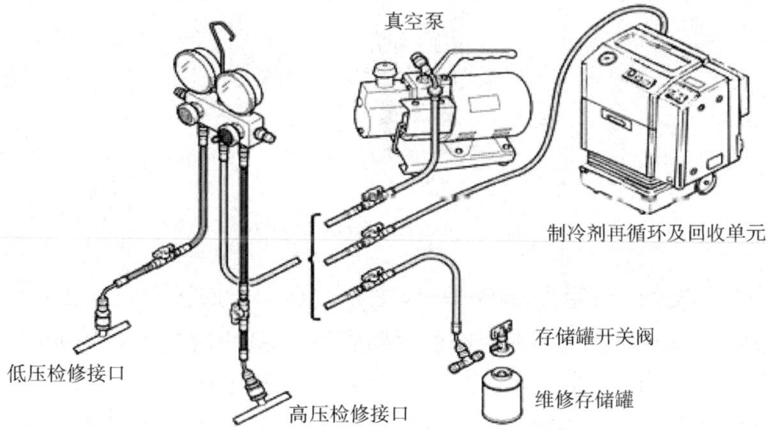

图 7－17 使用压力表组回收及加注制冷剂时的设备连接

（2）检漏。检查系统泄漏一般是在加注制冷剂前的系统查漏和加注制冷剂后的系统查漏。

1）加注制冷剂前的查漏。

①正压力试漏。打开高、低压手动阀，向系统中充入氮气或干燥的压缩空气（压力在 1.5MPa 左右）。在系统中的各接头、接口处用洗衣粉泡沫试漏。

②利用制冷剂试漏。按图 7－18 所示接管方法，向系统充入制冷剂，使系统中压力

达到0.4MPa时，用检漏灯测试。重点在维修过的部位、管路接口、压缩机轴封、维修阀、安全阀和冷凝器、蒸发器、膨胀阀、干燥瓶等处。

③真空检漏。利用真空泵和歧管压力表将系统中的空气抽出来，使低压表在最低读数，观察表读数有无回升。

2）加注制冷剂后的检漏。

①用肥皂水泡沫检查，系统各接口处、压缩机外壳、维修阀、安全阀及能测试到的部件。

②用检漏灯进行全面的检测。

注意：用检漏灯时，要用明火，有点燃气体的危险。

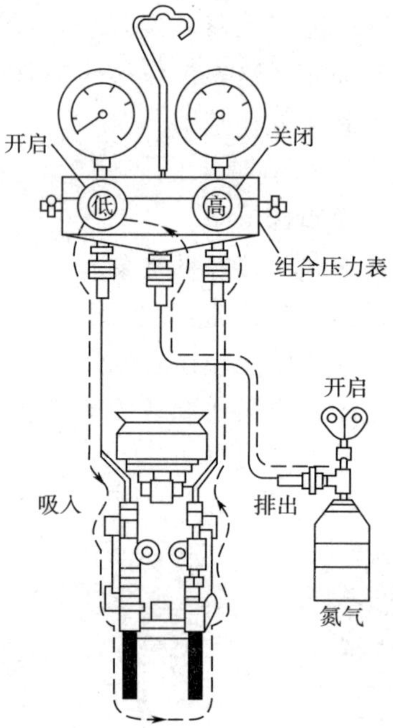

图7-18　接好歧管压力表

③制冷剂虽无毒，但与明火接触会产生有毒气体，如吸入会对人体有伤害。

（3）加注制冷剂。当空调系统经检测系统没有泄漏的情况下，先进行抽真空，加注冷冻机油后进行制冷剂的加注。充注制冷剂的方法一般有两种：

1）充入液态制冷剂（适合于给新系统充注制冷剂）。当系统里抽真空之后，关闭歧管压力表的高低压两侧手动阀。将中间软管（维修管）的一端与制冷剂罐（瓶）注入阀的接头连接起来，如图7-19（a）所示，打开制冷剂罐（瓶）启开阀，再拧松歧管压力表软管一侧端，让气体溢出几分钟（以驱赶尽软管内空气为止）后再拧紧。拧开高压侧手动阀，使制冷罐（瓶）倒立起来，以便从高压侧注入液态制冷剂。从高压侧注入液态制冷剂规定的注入量。

注意：从高压侧向系统注入制冷剂时，千万不能启动发动机，而且充注时不能拧开低压手动阀。否则，可能在空调压缩机内部产生“液击”现象，导致压缩机损坏。

2）充入气态制冷剂（适合系统补充充注制冷剂）。

通过歧管压力表的低压侧向制冷系统注入气态制冷剂，其程序为：

①按图 7－19（b）所示把歧管压力表与压缩机和制冷剂罐（瓶）连接好。

②打开竖立的制冷剂罐（瓶），拧松中间注入软管在歧管压力表侧的螺母，直听到制冷剂蒸气有流动的声音，然后拧紧螺母。

③打开低压侧手动阀，让制冷剂进入系统。当系统压力值达到 0.42MPa（约 4.2kgf/cm^2）时，关闭低压侧手动阀。

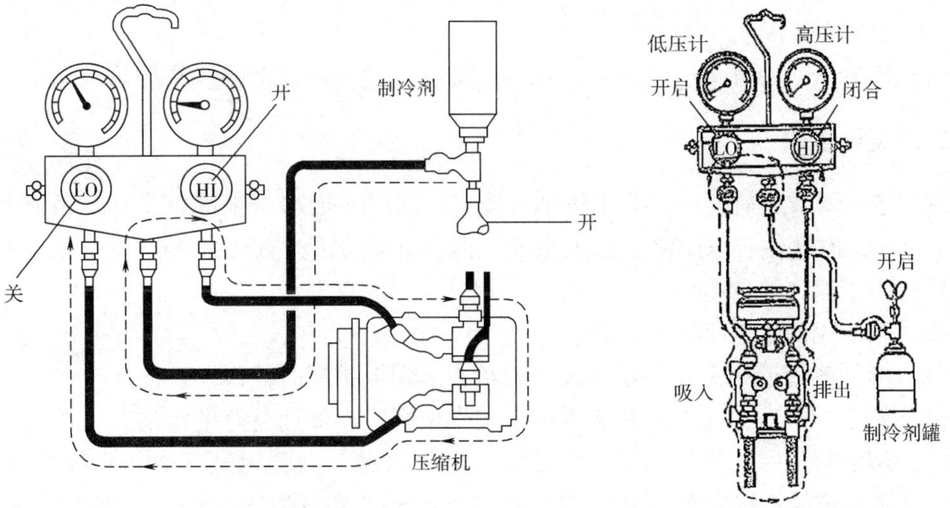

（a）充注液态制冷剂　　（b）充注气态制冷剂

图 7－19　充注制冷剂

④启动发动机，将开关设定在“内循环”状态，发动机在 1500r/min 下运转；把风机开关置 HI（高速挡）和温度开关置 MAX（最冷挡）。

⑤再打开低压手动阀，让制冷剂继续进入制冷系统，直到注入量达到规定值。对于 R134a 空调系统，在正常的状态时歧管压力表读数为：低压侧 0.15～0.25MPa，高压侧 1.37～1.57MPa。对于 R12 空调系统，在正常的状态时歧管压力表读数为：低压侧 0.147～0.196MPa，高压侧 1.422～1.47MPa。

⑥在向系统中注入制冷剂后，从观察窗中观察有无气泡，等到没有气泡了方可关上低压手动阀，拆去歧管压力表。

⑦最后一次对各接头、管路等检漏。

⑧清洁工具、仪器、场地。

3）注意事项。

①加注场地必须在通风良好的地方。

②附近不能有明火。

③钢瓶不能撞击，不能长时间放在阳光下。

任务实施

一、实施环境

（1）汽车实训基地。

（2）汽车空调试验台1台。

（3）万用表、呆扳手1套、一字及十字螺钉旋具各1套、真空泵1台、歧管压力计1个、荧光检漏仪1台。

（4）细砂纸、冷冻油、制冷剂、棉纱、油盆、清洗剂及毛刷工具等若干。

二、实施步骤

在拆卸空调系统前，一定要先将系统排空。同时，拆卸下来的每个部件及其相连接的管道口应急时塞住，以防潮气进入系统。拆卸时应按下述方法进行：

（1）拆下蓄电池的搭铁线，或关闭车辆总电源的总开关。

（2）用专用的仪器排除制冷剂。

（3）拆卸各管道接头，一定要在两管接头上用扳手同时操作。

（4）管子拆下后，应立即在各管道上堵上堵塞，以保证管路的清洁。

（5）清洁管道时，不能用水或压缩空气清洗内部，而要用氮气或制冷剂进行清洗。非独立空调系统的检修主要包括压缩机检修、冷凝器和蒸发器检修、贮液干燥器检修、膨胀阀检修等。

1. 压缩机检修

（1）压缩机拆卸。

压缩机拆卸要求：

1）拆卸时首先要清楚压缩机结构，拆下零件应按部件分类摆放，以免损伤弄乱。

2）压出或打出轴套和销子时应先辨别方向，然后再操作，一般要用木槌敲打，以免损伤零件表面。

3）拆卸零件时不要用力过猛，以免损伤零件。

4）拆卸形状和尺寸相同的零件时，需做好记号，以防装错。

5）拆卸的零件用冷冻油清洗，清洗时要用毛刷，不能用碎布纱头擦洗零件，以防赃物进入。

压缩机拆卸方法：

1）拆除电磁离合器连接导线。

2）从制冷系统内排出制冷剂。

3）从压缩机吸排气口拆下软管，并在压缩机吸排气口加盖，以免灰尘和水汽进入系统内。

4）拆除压缩机驱动带。

5）从制冷系统托架上拆卸压缩机固定螺钉和压缩机，再将压缩机装在一个支架上，支架夹在台虎钳上。

6）排出压缩机内的冷冻油，用量筒测量出油量，并检查冷冻油是否变色，油内是否混有杂质。

（2）电磁离合器的拆卸和修理。

电磁离合器的拆卸：

1）使用Y形爪具的三个定位销插进离合器盘上的三个孔，固定离合器的驱动盘，用套筒扳手拆下主轴上的六角锁紧螺母。

2）六角锁紧螺母拆除后，用专用拉器拆下压板，并用卡簧钳拆卸内卡簧。

3）用拉拔工具拆卸离合器驱动盘，将压缩机带轮和轴承拔出。

4）拆下键和垫片。垫片是用来调整驱动盘和摩擦板之间的间隙的，安装时用它来调整到规定的间隙。

5）用旋具拆下电磁线圈安装螺钉，卸下电磁线圈。

电磁离合器的修理：

1）检查离合器从动盘的摩擦表面，看是否由于过热和打滑而引起刮痕，以及是否翘曲变形，若从动盘有刮痕损伤或变形，就要更换带轮总成。另外摩擦表面上的油物和赃物用清洁剂洗净。

2）检查离合器轴承有无松动或损坏，损坏的轴承必须更换，并装上同规格的新轴承。

3）用万用表检查电磁离合器线圈有无短路或断路故障，若发生短路或断路，则须更换线圈。

4）检查完的电磁离合器，按拆卸时的相反步骤装配。

（3）压缩机轴封的拆卸和修理。

压缩机轴封的拆卸：

1）拆下离合器总成。

2）使用卡环钳，取下密封座卡环。

3）使用密封拆卸工具，伸入到密封座位置，然后锁紧密封座的内周面，向外拉出密封座。

4）用钩子取出密封件的O形密封圈。

压缩机轴封的修理和安装：

1）检查轴封摩擦表面是否良好以及石墨环是否磨损，拆下的轴封不能再用，必须更换新的轴封。

2）用清洁的冷冻油清洗压缩机密封部位。

3）用清洁的冷冻油涂抹U形密封圈，并将其装入密封沟槽内。

4）用清洁冷冻油涂抹密封座，并将其细心地压入安装孔内。

5）安装卡环和油封盖。

6）重新装上离合器。

压缩机内部零件的拆卸：

1）将压缩机从发动机上拆下并安装在专用夹具上。

2）取下离合器压板、带轮、离合器线圈及轴封等。

3）从放油孔放出压缩机内的冷冻油，并用量筒测量出油量。

4）用内六角扳手松开端盖上所有的螺栓，然后取下螺栓。

5）用木槌轻轻敲击端盖凸缘，使它从压缩机分开。当压缩机的前后端盖打开后，就可以容易地抽出其活塞等部件。

6）取下汽缸垫、O 形密封圈、簧片阀板。

7）取下内部零件的活塞组件和轴承等。

压缩机内部零件的修理和安装：

1）检查压缩机活塞和汽缸，若活塞和汽缸有拉毛现象，则须更换压缩机。

2）检查压缩机轴承，若有损坏则须更换。

3）检查压缩机阀片和阀板。阀板可以用油石打磨平整，阀片、缸垫和 O 形密封圈损坏则须更换。

4）装配时所有的零部件都要清洗干净，以保障油路畅通，并在各摩擦部位涂抹冷冻油。

5）所有的结合面须清洁干净并在垫片上涂上冷冻油，均匀地压紧螺栓，装上前后盖板。

6）用手转动压缩机运转是否顺利。

（4）压缩机维修后的性能检查。

1）压缩机内部的泄漏检查。在压缩机吸排气检修阀上装上歧管压力计，并关闭手动高低压阀，再用手转动压缩机主轴，每秒转一圈，共转十圈。这时打开手动高压阀，高压表的压力大于 0.345MPa 或更大，若压力小于 0.310MPa，则说明压缩机内部有泄漏，须重新修理或更换阀片、阀板和缸垫。

2）压缩机外部泄露检查。从压缩机吸入端注入少量的制冷剂，然后用手转动其主轴，用检漏仪检查轴封、端盖、吸排气阀口等处有无泄露，若有泄露须拆卸重新修理，若无泄漏，就可以装回发动机。

2. 贮液干燥器的检修

贮液干燥器主要用来贮存多余的制冷剂、吸附系统内的水分、过滤系统内的杂质或赃物，保证系统正常工作。如果贮液干燥器吸附水分达到饱和状态和滤网被脏物堵塞，必须更换，其操作过程如下：

1）排除系统内的制冷剂。

2）拆下贮液干燥器，为防止潮气进入系统内，应用堵头塞住干燥滤清器两端的连接管。

3）更换新的干燥滤清器，并向压缩机内添加 10 ~ 20mL 的冷冻油。

4）对制冷系统检漏、抽真空、充注制冷剂。

3. 膨胀阀的修理过程

1）排除系统内的制冷剂，卸下膨胀阀，并同时更换贮液干燥器。

2）拧下调整螺母，并记住转动的圈数，因重新装配时，要转同样的圈数，才能保证制冷剂在蒸发器上的过热度。

3）拆下弹簧、阀座、阀门和推杆，并检查其是否损坏。

4）取出膨胀阀进口的过滤网，并清除其脏物。

5）用冷冻油清洗所有的零部件并吹干净。

6）按与拆卸相反的顺序装配好膨胀阀。

4．冷凝器的检修

（1）冷凝器检查。

1）用检漏仪检查冷凝器泄露情况。

2）检查冷凝器管内的赃物或管外弯曲情况。若发现压缩机排气压力过高，不正常制冷，管外有结霜、结露现象，说明管内脏物或管外弯堵。

3）冷凝器管外及翅片外表面有污垢、残渣等，将造成散热不良。

（2）冷凝器拆卸。

1）慢慢地从系统中排出制冷剂。

2）将制冷剂管从冷凝器的进出口螺纹接头上拆卸下来。

3）拆卸冷凝器，拧下连接螺栓，取出衬垫。

（3）冷凝器维修。

1）冷凝器由于碰撞或振动而破坏，应拆卸冷凝器进行焊接修补，无法修理时，更换同规格的冷凝器，并向压缩机补充 40 ~ 50mL 的冷冻油。

2）冷凝器散热翅片若歪曲变形，可用镊子校正铝散热翅片。

3）冷凝器内脏堵，应拆开冷凝器出口和进口接头，用高压氮气吹洗，冲出脏物。

4）冷凝器表面积灰，通风受阻，可用软毛刷轻刷表面或用吸尘器吸除灰尘。

5）冷凝器管接头处泄漏，应更换管接头，并重新进行检漏试压。

6）若是冷凝器鼓风机故障，可不必拆卸冷凝器，只需修理鼓风机。

5．蒸发器检修

（1）蒸发器检查。

1）蒸发器是否损坏。

2）用检漏仪检查其是否泄漏。

3）观察排泄管路是否洁净、畅通。

4）观察蒸发器外表面是否有积垢。

（2）蒸发器拆卸。

1）拆下蓄电池的连接线。

2）慢慢地从系统中放出制冷剂。

3）将制冷软管分别从蒸发器的进口和出口螺纹接头上卸下来，并立即盖住开口部位。

（3）蒸发器维修。

1）清除蒸发器外表面积垢、异物。

2）若蒸发器管有泄漏，应进行焊补，若无法焊补应更换蒸发器总成，并向压缩机补充 40 ~ 50mL 的冷冻油。

3）清洁排泄管路，并清除积聚在板底的水分。

4）若是蒸发器鼓风机故障，应修理鼓风机。

任务工单

任务 7－1　　　　汽车空调系统的检修

<table>
<tr><td>班级</td><td></td><td>姓名</td><td></td><td>学号</td><td></td></tr>
<tr><td>地点</td><td colspan="3"></td><td>等级</td><td></td></tr>
<tr><td>任务目的</td><td colspan="5"></td></tr>
<tr><td>任务过程</td><td colspan="5">1. 填写零部件识别表
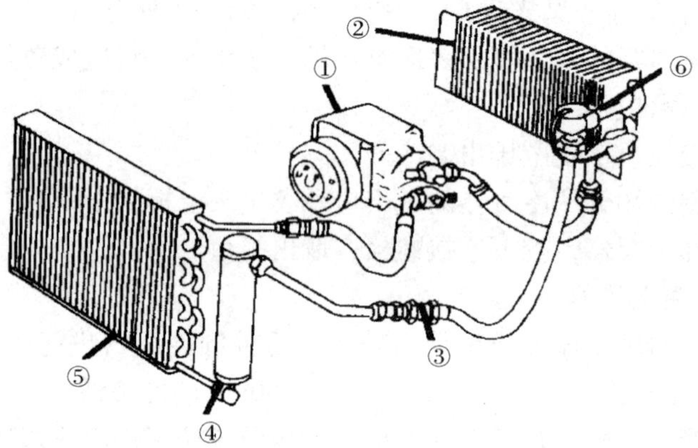
①名称和作用：
②名称和作用：
③名称和作用：
④名称和作用：
⑤名称和作用：
⑥名称和作用：
2. 画出汽车空调制冷的循环图。

3. 说明空调制冷剂加注的步骤。

4. 写出汽车空调常见故障及检查步骤。</td></tr>
<tr><td rowspan="9">考核评价</td><td colspan="2">考评项目</td><td>分值</td><td>教师考核</td><td>备注</td></tr>
<tr><td rowspan="3">素质考评</td><td>团队协作</td><td>10 分</td><td></td><td></td></tr>
<tr><td>语言表达</td><td>10 分</td><td></td><td></td></tr>
<tr><td>实训纪律</td><td>10 分</td><td></td><td></td></tr>
<tr><td rowspan="4">过程考评</td><td>工具使用</td><td>10 分</td><td></td><td></td></tr>
<tr><td>任务实施</td><td>30 分</td><td></td><td></td></tr>
<tr><td>完成情况</td><td>20 分</td><td></td><td></td></tr>
<tr><td>工位整理</td><td>10 分</td><td></td><td></td></tr>
<tr><td>合计</td><td colspan="4"></td></tr>
</table>

任务二　汽车安全气囊系统的检修

任务描述

汽车的安全性分为主动安全和被动安全两种，主动安全是指汽车防止发生事故的能力，被动安全是指在万一发生事故的情况下，汽车保护乘员的能力。当汽车发生事故时，对乘员的伤害是在瞬间发生的。例如，以50km/h的车速进行正面撞车时，其发生时间只有0.1s左右。为了在这样短暂的时间中防止对乘员的伤害，必须设置安全装备，目前主要有安全带、防撞式车身和安全气囊防护系统等。

任务分析

实验和实践证明，汽车装用安全气囊系统后，汽车发生正面碰撞事故对驾驶人和乘员的伤害程度大大减小。本任务通过对安全气囊系统故障的诊断、拆卸、检修、安装调整过程的实施与学习，使学生在掌握结构和工作原理等理论知识的同时，能够独立完成安全气囊系统各部件的拆装、维护及检修。

知识链接

一、安全气囊系统的功用

汽车安全气囊系统（supplemental restraint system，SRS）是轿车上的一种辅助保护系统，与座椅安全带配合使用，可以为乘员提供十分有效的防撞保护。

当汽车时速超过30km/h发生前碰撞事故时，控制系统检测到冲击力超过设定值时，安全气囊立即接通充气元件中的电雷管引爆火药粉和气体发生剂，产生大量气体，气囊迅速膨胀，在驾驶人、乘员与车内构件之间迅速铺垫一个气垫，利用气囊排气节流的阻尼作用来吸收人体惯性力产生的动能，从而减轻人体遭受伤害程度。

安全气囊系统有下列几种形式：安装在转向盘内的驾驶人安全气囊；安装在仪表板内的副驾驶席安全气囊；安装在车门上的侧面安全气囊；安装在前排椅背上的后排座椅安全气囊，它们分别用来在汽车碰撞时保护驾驶人、副驾驶人及乘客。

二、安全气囊系统的工作原理

当汽车发生正面碰撞事故时，安全气囊控制系统检测到冲击力（减速度）超过设定值时，安全气囊电脑立即接通充气元件中的电爆管电路，点燃电爆管内的点火介质，火焰引燃点火药粉和气体发生剂，产生大量气体，在0.03s的时间内即将气囊充气，使气囊急剧膨胀，冲破转向盘上装饰盖板鼓向驾驶人和乘员，使驾驶人和乘员的头部和胸部压在充满气体的气囊上，缓冲对驾驶人和乘员的冲击，随后又将气囊中的气体放出，如图 7－20、图 7－21 所示。

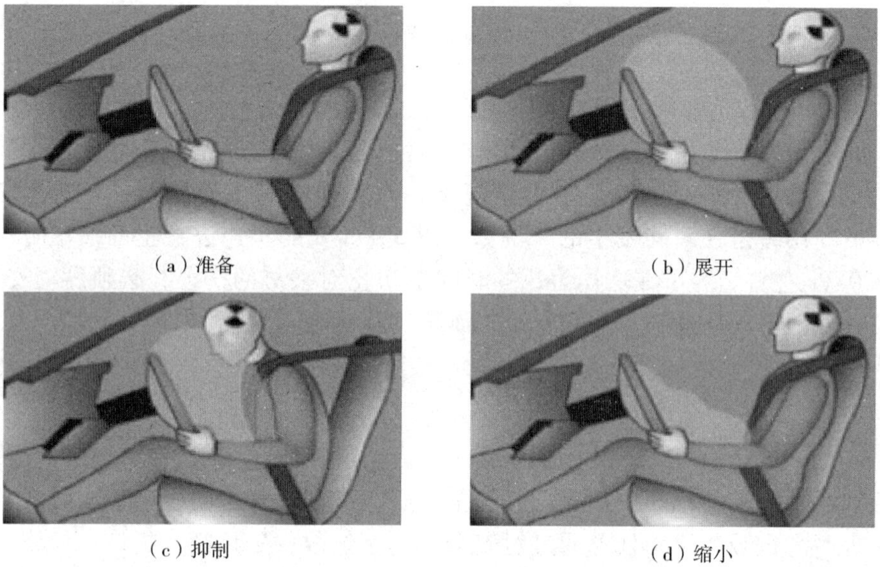

图 7－20　安全气囊示意图

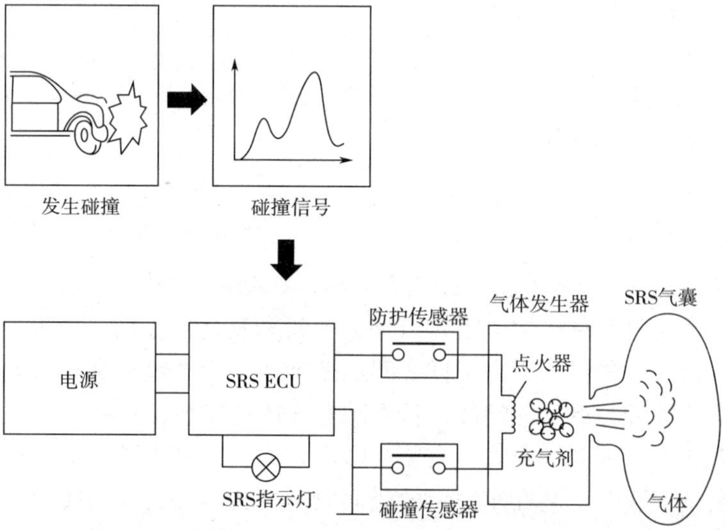

图 7－21　安全气囊系统工作框图

三、安全气囊系统的组成

安全气囊系统主要由碰撞传感器、控制单元 ECU、SRS 指示灯和气囊组件等主要部件组成，如图 7 - 22 所示。

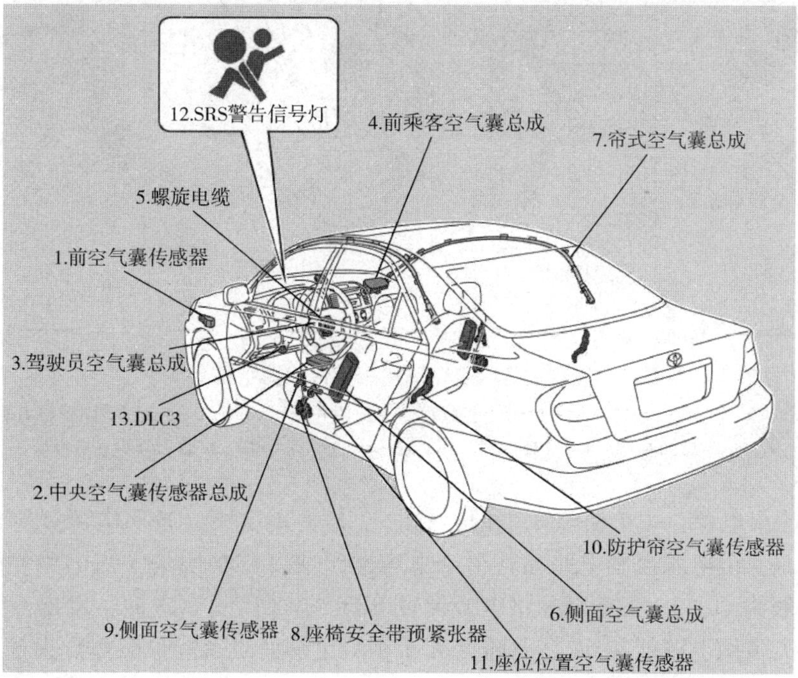

图 7 - 22　安全气囊系统组件位置

1. 碰撞传感器

碰撞传感器是安全气囊系统中主要的控制信号输入装置，其作用是在汽车发生碰撞时，由碰撞传感器检测汽车碰撞的强度信号，并将信号输入给 ECU，ECU 根据碰撞传感器的信号判断是否引爆充气元件给气囊充气。

安全气囊系统一般装有 2 ~ 4 个碰撞传感器。前左、右挡泥板各装一个，有的前面保险杠中间还装有一个，有的车内还装有一个。碰撞传感器现大多数采用惯性式机械开关结构。如图 7 - 23 所示为偏心锤式碰撞传感器结构。碰撞传感器在正常情况下，偏心转子和偏心重块在弹簧张力作用下，顶靠在与外壳固结的止动块上，活动触点与固定触点不接触；当汽车在传感器控制的方向受到碰撞，且冲击力超过传感器的设定值时，偏心块在惯性力作用下带动偏心转子克服弹簧张力而转动，使其上的活动触点与固定触点闭合，从而向 ECU 发出信号，以驱动充气元件。

2. 控制单元 ECU

ECU 是安全气囊系统的控制中心，其功用是接收碰撞传感器及其他各传感器输入的信号，判断是否点火引爆气囊充气，并对系统故障进行自诊断。

安全气囊电脑还要对控制组件中关键部件的电路（如传感器电路、备用电源电路、点火电路、SRS 指示灯及其驱动电路）不断进行诊断测试，并通过 SRS 指示灯和存储在存储器中的故障码来显示测试结果。仪表盘上的 SRS 指示灯可直接向驾驶人提供安全气囊系统的状态信息。

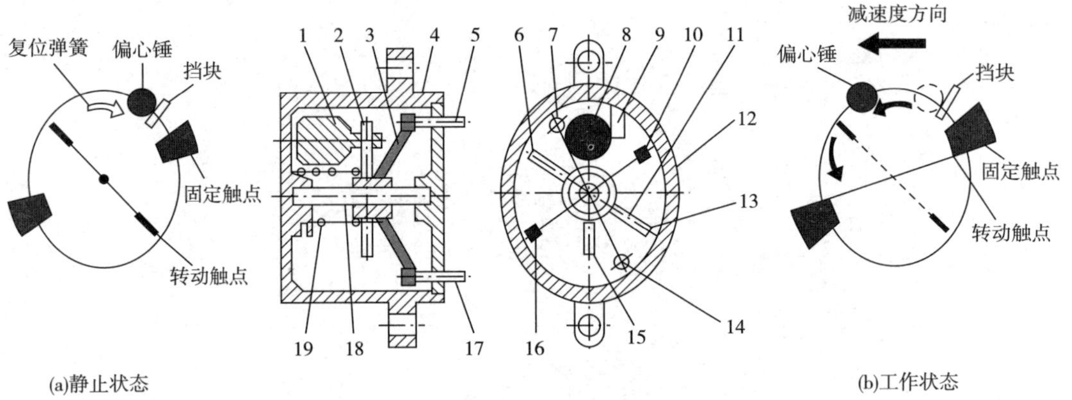

图7-23 偏心锤式碰撞传感器结构

1、8—偏心锤 2、15—锤臂 3、11—转动触点臂 4、12—壳体 5、7、14、17—固定触点引线端子 6、13—转动触点 9—挡块 10、16—固定触点 18—传感器轴 19—复位弹簧

SRS有两个电源：一个是汽车电源；另一个是备用电源。备用电源又称后备电源或紧急备用电源，由电源控制电路和若干个电容器组成，其功用是：当电路切断后，在一定时间（一般为6s）内维持SRS供电，保证SRS的ECU测出碰撞、发出点火指令等正常功能。点火备用电源能在6s之内向点火器供给足够的点火能量引爆点火剂。时间超过6s之后，备用电源供电能力降低。

3. 气囊组件

驾驶人气囊组件的结构如图7-24所示，主要由气囊、气体发生器和安装在气体发生器内部的点火器组成。

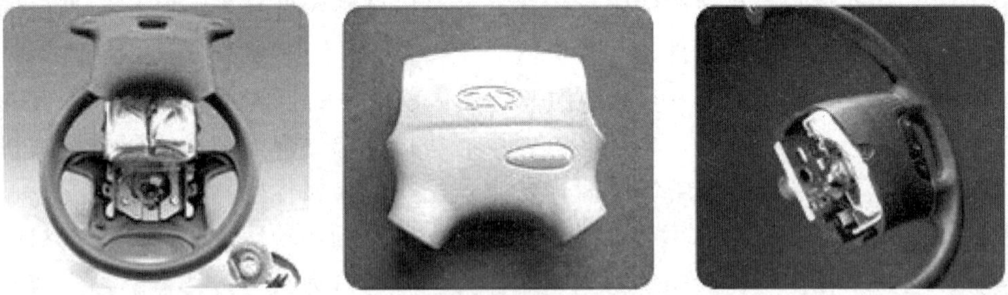

图7-24 气囊组件

（1）气囊。用尼龙制成，内层涂有聚氯丁二烯，用以密闭气体。橡胶涂层起密封和引燃作用；气囊背面有两个泄气孔；乘客侧气囊没有涂层，靠尼龙布本身的孔隙泄气。

（2）气体发生器。用于在点火器引爆点火剂时，产生气体向气囊充气，使气囊膨开。气体发生器用专用螺栓和专用螺母固定在气囊支架上，装配时只能用专用工具进行装配。

（3）点火器。爆炸产生热量，使充气剂受热分解释放氮气充入气囊。

4. SRS 指示灯

SRS 指示灯又称 SRS 警告灯。SRS 指示灯安装在驾驶室仪表盘的下面，如图 7－25 所示。

图 7－25　SRS 指示灯

SRS 指示灯的功用是指示安全气囊系统功能是否处于正常状态。当点火开关接通“ON”或“ACC”位置后，如果 SRS 指示灯发亮或闪亮约 6s 后自动熄灭，表示安全气囊系统功能正常。

如果 SRS 指示灯不亮、一直发亮或在汽车行驶途中突然发亮或闪亮，表示自诊断系统发现安全气囊系统有故障，应及时排除。

自诊断系统在控制 SRS 指示灯发亮或闪亮的同时，还会将所发现的故障编成代码存储在存储器中。检查或排除安全气囊系统故障时，首先应用专用检测仪器或通过特定方式从诊断插座或通信接口调出故障码（通常称为故障码），以便快速查寻与排除故障。实践证明，在汽车遭受碰撞，气囊已经膨开后，故障码一般难以调出。如此设计的目的是要求在 SRS 气囊引爆后，必须更换 SRS 电脑。

四、安全气囊系统检修注意事项

安全气囊内有火药及电雷管等易爆品，故在维修操作时必须按正确顺序进行。否则，可能会使安全气囊系统在维修中发生意外，从而导致严重事故，或在需要安全气囊充气起保护作用时却不起作用。因此，检修时应注意以下几点：

（1）气囊系统只能工作一次，发生事故被引爆后的气囊必须更换，为安全起见，气囊系统的所有元件也需更换。气囊系统经 10 年后必须送维修厂更换，更换日期一般贴在工具箱的标签上或在遮阳镜的下面。

（2）故障码是安全气囊系统故障诊断的重要信息源，在系统故障诊断时应首先读取故障码，然后再脱开蓄电池。检修操作前，务必将点火开关转到 LOCK（关）位置，并在蓄电池负极端子拆下电缆 90s 以后方可开始工作。因为安全气囊系统有备用电源，如果在拆下蓄电池负极端子不到 90s 开始维修工作，它可能会被引爆。若点火开关在 ON（开）或 ACC（接通）位置检修，则会出现故障码。

（3）若车辆发生轻微碰撞，SRS 没有触发，也应检查转向盘衬垫、前座乘客安全气囊总成、座位安全带收紧器和安全气囊传感器。

（4）若碰撞车辆的SRS系统已经触发，除需更换已经引爆的气囊与安全带预紧装置外，还必须同时更换全部碰撞传感器和中央气囊传感器总成，并检查线束与插头状况。不允许拆卸和修理被更换下的碰撞传感器、中央气囊传感器总成、转向盘衬垫、前座乘客安全气囊总成或座位安全带收紧器以供重新使用。

不可用其他车辆的SRS零件，只能使用原厂所设计的零件，包括接线。不允许乱拉线或随意换线，以免影响安全气囊的可靠性。凡需要更换零件时，应装用新零件。

（5）如发现碰撞传感器、SRS电脑或转向盘衬垫、前座乘员安全气囊总成或座位安全带收紧件等系统部件在外壳、托架或插接器有裂纹、凹陷或其他缺陷，应换装新品。在修理过程中，如果会对传感器产生冲击作用，则在修理前应先拆下安全气囊传感器，严禁机械撞击传感器和安全气囊。

（6）不要让碰撞传感器、SRS电脑、转向盘衬垫、前座乘员安全气囊总成或座位安全带收紧器直接暴露在热空气中或接近火源。在使用喷灯或焊接设备时，不得靠近充气装置，以防引起安全气囊自动充气。宜用高阻抗万用表检测电路。维修工作完成后，应检查SRS警告灯。

（7）发生过碰撞且SRS已触发的碰撞传感器不可重复使用。无论是左侧或右侧，甚至中间碰撞传感器都应同时更换。安装碰撞传感器时，传感器上的箭头应朝向车辆前方。碰撞传感器的定位螺栓是经过防锈处理的。当传感器拆下后，必须换用新的定位螺栓。接上插接器时必须将电气检测机构可靠锁住，否则诊断系统上会检测出故障码。

（8）拆卸转向盘安全气囊总成时，应将转向盘衬垫顶面向上正置，不可翻转倒置。在搬动新的方向盘衬垫时也务必注意将其顶面朝上。转向盘衬垫上不得涂润滑脂，不得用任何类型的洗涤剂清洗。转向盘衬垫总成应放在环境温度低于93℃、湿度不高且远离电场干扰的地方。车辆报废或仅报废转向盘衬垫机构时，在废弃前用专用工具使气囊触发张开，且操作时应选择在远离电场干扰的地方进行。

（9）切不可用万用表去测量安全气囊电雷管的电阻，因为微小电流即可引爆电雷管，使安全气囊充气。安装螺旋接线器时，必须将其预置在中间位置，使转向盘由中间位置向左右两个方向各转2.5圈时不致拉断螺旋导线或引起其他故障。

（10）拆、装前座乘员安全气囊总成放置时，应将气囊门朝上放置。如果将气囊门朝下放置，一旦安全气囊充气张开可能会引发严重事故。安全气囊总成上不得涂润滑脂，气囊门不得用任何类型洗涤剂清洗。安全气囊总成应存放在环境温度低于93℃，湿度不高并远离电场干扰的地方。用电弧焊时，必须先脱开气囊插接器才可开始工作。车辆报废或前座乘员安全气囊总成报废时，在报废前应使安全气囊触发张开，以避免其意外引爆而伤人。操作引爆时应选择在远离电场干扰的地方进行。

（11）存放拆下的或新的安全带时，双锁式插接器锁柄应处于销定位置，务必注意不能损坏插接器。切不可用万用表测量座位电动安全带收紧器的电阻，以防收紧器被触发。安全带上不得沾油或水，不得用任何类型的洗涤剂清洗。必须先脱开插接器后才可电弧焊。该插接器安装在前车门框板下和地毯下面。车辆报废或仅报废安全带时，在报废前应使安全带收紧器起作用，此项操作应在远离电场干扰的地方进行。已发生过碰撞且 SRS 已经触发的 SRS 系统电控单元不可重复使用。拆卸 SRS 电脑前，务必将点火开关转到 LOCK 位置，并在拆下蓄电池搭铁线 90s 后才可开始操作。

任务实施

一、实施环境

（1）汽车实训基地。

（2）扳手、旋具、专用工具。

（3）翼子板护裙、转向盘护套、座椅护套和脚垫。

（4）安全气囊系统。

（5）数字万用表、夹子钳、塞尺、连接电缆、电流表、试灯、稳压电源等。

（6）维修手册。

二、实施步骤

车辆要进行安全气囊系统的检查，或已受到碰撞的车辆要进行这方面的检查应按以下顺序进行。如果发现问题，就将其更换成新的。

1. 转向盘衬垫（带安全气囊）、转向盘和螺旋形电缆

检查项目：

（1）没有受到碰撞的汽车。

1）进行诊断系统检查。

2）对安装在汽车上的转向盘衬垫（带安全气囊）肉眼检查：方向盘上的表面凹槽部分是否有刻痕、微小裂纹或明显的污渍。

（2）受到碰撞而安全气囊未张开的汽车。

1）进行诊断系统检查。

2）对从汽车上拆下的方向盘衬垫（带安全气囊）进行下述项目的肉眼检查。

①检查转向盘衬垫上的表面凹槽部分是否有刻痕、裂纹或明显的污渍。

②检查插接器和配线是否有切痕、裂纹或碎片。

③检查转向盘喇叭按钮接触板是否变形。

如果转向盘的喇叭按钮接触板变形损坏，不要修理，更换一个新的方向盘总成。当把一新的方向盘衬垫安装到方向盘上时，转向盘衬垫和转向盘之间应没有干涉，其周围的间隙亦应均匀。

（3）受到碰撞而安全气囊已张开的汽车。

1）进行诊断系统检查。

2）对从汽车上拆下的方向盘衬垫进行下述项目的肉眼检查。

①检查转向盘喇叭按钮接触板是否变形。

②检查螺旋形电缆插接器和配线是否损坏。

如果转向盘的喇叭按钮接触板变形，切勿修理，应更换一个新的方向盘总成。当把

一新的方向盘衬垫安装到方向盘上时，转向盘衬垫和转向盘之间应没有干涉，其四周的间隙亦应均匀。

在下述情况下，更换转向盘衬垫、转向盘或螺旋形电缆：

①安全气囊已张开。

②在故障排除中发现转向盘衬垫或螺旋形电缆有毛病。

③在检查中发现转向盘衬垫、转向盘或螺旋形电缆有毛病。

④转向盘衬垫已脱落。

2. 前安全气囊传感器

检查项目：

(1) 没有受到碰撞的汽车进行诊断系统检查。

(2) 受到碰撞的汽车。

1) 进行诊断系统检查。

2) 如果轿车的前翼子板或外围损坏，即使安全气囊没有张开也要用肉眼检查有无下述的损坏：托架变形；油漆从托架上的剥落；传感器壳体上的裂纹、凹陷或碎片；插接器上的裂纹、凹陷或碎片和划痕；标签的剥离或系列编号的损坏。还要参照车身图，并检查安装前安全气囊传感器部位的尺寸和车身的表面角度。如果传感器的安装尺寸或角度不正确，安全气囊就有可能失效，或根本不能工作。

在下列情况下，更换前安全气囊传感器：

①如果在碰撞中安全气囊已经张开（更换左右两个前安全气囊传感器）。

②如果在进行项目检查故障排除中发现前安全气囊传感器失效。

③如果前安全气囊已脱落，更换前安全气囊。

3. 中央安全气囊传感器总成

检查项目：

(1) 没有受到碰撞的汽车，进行诊断系统检查。

(2) 受到碰撞的汽车，进行诊断系统检查。

如果安全气囊已张开：

①进行诊断系统检查。

②对中央安全气囊传感器总成进行下述项目检查：托架或壳体损坏；乙烯树脂座位损坏；插接器破坏。

注意：为防止中央安全气囊传感器总成与其他的零件相干涉，修理后进行检查。

在下列情况下，更换前安全气囊传感器：

①如果在故障排除中发现中央安全气囊传感器总成失效。

②如果在进行检查中发现中央安全气囊传感器总成已失效。

③如果中央安全气囊传感器已脱落。

4. 配线和插接器

检查项目：

(1) 没有受到碰撞的汽车，进行诊断系统检查。

(2) 受到碰撞的汽车。

1）进行诊断系统检查。

2）安全气囊系统配线上是否有破裂，或导体是否已暴露出来。

3）安全气囊系统配线插接器被撞毁或撞碎。

在下列情况下，更换配线或插接器：

①如果在故障排除中发现安全气囊系统配线或插接器任一零件失效。

②如果在进行项目检查时发现安全气囊系统配线的任一零件失效。

注意：如果安全气囊系统使用的配线损坏，就将整个配线总成更换。如果连到安全气囊传感器的插接器可单独修理好（若配线上没有任何损坏），使用为此而专门设计的修理用配线。

任务工单

任务7－2　　**汽车安全气囊系统的检修**

班级		姓名		学号	
地点				等级	
任务目的					
任务过程	1. 前安全气囊传感器的更换条件及步骤。 更换条件： 更换步骤： 2. 转向盘衬垫（带安全气囊）、转向盘和螺旋形电缆的检查步骤。 步骤： 3. 检查中央安全气囊传感器。 检查项目： 检查情况： 4. 写出安全气囊常见故障及检查步骤。 故障： 检查步骤：				

续表

	考评项目		分值	教师考核	备注
考核评价	素质考评	团队协作	10 分		
		语言表达	10 分		
		实训纪律	10 分		
	过程考评	工具使用	10 分		
		任务实施	30 分		
		完成情况	20 分		
		工位整理	10 分		
	合计				

任务三　汽车倒车雷达系统的检修

任务描述

倒车雷达全称为倒车防撞雷达，也称泊车辅助装置，是汽车泊车或者倒车时的安全辅助装置，由超声波传感器（俗称探头）、控制器和显示器（或蜂鸣器）等部分组成。能以声音或者更为直观的显示告知驾驶人周围障碍物的情况，解除了驾驶人泊车、倒车和启动车辆时前后左右探视所引起的困扰，并帮助驾驶人扫除了视野死角和视线模糊的缺陷，提高驾驶的安全性。

任务分析

本任务通过对倒车雷达系统故障的诊断、拆卸、检修、安装调整过程的实施与学习，使学生在掌握结构和工作原理等理论知识的同时，能够独立完成倒车雷达系统各部件的拆装、维护及检修。

知识链接

一、倒车雷达系统的分类

倒车雷达系统自从问世以来，经历了几代发展，不管从结构外观上，还是从性能价格上都各有特点，从显示形式上可分为以下两种。

1. 声音和数码提示倒车雷达系统

如图 7－26 所示为声音提示倒车雷达系统，倒车时，如果车后 1.5～1.8m 处有障碍物，轰鸣器就会开始工作。轰鸣声越急，表示车辆离障碍物越近。

数码提示倒车雷达系统，指显示距离数字，如果是物体，在1.8m开始显示。如果是人，在0.9m左右的距离开始显示。

图7－26　声音提示倒车雷达系统

2. 可视倒车距离报警系统

可视倒车雷达，其实就是把倒车影像和倒车雷达结合为一体的整套系统（图7－27）。倒车影像是在车尾装一个车载摄像头，车辆挂上倒挡时系统会自动启动，把尾部车载摄像头拍下的图像通过视频连接线，直接把车尾的影像传到车前的车载显示屏幕上，从而达到倒车安全的目的。

其特点是可以直接看到车后情况，缺点是影像有变形，不能准确判断车离障碍物的距离；最重要的是驾驶人必须主动用心关注视频，视频不能主动提醒驾驶人。

图7－27　可视倒车雷达系统

二、倒车雷达系统的组成

倒车雷达系统主要由超声波传感器、控制器和显示器或蜂鸣器等组成。

1. 超声波传感器

超声波传感器对车后部的障碍物信息进行捕捉，并发送给智能控制盒进行处理。超声波传感器体积非常小，一般安装在车尾，如图7－28所示。

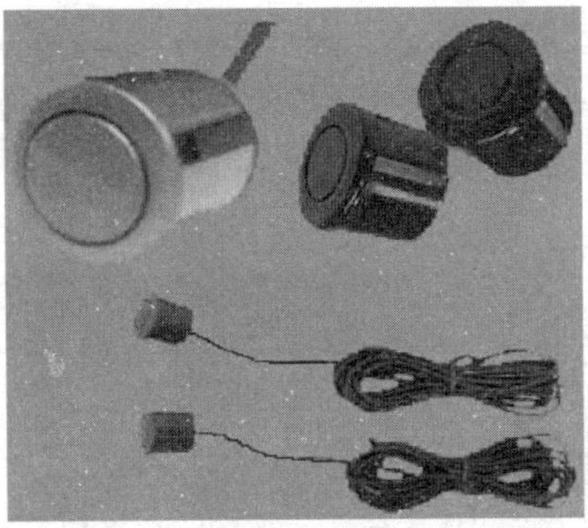

图 7－28　超声波传感器

2. 控制器

控制器对车后部的影像进行捕捉，并发送到显示设备进行显示，体积较小，一般安装在车尾，如图 7－29 所示。

（a）加装型倒车雷达　　（b）原装倒车雷达控制器

图 7－29　倒车控制器

3. 显示器或蜂鸣器

显示器显示车辆与障碍物的距离或者车后影像，一般安装在后视镜上或者其他显眼位置，如图 7－30 所示。

图 7－30　倒车雷达系统显示器

三、倒车雷达系统的工作原理

倒车雷达一般采用超声波测距原理，在控制器的控制下，由传感器发射超声波信号，当遇到障碍物时，产生回波信号，传感器接收到回波信号后经控制器进行数据处理，从而计算出车体与障碍物之间的距离，判断出障碍物的位置，由显示器显示距离并发出其他警示信号，驾驶者得到及时警示，使停车和倒车更容易、更安全，如图7－31所示。

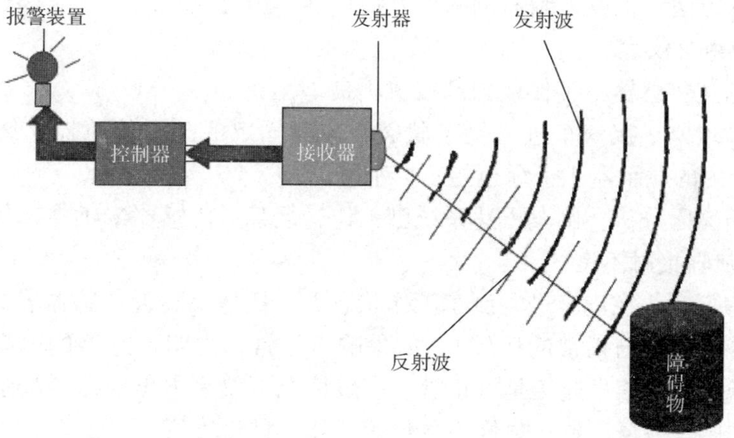

图7－31　倒车雷达系统的工作原理

超声波发射器向某一方向发射超声波，在发射时刻的同时开始计时，超声波在空气中传播，途中碰到障碍物就立即返回来，超声波接收器收到反射波就立即停止计时。超声波在空气中的传播速度约为340m/s，根据计时器记录的时间t，就可以计算出发射点距障碍物的距离（S），即：$S=340t/2$。

四、倒车雷达系统的常见故障检修

1. 倒车雷达整个系统不工作

（1）故障现象。在进入汽车倒车工作状态下，蜂鸣器无提示声响，显示器无任何显示，倒车灯也不亮。

（2）故障原因分析。倒车雷达系统没有工作，常为工作电源未接通（比如倒车灯开关失灵）或倒车雷达系统线束接插件接触不良所致。

（3）维修方法。如倒车灯开关失灵，则更换倒车灯开关。如倒车灯工作正常，则检查倒车雷达控制器侧的DC＋12V电源是否送入控制器。该路电源如供给正常，应更换倒车雷达的控制器。

2. 倒车雷达蜂鸣器不工作

（1）故障现象。在汽车进入倒车工作状态时，显示器有工作显示，蜂鸣器无任何的响声。

（2）故障原因分析。倒车雷达系统已工作，但蜂鸣器未工作，原因可能出现在控制器与组合仪表之间，电路断路或仪表内蜂鸣器失灵。

（3）维修方法。检查控制器侧有无 DC +12V 电源输出（检查时应让系统处于探测障碍物状态），若信号正常，则检查位于仪表盘后面的倒车雷达显示器有无 DC +12V 电源，如电源供给正常，则更换组合仪表。

3. 倒车雷达系统显示器不工作

（1）故障现象。在汽车进入倒车工作状态下，蜂鸣器有提示响声，显示器无任何显示。

（2）故障原因分析。倒车雷达系统已工作，但显示器未工作，可能原因是控制器插接器松动、接触不良，显示器失灵。

（3）维修方法。检查控制器侧的 12P 插接器与组合仪表之间的连接是否正常，若信号正常请更换组合仪表。

4. 倒车雷达传感器不工作或内部接触不良

（1）故障现象。在汽车进入倒车状态下，有固定的某只传感器始终探测不到障碍物，或仪表盘内的显示器 4 个绿色指示灯乱跳。

（2）故障原因分析。倒车雷达系统已工作，但某只传感器未工作或传感器内部以及传感器 4P 插接器接触不良。

（3）维修方法。在汽车进入倒车工作状态下，把耳朵贴近传感器表面，仔细听是否有轻微的嘀嗒声（可与正常的比较），如果响声正常，说明传感器的电源正常，检查传感器和控制器之间的信号连接是否正常。一般情况下仪表内出现绿色指示灯乱跳现象主要是因某一传感器失灵所致，更换失灵传感器即可排除故障。

5. 倒车雷达传感器能力弱

（1）故障现象。在汽车进入倒车工作状态下，有固定的某只传感器始终探测能力差。

（2）故障原因分析。倒车雷达系统已工作，但某只传感器探测能力差，可能原因传感器内部自身问题或传感器表面不清洁。

（3）维修方法。清除传感器表面异物或更换失灵传感器。

注：后保险杠侧左和右两只传感器的探测能力比中间的左 2 和右 2 的两只差，属于正常。

任务实施

一、实施环境

（1）汽车实训基地。

（2）扳手、旋具、专用工具。

（3）翼子板护裙、转向盘护套、座椅护套和脚垫。

（4）大众捷达轿车 1 辆。

（5）数字万用表、夹子钳、塞尺、连接电缆、电流表、试灯、稳压电源等。

（6）大众捷达轿车维修手册。

二、实施步骤

1. 黏附式安装

它仅限于具有粘贴性探头的报警器，这种方法无须在车体上开孔，只将报警器粘贴在适当位置即可，这种报警器一般安装在尾灯附近或行李箱门边。具体的安装方法是：

（1）将附带橡胶圈套在感应器（探头）上，引线向下并与地面垂直。

（2）确定感应器（探头）安装位置。

（3）将感应器（探头）沿垂直方向贴合。

（4）用电吹风将双面贴加热，然后撕去面纸，贴到确定部位。

（5）将报警器的闪光指示灯安装在易被驾驶人视线捕捉的仪表台上。

（6）将控制盒安装在不热、不潮和无水的行李箱侧面。

（7）将蜂鸣器安装在后风挡玻璃前的平台上。

（8）将感应器（探头）屏蔽线隐蔽铺设，以防压扁、刺穿，并起到美观的效果。缺点就是容易掉落。

2. 开孔式安装

（1）安装探头。

第一步：走线。布好倒车雷达经过的电路。将后椅拆开以进行走线，后椅和塑料壳都要拆开。线束需避开高温、高压位置安装。破头接线处要绝缘包扎。

第二步：根据倒车雷达说明书里的具体数字指标，测量探头安装定位位置。倒车雷达探头装得太低会出现假报警，太高则出现漏报。一般应该装在车的后保险杆上，一般离地高度：车前的安装 45 ~ 55cm，车后的安装 50 ~ 65cm，如图 7 - 32、图 7 - 33 所示。

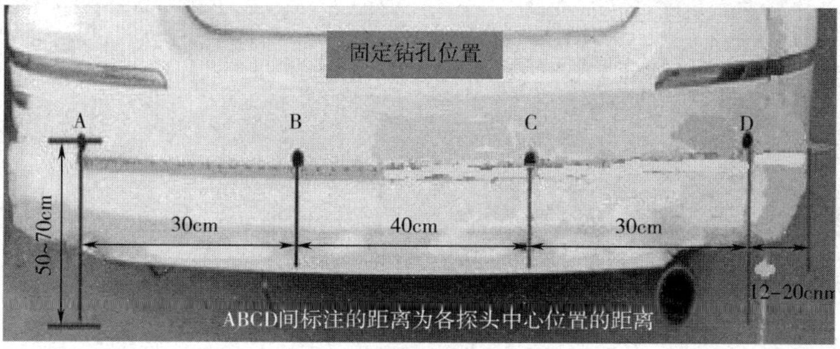

图 7 - 32　车后探头安装定位位置

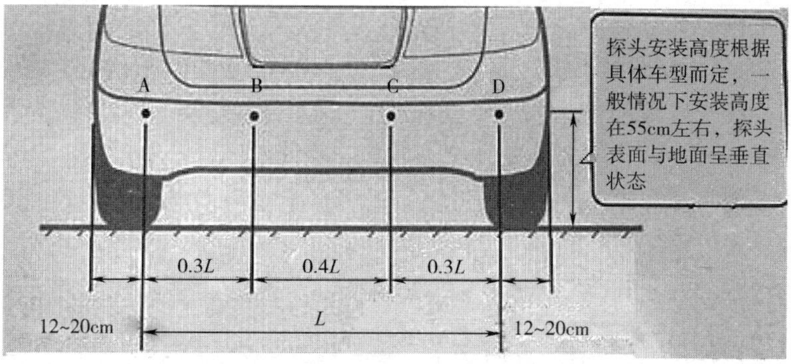

图 7 - 33　车前探头安装定位位置

第三步，开始打孔，打孔前有个预定位操作很关键，如图 7－34 所示。

图 7－34　按照预定位来打孔

拆开后保险杆安装探头。

注意：探头有上下方向，不能装反。要按“UP”朝上安装。探头引线汇总，注意探头至左向右有标识顺序，不能错，如图 7－35 所示。

图 7－35　探头安装图

（2）安装主机。主机可以用螺钉锁在左侧车体铁板上，这样更牢靠。建议尽可能安在左侧靠近驾驶人的地方，那样布线和安装主机也相对简单牢靠。如果主机与显示器为无线传递，则主机应靠近显示器。

（3）连接电源。由于倒车雷达是在挂上倒挡、倒车灯亮的时候起作用，因此电源取线可和倒车灯并接。电源接线应规范，采用分四股双铰接，并用电烙铁焊接。

（4）安装显示器。

第一种：无数字显示距离的倒车雷达，只带语音提示，这样就可以把喇叭放到后座台面，不影响美观。

第二种：带距离显示屏的，显示屏放在驾驶台。报警显示器安放在前仪表台上，需要通过拆卸线路槽扣板进行门下侧布线。

第三种：原车的倒车后视镜上加一个大视野后视镜，带倒车雷达显示。

任务工单

任务 7－3 汽车倒车雷达系统的检修

<table>
<tr><td>班级</td><td></td><td>姓名</td><td></td><td>学号</td><td></td></tr>
<tr><td>地点</td><td colspan="3"></td><td>等级</td><td></td></tr>
<tr><td>任务目的</td><td colspan="5"></td></tr>
<tr><td>任务过程</td><td colspan="5">1. 汽车倒车雷达系统的组成及作用。
组成：

作用：

2. 根据下图说明倒车雷达的工作原理。
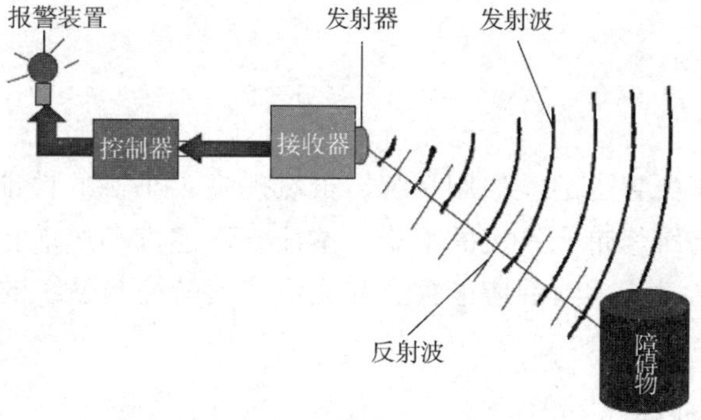

3. 写出倒车雷达系统常见故障及检查步骤。
故障：

检查步骤：

4. 倒车雷达安装步骤及操作。
步骤：</td></tr>
<tr><td rowspan="10">考核评价</td><td colspan="2">考评项目</td><td>分值</td><td>教师考核</td><td>备注</td></tr>
<tr><td rowspan="3">素质考评</td><td>团队协作</td><td>10 分</td><td></td><td></td></tr>
<tr><td>语言表达</td><td>10 分</td><td></td><td></td></tr>
<tr><td>实训纪律</td><td>10 分</td><td></td><td></td></tr>
<tr><td rowspan="4">过程考评</td><td>工具使用</td><td>10 分</td><td></td><td></td></tr>
<tr><td>任务实施</td><td>30 分</td><td></td><td></td></tr>
<tr><td>完成情况</td><td>20 分</td><td></td><td></td></tr>
<tr><td>工位整理</td><td>10 分</td><td></td><td></td></tr>
<tr><td>合计</td><td colspan="4"></td></tr>
</table>

任务四　汽车定速巡航系统的检修

任务描述

汽车巡航控制系统是一种可使汽车发动机工作在有利转速范围内，减轻驾驶人的驾驶操纵劳动强度，提高行驶舒适性的汽车自动行驶装置。巡航控制系统又可称为巡航行驶装置、速度控制系统、自动驾驶系统等。汽车巡航控制系统闭合开关之后，可按驾驶人要求的速度，在不踩加速踏板的情况下自动地保持车速，使车辆以固定的速度行驶。采用这种装置，驾驶人在高速公路上长时间行车时，不必控制加速踏板，就可以保持汽车恒速行驶，减轻了驾驶人的疲劳，同时减少了不必要的车速变化，也节省了燃料。

任务分析

现代汽车配置了巡航控制系统，虽然提高了车辆的性能、增加了功能，但同时也给汽车的使用与维修带来一定的困难。本任务讲述汽车巡航控制系统各部件的组成、结构及检修方法，学生学习后应能独立完成汽车巡航控制系统的检修与故障诊断。

知识链接

一、汽车巡航控制系统的功能及特点

1. 巡航控制系统的功能

（1）基本功能。

1）车速设定。当按下车速调置开关后，就能存储该时间的行驶速度，并能保持这一速度行驶。当汽车在路面质量好，无逆向车流及无分道行车，适宜长时间稳速行驶的高速公路上行驶时，驾驶人可以按下设定开关，设定一个稳定行驶车速时，则可以不再踏加速踏板和操纵变速杆，车辆便可以稳定车速行驶。

2）消除功能。当踩下制动踏板时，上述功能立即消失。但是，上述调置速度继续存储。当在某种情况下踏下制动踏板时，则已设定的车速设定功能便立即消除。这时，驾驶人应按常规操作驾驶车辆，并直到再按另外的功能开关时为止。

注意：在车辆行驶速度高于 40km/h 时，其所设定的车速值仍然存储在系统中，并可随时通过开关对其调用。

3）恢复功能。当按恢复开关，则能恢复原来存储的车速。当驾驶人处理完所发生的情况并可恢复稳定行驶时，则可按恢复开关，车辆即可按此前所设定的车速稳定行驶。

除了以上三种基本功能，如果需要可增加以下功能：

4）滑行。继续按下开关进行减速，以离开开关时的速度作巡航行驶。滑行功能也称减速功能。当按下滑行开关时，则车辆便在原设定车速的基础上减速行驶，并且若一直按住此开关，则车辆便一直进行减速行驶。若释放此开关，则车辆便以释放开关瞬间的车速稳速行驶。

5）加速。继续按下开关进行加速，以不操纵开关时的车速进入巡航行驶。当按下加速开关时，则车辆便在原设定车速的基础上进行加速行驶。若按下此开关并保持住，则车辆继续加速；若释放此开关，则车辆便以开关瞬时的车速稳速继续行驶。

6）速度微调升高。在巡航速度行驶中，当操纵开关以“ON—OFF”（接通—断开）方式变换时，使车速稍稍上升。当车辆的行驶速度低于已设定的车速（通常为40km/h的低速极限）时，车辆的巡航控制不仅不起作用，而且也把低于此速度的信息储存起来。

（2）故障保险功能。

1）低速自动消除功能：当车速小于40km/h时，存储的车速消失，并不能再恢复此速度。

2）制动踏板消除的功能：在制动踏板上装有两个开关：一个用于对计算机的信号消除；另一个是直接使执行元件工作停止。

3）各种消除开关：除了利用制动踏板的消除功能外，还有驻车制动、离合器（M/T）、调速杆（A/T）等操作开关的消除功能。

2. 巡航控制系统的优点

综合其功能作用，巡航控制系统主要具有以下优点：

（1）提高汽车行驶时的舒适性。特别是在郊外或高速公路上行驶，这种优越性更为显著。另外，当汽车以一定的速度行驶时，减少了驾驶人的负担，使其可以轻松地驾驶。

（2）节省燃料，具有一定的经济性和环保性。在同样的行驶条件下，对一个有经验的驾驶人来说，可节省燃料15%。这是因为在使用了这一速度稳定器以后，可使汽车的燃料供给与发动机功率之间处于最佳的配合状态，并减少了废气的排放。

（3）保持汽车车速的稳定。汽车无论是在上坡、下坡、平路上行驶，或是在风速变化的情况下行驶，只要在发动机功率允许的范围内，汽车的行驶速度保持不变。

二、巡航控制系统的组成与原理

巡航控制系统是一种利用电子控制技术保持汽车自动等速行驶的系统，如图7-36所示。当汽车在高速公路上长时间行驶时，接通巡航控制主开关，设定希望的车速，巡航控制系统将根据汽车行驶阻力的变化，自动增大或减小节气门开度，使汽车按设定的车速等速行驶，驾驶人不必操纵加速踏板。

驾驶人操纵巡航控制开关，将车速设定、减速、恢复、加速、取消等命令输入计算机。当驾驶人通过巡航控制开关输入了设定命令时，计算机便记忆此时车速传感器输入计算机的车速，并按该车速对汽车进行等速行驶控制。汽车在巡航行驶过程中，不断通

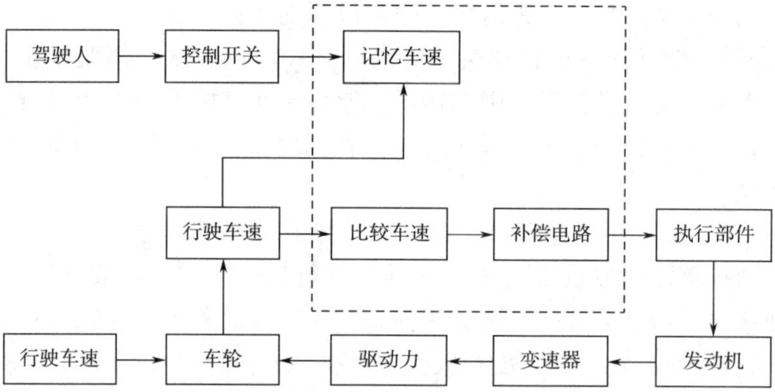

图 7－36　数字微型计算机巡航控制系统的控制过程图

过比较电路将实际车速与设定车速进行比较，计算出实际车速与设定车速的差值。然后通过补偿电路输出对执行部件的命令，执行部件控制发动机节气门开大或关小，使实际车速接近设定车速。汽车巡航控制系统是一种汽车辅助驾驶系统，可以在 40～200km/h 的车速范围内启动该系统，人为设定一个车速，巡航控制系统就会根据行驶阻力的变化，自动增减节气门开度，使车保持一定速度，驾驶人将不需再操控油门，只要把住方向盘就可以了，从而大大减轻了驾驶人的疲劳强度和节省了燃油，同时还能减少交通事故的发生。

巡航控制系统由巡航控制开关、传感器、巡航控制 ECU、执行器等组成。巡航控制开关和传感器将信号送至 ECU，ECU 根据信号计算出节气门的合理开度，并给执行器发出信号，调节节气门的开度，保持汽车按设定的车速等速行驶。

1. 巡航控制开关

巡航控制开关一般采用手柄式开关，安装于转向盘下方，也有的采用按键式开关，安装在转向盘上，如图 7－37 所示。

巡航控制开关包括主开关、控制开关和退出巡航控制开关。

（1）主开关（MAIN）。主开关如图 7－37 所示。

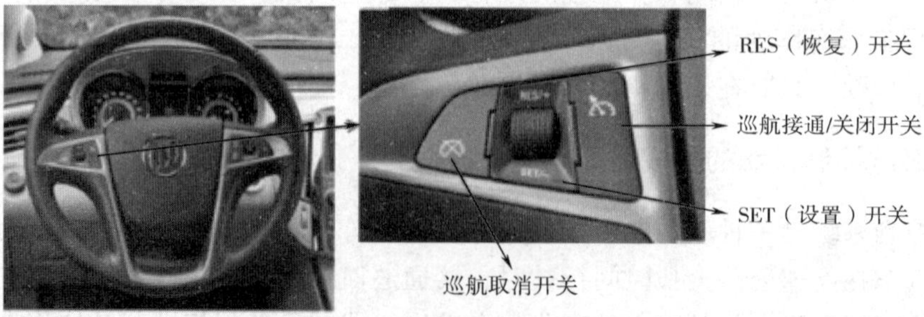

图 7－37　巡航控制开关及主开关

（2）控制开关。手柄式巡航控制开关一般由设定/减速开关（SET/COAST）、恢复/加速开关（RES/ACC）和取消（CANCEL）开关组成。

（3）退出巡航控制开关。

2. 传感器

(1) 车速传感器的类型有电磁式、霍尔式、光电式、舌簧开关式等。

车速传感器信号可同时用于发动机控制、自动变速器控制和巡航控制等。

对于巡航控制系统而言，车速传感器信号的作用是巡航控制 ECU 用于巡航车速的设定及将实际车速与设定车速进行比较，以便实现等速控制。

(2) 节气门位置传感器信号可同时用于发动机控制、自动变速器控制和巡航控制等。

对于巡航控制系统而言，节气门位置传感器信号的作用是巡航控制系统 ECU 用于计算需要输出的目标车速与节气门开度的关系，以确定节气门开度输出量的大小。

(3) 节气门控制摇臂传感器可对巡航控制 ECU 提供节气门摇臂位置信号。节气门摇臂位置传感器为电位计式，该信号的作用是巡航控制 ECU 根据节气门摇臂位置信号对节气门进行控制。

3. 巡航控制 ECU

巡航控制 ECU 接收来自巡航控制开关、车速传感器信号和其他的开关信号，按照存储的程序对巡航系统进行控制。

巡航控制 ECU 有以下控制功能：

(1) 记忆设定车速功能。

(2) 等速控制功能。ECU 将实际车速与设定车速进行比较，确定节气门是否应该开大或关小，并根据实际车速与设定车速的差值，计算出节气门开大或关小的量；然后对执行器进行控制，保证汽车按设定车速等速行驶。

(3) 设定车速调整功能。当汽车以巡航控制模式行驶时，如果需要使设定车速提高或降低，则只要操作恢复/加速或设定/减速开关，就可以使设定车速改变，巡航控制 ECU 将记忆改变后的设定车速，并按新的设定车速进行巡航行驶。

(4) 取消和恢复功能。当汽车以巡航控制模式行驶时，如果接通取消开关或接通任何一个其他的退出巡航控制开关，巡航控制 ECU 将控制执行器使巡航控制取消。

取消巡航控制以后，要想重新按巡航控制模式行驶，只要操作恢复/加速开关，巡航控制 ECU 即可恢复原来的巡航控制行驶。

(5) 车速下限控制功能。车速下限是巡航控制所能设定的最低车速。不同的车型稍有不同，一般为 40km/h。

车速低于 40km/h 时，巡航车速不能被设定，巡航系统不能工作。当巡航行驶时，如果车速降至 40km/h 以下，则巡航控制将自动取消，且巡航 ECU 存储器内存储的设定车速将被清除。

(6) 车速上限控制功能。车速上限是巡航控制所能设定的最高车速，一般为 200km/h。

(7) 安全电磁离合器控制功能。当汽车以巡航控制模式行驶时，如果因为下坡汽车车速高于设定车速 15km/h，则巡航控制 ECU 将切断巡航控制系统的安全电磁离合器使车速降低。当车速降低至比设定车速高出不足 10km/h 时，安全电磁离合器再次接通，恢复巡航控制。

（8）自动取消功能。当汽车以巡航控制模式行驶时，若出现执行器驱动电流过大，伺服电动机始终朝节气门打开的方向旋转时，则巡航控制 ECU 存储器内存储的设定车速将被清除，巡航控制模式将被取消，主开关同时关闭。

（9）自动变速器控制功能。当具有自动变速器的汽车以巡航控制模式行驶时，如果上坡时变速器在超速挡，车速降至比设定车速低 4km/h 以上时，巡航控制 ECU 将超速挡取消信号送至自动变速器 ECU，取消自动变速器超速挡。

（10）诊断功能。如果巡航控制系统发生故障，巡航控制 ECU 的自诊断系统能够诊断出故障，并使仪表板上的巡航指示灯闪烁，以便提醒驾驶人。同时，巡航控制 ECU 将故障码存储在存储器内。通过巡航控制指示灯的闪烁或使用故障诊断仪可以读取故障码。

4. 执行器

巡航控制系统的执行器由 ECU 控制，根据 ECU 的控制信号控制节气门的开度，以保持车速恒定。

巡航控制系统执行器有真空驱动型和电动机驱动型两种。

真空驱动型执行器依靠真空力驱动节气门。真空源有两种取得方式：一种是仅从发动机进气歧管取得；另一种是从发动机进气歧管和真空泵取得，如图 7－38 所示。

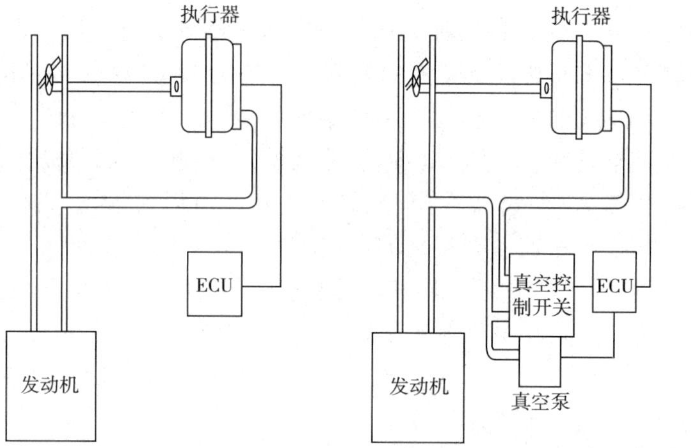

（a）从进气歧管取得真空源　（b）从进气歧管和真空泵取得真空源

图 7－38　真空驱动型执行器的控制方法

三、巡航控制系统的使用与检修

1. 巡航控制系统的使用方法

现以电子巡航控制系统的使用为例说明巡航控制系统的使用方法。一般巡航控制系统的操纵手柄有四挡开关的位置，手柄的端部有按钮，这个按钮是巡航控制系统的总开关（CRUISEON－OFF），按下按钮时，仪表板上的巡航控制系统的“CRUISEON－OFF”指示灯亮，表示巡航控制系统可转入运行状态；如再按一下，则按钮弹起、指示灯灭，表示巡航控制系统处于关闭状态。操纵手柄朝下扳动是巡航速度的设定开关（SET/COAST）；向上推则是巡航速度取消开关（CANCEL）；朝转向盘方向扳起是恢复/加速开关（RES/ACC）。巡航控制系统的使用方法如下：

（1）设定巡航速度。为确保行车安全，巡航控制系统的低速控制点一般为40km/h，也就是说车速低于40km/h巡航系统不工作。设定巡航速度的方法是：第一，开启巡航控制系统，按下“CRUISEON－OFF”按钮，踩下加速踏板，使车辆加速。第二，当车速达到人为设定值时，将巡航控制系统手柄置于“SET/COAST”方位并释放，这就进入了自动行驶状态，驾驶人可将加速踏板松开，巡航控制系统会根据汽车行驶时阻力的变化，自动调节节气门的开度，使车速保持在设定的范围内。若驾驶人想加速，如需超越前方的车辆时，只要踩下加速踏板即可。超车完毕后再释放加速踏板，汽车便又恢复到已设定的巡航速度行驶。

（2）取消设定巡航速度。需取消设定的巡航速度时，有几种方法可供选择：第一，将巡航控制系统操纵手柄置于“CANCEL”方位并释放。第二，踩下制动踏板使汽车减速。第三，装备MT（手动变速器）的汽车，踩下离合器踏板即可；装备有AT（自动变速器）的汽车，将变速杆置于空挡。当汽车的行驶速度低于40km/h，则设定的巡航速度将自动取消；而如汽车减速后车速比设定的巡航车速低时，巡航控制系统也将自动停止工作。

此外，汽车行驶时设定的巡航速度如不是由上述原因而自动取消，或仪表板上的巡航控制“CRUISEON－OFF”开关指示灯出现闪烁现象，则表明系统出现故障。

（3）设定装备AT（自动变速器）的汽车加速。将巡航控制系统操纵手柄置于“RES/ACC”方位并保持手柄不动，此时车速将逐渐加快，当车速达到要重新设定的巡航速度时释放手柄。这种加速的方法与前面所述设定巡航速度的操作方法相比，所用的时间较长。

（4）设定装备AT（自动变速器）的汽车减速。将巡航控制系统的操纵手柄置于“SET/COAST”的方位并保持手柄不动，此时车速将逐渐减慢，当车速降至所要求的设定速度时释放操纵手柄。这种减速方法与踩制动踏板减速相比，减速度要小。

（5）恢复到原来设定的巡航速度。将巡航控制系统操纵手柄置于“RES/ACC”方位，汽车可恢复到原设定的速度做巡航行驶。除非车速已降至40km/h以下或低于设定速度的差值在16km/h以上时，巡航控制系统自动停止工作。

2. 巡航控制系统使用注意事项

巡航控制系统在使用中还应注意以下几个问题：

（1）为了让汽车获得最佳控制，遇交通拥堵的场合，或在雨、冰、雪等湿滑路面上行驶及遇上大风天气时，不要使用巡航控制系统。

（2）为了避免巡航控制系统误工作，在不使用巡航控制系统时，务必使巡航控制系统的控制开关（CRUISEON－OFF）处于关闭状态。

（3）汽车行驶在陡坡上若使用巡航控制系统时，会引起发动机转速变化过大，所以此时最好不要使用巡航控制系统。下坡驾驶中，须避免车辆加速。如果车辆的实际行驶速度较设定的正常行车速度高出太多，则可省略巡航控制装置，然后将变速器换成低挡，利用发动机制动使车速得到控制。

（4）汽车巡航行驶时，对装备 MT（手动变速器）的汽车切记不能在未踩下离合器踏板的前提下就将变速杆移置空挡，从而造成发动机转速骤然升高。

（5）使用巡航控制系统要注意观察仪表板上的指示灯“CRUISE”是否闪烁发亮，若闪烁就是表明巡航控制系统是在故障状态。发现故障状态时，应停止使用巡航控制系统，待排除故障后再使用巡航控制。

3. 巡航控制系统的故障诊断与检修

（1）部件的检查。当巡航控制系统发生故障时，首先应进行直观检查。检查巡航控制系统的线束及插接器是否完好，部件是否丢失或损坏等。直观检查后一般应进行故障自诊断，其内容包括巡航控制系统状态指示的检查、读取故障码、输入信号检查、取消信号检查等。在进行故障自诊断时，如果读取到故障码，应进行故障码诊断，以进一步确定故障部位；如果没有读取到故障码，可按照故障征兆进行故障诊断。

（2）诊断电路的检查。

1）检查电压。接通点火开关，测量位于仪表板左侧下方的诊断座的 Tc 与 E_1 端子之间的电压，应为蓄电池电压。否则，进行下一步骤。

2）检查线束。检查巡航控制 ECU 与诊断座之间及诊断座与搭铁之间的线束，如果线束有故障，进行修理。

4. 巡航控制系统故障诊断案例

故障现象：北京帕杰罗速跑（PAJERO SPORT）3.0L 汽车，自动定速巡航失效。

故障诊断与排除：该车巡航系统与其他车型定速巡航系统大致相同，在结构上，该系统将真空执行器与节气门融合一体，取消中间连线和拉线，其中控制开关不仅能操作自动定速巡航，同时对于定速巡航中的故障，可以人工读取故障码，这一点是与其他车型不同之处。根据上述故障现象，先读取故障码，具体读码方法如下（不用 MUT－Ⅱ）：

（1）在接通设定开关“SET”的情况下，将点火开关打到“ON”位。

（2）在 1s 内接通恢复开关（RESUME）。

（3）再次接通设定开关“SET”，踩制动踏板 5s 或更长时间，通过“CRUISE”灯闪亮读取故障码。

读得故障码 12，其含义是车速传感器信号异常。于是仔细检查车速传感器及其电路，发现其插线脱落。将插线插好后，试车，自动定速巡航系统功能恢复，故障排除。

任务实施

一、实施环境

（1）汽车实训基地。

（2）扳手、专用工具。

（3）翼子板护裙、转向盘护套、座椅护套和脚垫。

（4）定速巡航系统。
（5）数字万用表、试灯、稳压电源、解码器等。
（6）维修手册。

二、实施步骤

1. 定速巡航系统的使用
（1）进行系统检查。
（2）定速巡航开启条件。
（3）定速巡航开启。
（4）定速巡航关闭。
（5）定速巡航自动退出条件。
2. 定速巡航系统的诊断
（1）进行系统检查。
（2）定速巡航相关传感器检测。
（3）定速巡航执行器检测。
（4）读取故障码。
（5）排除故障。
（6）清除故障码。

任务工单

任务 7－4　　**汽车定速巡航系统的检修**

班级		姓名		学号	
地点				等级	
任务目的					
任务过程	1. 汽车定速巡航系统的组成及作用。 组成： 作用：				

续表

<table>
<tr><td>任务过程</td><td colspan="5">2. 汽车定速巡航系统的工作条件及控制过程。

3. 汽车定速巡航系统的启动和解除操作步骤。
启动：

解除：

4. 汽车定速巡航系统的常见故障及排除方法。
故障：

排除方法：</td></tr>
<tr><td rowspan="9">考核评价</td><td colspan="2">考评项目</td><td>分值</td><td>教师考核</td><td>备注</td></tr>
<tr><td rowspan="3">素质考评</td><td>团队协作</td><td>10 分</td><td></td><td></td></tr>
<tr><td>语言表达</td><td>10 分</td><td></td><td></td></tr>
<tr><td>实训纪律</td><td>10 分</td><td></td><td></td></tr>
<tr><td rowspan="4">过程考评</td><td>工具使用</td><td>10 分</td><td></td><td></td></tr>
<tr><td>任务实施</td><td>30 分</td><td></td><td></td></tr>
<tr><td>完成情况</td><td>20 分</td><td></td><td></td></tr>
<tr><td>工位整理</td><td>10 分</td><td></td><td></td></tr>
<tr><td>合计</td><td colspan="4"></td></tr>
</table>

项目小结

本项目讲述了汽车舒适与安全系统的检修，包括汽车空调系统的检修、汽车安全气囊系统的检修、汽车倒车雷达系统的检修、汽车定速巡航控制系统的检修等。通过对各系统的组成结构、工作原理或控制过程的讲解后，要求学生能正确识别各系统的部件，掌握各系统故障现象、故障原因及故障诊断的思路，达到对各系统检修的目的。

思考题

1. 汽车空调系统的组成部件及功用有哪些？
2. 简述汽车空调系统制冷剂的加注方法。
3. 简述汽车空调的检漏及性能测试方法。
4. 简述汽车安全气囊系统的检修及注意事项。
5. 简述汽车倒车雷达系统的安装方法。
6. 简述汽车定速巡航开启的条件及常见故障诊断步骤。

项目八　汽车车载网络系统的检修

学习目标

1. 知识目标

（1）了解车载网络在汽车上的应用及发展。

（2）了解车载网络的基本术语。

（3）理解汽车车载网络系统的结构组成及对汽车使用性能的影响。

（4）掌握汽车车载网络系统的检修方法。

2. 能力目标

（1）能正确识别车载网络系统各组成部件。

（2）能运用电路图分析和查找相关车载网络系统故障。

任务一　汽车车载网络系统概述

任务描述

随着现代科技的飞速发展，汽车装备日趋完善，车用电气设备越来越多，从发动机控制到传动系统控制，从行驶、制动、转向系统控制到安全保证系统及仪表报警系统控制，从电源管理到为提高舒适性而作的各种努力，使汽车电气系统形成一个复杂的大系统，如果按照常规点到点的布线法，则整个汽车的布线将十分复杂，显得很凌乱。尤其是在高档客车中，传统布线不仅增加了布线的复杂程度，而且布线所需的铜线也将成倍增加。为了解决车内可用空间与粗大线束之间的矛盾，人们将车载网络技术应用于汽车上。

任务分析

本任务需熟悉汽车车载网络系统的结构组成，了解汽车车载网络系统在汽车上的应用形式，为正确使用汽车，迅速分析与排除车载网络系统故障提供了方便。

知识链接

一、车载网络的发展

随着汽车三大系统（动力系统、舒适系统、信息娱乐系统）中各种电控系统的不断增加，汽车电气系统形成一个复杂的大系统，并且都集中在驾驶室控制。从布线角度分析，传统的电气系统大多采用点对点的单一通信方式，相互之间少有联系，这样会有庞大的布线系统。然而，驾驶室的空间是有限的，这样必然造成庞大线束与驾驶室内可用空间之间的矛盾。

20 世纪 80 年代末的汽车工业中，由于消费者对于汽车功能的要求越来越多，而这些功能的实现大多是基于电子操作的，这就使得电子装置之间的通信越来越复杂，同时意味着需要更多的信号连接线。德国 Bosch 公司和 Intel 公司研制了专门用于汽车电气系统的总线——控制器局域网（Controller Area Network）规范，简称 CAN。

提出 CAN 总线的最初动机就是为了减少现代汽车中庞大的电子控制装置之间的通信而不断增加的信号线，于是设计了一个单一的网络总线，所有的外围器件都可以被挂接在该总线上。

二、车载网络的类型

按照系统的信息量、响应速度、可靠性等要求将车载网络系统分为 A 级、B 级、C 级、D 级四类。

（1）A 级是面向传感器/执行器控制的低速网络，数据传输速率通常小于 20kbps，主要用于天窗、雨刮、空调、照明等控制。

（2）B 级是面向独立模块间数据共享的中低速网络，速率在 30 ~ 125kbps，主要用于车身电子舒适性模块、仪表显示等系统。

（3）C 级是面向实时性控制的中高速网络。速率在 125kbps ~ 1Mbps，主要用于牵引控制、发动机、自动变速器、ABS 等系统。

（4）D 级是面向媒体传输的高速网络，速率在 1Mbps 以上，主要用于导航、车载音响、车载电话等信息娱乐系统。

A 级目前首选的标准是 LIN 总线；B 级网络的国际标准是 CAN 总线；C 级未来会使用到具有高速实时传输特性的一些总线标准和协议，包括采用时间触发通信的 X - by - Wire 系统总线标准和用于安全气囊控制和通信的总线协议、标准；D 级主要标准是 DDB 和 MOST。

按汽车局域网的发展趋势，CAN 的 C 类网络将逐步普及并占主导地位。

三、常用基本术语简介

（一）多路传输

1. 多路传输的基本原理

由于总线式的网络结构是使用一条线路对多个信号进行传输，所以应当懂得多路传输技术的原理，否则一旦汽车故障，电脑诊断仪在检测车辆时不工作，你就会不知所措，或者即使你的故障扫描仪在工作，你却找不到本应该找到的故障。

多路传输即在同一通道或线路上同时传输多条信息。从图 8 -1 可以看出，常规线路要比多路传输线路简单得多，然而多路传输系统 ECU 之间所用的导线比常规线路所用导线少得多。由于 ECU 可以触发仪表板上的警告灯或灯光故障指示灯等，又由于多路传输可以通过一根线（数据总线）执行多个指令，因此可以增加许多功能装置。

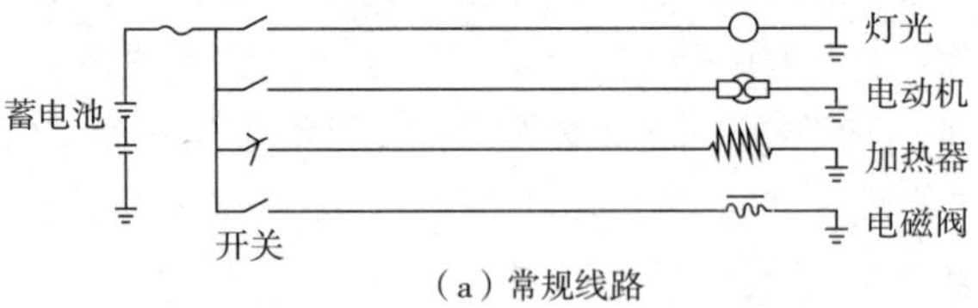

（a）常规线路

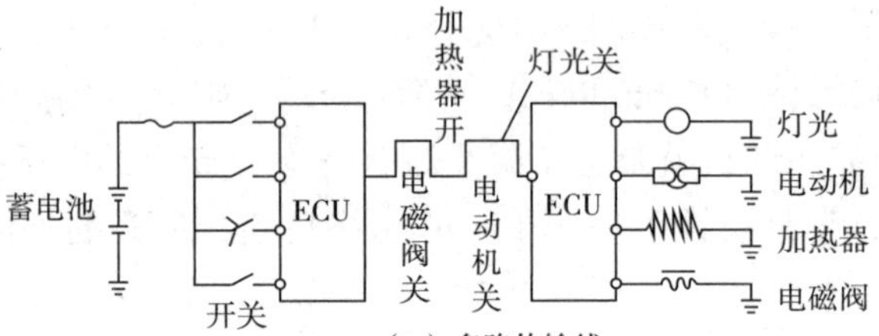

（b）多路传输线

图 8 -1　常规线路传输与多路传输比较

2. 多路传输系统的应用

（1）发动机电控系统中多路传输的应用。除了负责给发动机喷油和点火外，发动机计算机还要把它从传感器接收到的信息传输到网络中供其他计算机使用。发动机电脑通过多路传输网络接收到分配控制计算机所下的解除锁止的指令。

发动机计算机同时还要向其他计算机通报发动机运行状况的信息。它把有关的信息都交与它们使用。此外它还通过一条专用线路与故障诊断工具对话。

（2）多路传输系统在自动变速器中的应用。自动变速器计算机需要了解来自发动机计算机的信息。除了它本身自动变速管理的功能外，自动变速器计算机要向发动机计算机通知挡位以及自动变速器油温度。

（二）局域网

1. 局域网的定义及特点

局域网络是在一个有限区域内连接的计算机网络。

一般这个区域具有特殊的职能，通过这个网络实现这个系统内的资源共享和信息通信。连接到网络上的节点可以是计算机、基于这些微处理器的应用系统或智能装置。局域网一般的数据传输速度在 102 ~ 105kbit/s 范围，传输距离 100 ~ 250m，误码率低。汽车上的网络是局域网与现场总线（Field Bus）之间的一种结构。数据传输速度一般在 10 ~ 103kbit/s 范围，传输距离在几十米范围。

通常，将局域网划分成三类，即一般局域网（LAN）、高速局域网（HSLN）和计算机化分组交换机（C13X）。这三类局域网在系统结构和设计方案上差距很大，三类局域网主要是为满足不同要求而独立研制的。一般局域网和高速局域网的通信协议是分别定义的。

2. 局域网的拓扑结构

所谓拓扑结构就是网络的物理连接方式。局域网的常用拓扑结构有三种：星形、环形、总线型。

（1）星形网络拓扑结构。星形网络即以一台称之为中心处理机为主组成的网络，各种类型的入网机均与该中心处理机有物理链路直接相连。因此，所有的网上传输信息均需通过该机转发，其结构如图 8－2 所示。星形网络由于其物理结构，使其具有以下特点：通信功能简单，它可以根据需要由中心处理机分时或按优先权排队处理；中心处理机负载过重，扩充困难；构造较容易，适于同种机型相连；每台入网计算机均需与中心处理机有线路直接互联，因此线路利用率不高，信道容量浪费较大。

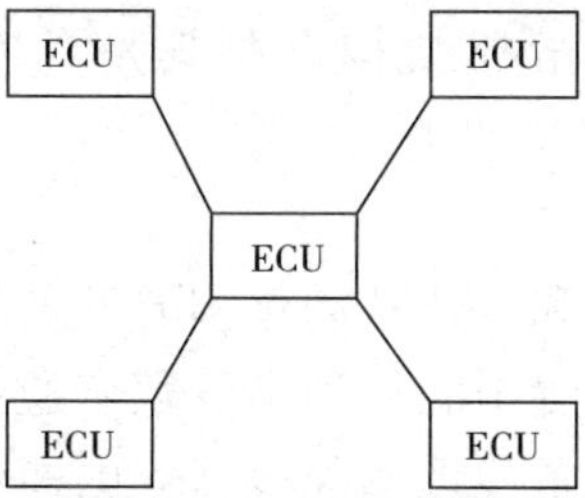

图 8－2　星形网络拓扑结构

（2）总线型网络拓扑结构。总线型网络即所有入网计算机通过分接头接入一条载波传输线上，如图 8－3 所示。总线型网络拓扑结构的特点：通道利用率高，但网络延伸距离有限，网络容纳节点数有限（受信道访问机制影响）。它适用于传输距离较短、地域有限的组网环境，目前车载局域网多采用此种方式。

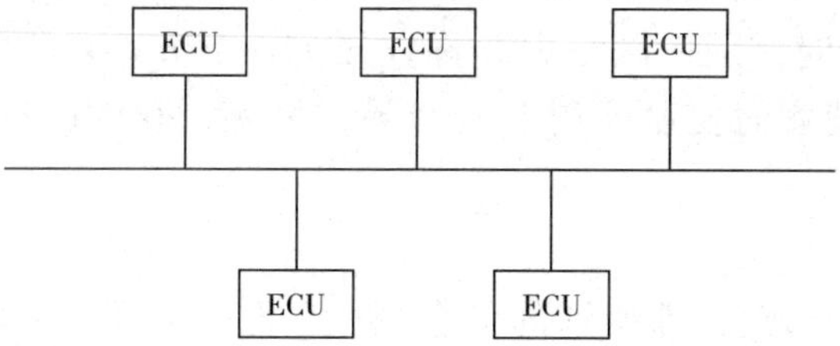

图 8－3　总线型网络拓扑结构

（3）环形网络拓扑结构。环形网的主要特点是：由于一次通信信息在网中传输最大时间是固定的，因此实时性较高，每个网上结点只与其他两个结点有物理链路直接互联，因此传输控制机制较为简单。一个结点出故障可能会终止全网运行，因此可靠性较差；网络扩充需对全网进行拓扑和对访问控制机制进行调整，因此较为复杂。

环形网拓扑结构环型网通过一个转发器将每台入网计算机接入网络，每个转发器与相邻两台转发器用物理链路相连，所有转发器组成一个拓扑为环的网络系统，如图 8 - 4 所示。

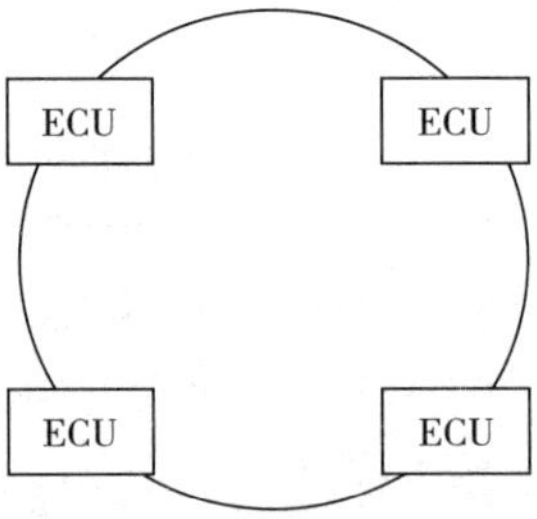

图 8 - 4　环形网络拓扑结构

环形网由于其点 - 点通信的唯一性，因此，不宜在广域范围内组建计算机网络。它也是一种较为实用的局域网拓扑结构，尤其是在实时性要求较高的环境中更是如此。

（三）现场总线（Field Bus）

现场总线是在工业过程控制和生产自动化领域发展起来的一种网络体系，是在过程现场安装在控制室先进自动化装置中的一种串行数字通信链路。该系统是用于过程自动化和制造自动化最底层的现场设备或现场仪表互连的通信网络，是现场通信网络与控制系统的集成。

（四）CAN

CAN 是国际上应用广泛的现场总线之一。最初，CAN 被设计作为汽车环境中的微控制器通信，在车载各电子控制装置 ECU 之间交换信息，形成汽车电子控制网络。比如：发动机管理系统、变速器控制器、仪表装备、电子主干系统中，均嵌入 CAN 控制装置。一个由 CAN 总线构成的单一网络中，理论上可以挂接无数个节点。

实际应用中，节点数目受网络硬件的电气特性所限制。例如，当使用 Philips P82 C250 作为 CAN 收发器时，同一网络中允许挂接 110 个节点。CAN 可提供高达 1Mbit/s 的数据传输速率，这使实时控制变得非常容易。另外，硬件的错误检定特性也增强了 CAN 的抗电磁干扰能力。

（五）数据总线

模块间运行数据的通道，即所谓的信息高速公路，如图 8 - 5 所示。如果模块可以发送和接收数据，则这样的数据总线就称为双向数据总线。汽车上的信息高速公路实际是一条或两条导线。

如果把这种方式应用在汽车电气系统上，就可以简化目前的汽车电路。可以通过不同的编码信号来表示不同的开关动作信号，解码后，根据指令接通或断开对应的用电设备（前照灯、刮水器、电动座椅等）。这样，就能将过去一线一用的专线制改为一线多用制，减少了汽车上电线的数目，缩小了线束的直径。当然，数据总线还将使计算机技术融入整个汽车系统之中，加速汽车智能化的发展。

如果系统可以发送和接收数据，则这样的数据总线就称之为双向数据总线。数据总线实际是一条导线，或许是两条导线。两线式的其中一条导线不是用作额外的通道。它的作用有点像公路的路肩，上面立有交通标志和信号灯。一旦数据通道出了故障，这“路肩”在有些数据总线中被用来承载“交通”，或者令数据换向通过一条或两条数据总线中未发生故障的部分。

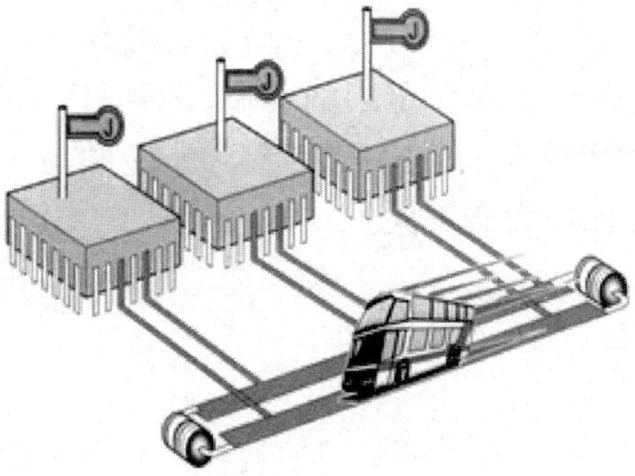

图 8－5 数据总线

四、数据总线新技术——蓝牙技术

（一）蓝牙技术的产生

蓝牙（Blue tooth）是由五家世界著名的大公司——爱立信（Ericsson）、诺基亚（Nokia）、东芝（Toshiba）、国际商用机器公司（IBM）和英特尔（Intel）联合宣布的一项技术，可以使不同厂家生产的便携式设备在没有电线或电缆相互连接的情况下，能在近距离范围内具有互用、相互操作的性能。

汽车系统和蓝牙技术相结合，将会给汽车的生产和服务带来更大的方便，如果进一步和移动电话甚至 Internet 连接起来，车主在任何时间任何地点都可以了解汽车的状况并给予必要的控制。但要在汽车内实现蓝牙技术，还需要使蓝牙技术和 CAN 技术相配合。

（二）蓝牙技术在汽车上的应用

蓝牙技术在汽车上服务的场合如下：

（1）当汽车进入服务站时，它的蓝牙站和服务站主计算机建立连接，它和汽车计算机通过蜂窝电话系统交换信息。

（2）服务人员在其 PC 上获得必要的工作指示。当给汽车服务时，他可通过 PC 控制和调节一些功能，如灯、窗户、车内空气、发动机参数等，也可为任何电子控制单元下载最新版本的软件。

（3）服务站主计算机提醒服务人员分配任务，同时 PC 和汽车建立连接，并下载一些需要的信息。

（三）汽车中的蓝牙网

在汽车里，每个门、前座和操纵轮都有灵活电缆，而这些灵活电缆常常会出现问题。这里可以在小范围内采用无线电缆延伸器，但在 CAN 网络中，小范围内实现可靠的位-位无线连接很困难。因此，电缆延伸器应是网桥而不是转发器。电缆延伸器把CAN网分为两个网，其中一个网络将仅由一个节点组成，这就解决了高复杂性和高费用的问题。

（四）发展前景

在汽车工业中把蓝牙技术用作CAN网络的网关，将使汽车具有更高的无线接口能力，从而具有更广阔的市场前景。为得到这个市场，必须在汽车中存储专用的蓝牙MAC层，并能通过CPU的指令在它与用户定制的MAC间切换。如果进一步，蓝牙芯片与用户定制MAC相结合，将蓝牙单元安置在需要灵活电缆的地方，而不是仅仅与上面提到的蓝牙CAN网关通信，市场潜力会更大。

任务实施

一、实施环境

（1）汽车实训基地。

（2）大众或通用汽车车载网络实训台4台。

（3）大众或通用车系整车4台。

二、实施步骤

1. 车载网络系统的分类识别

（1）指定车辆车载网络系统的类型识别。

（2）车载网络系统组成部件识别。

（3）车载网络系统应用操作。

2. 车载网络系统电路识别

（1）识别车载网络系统台架中主要系统之间的信号传输路径。

（2）画出车载网络系统台架中的网络结构图。

（3）车载网络系统台架中故障诊断思路分析。

任务工单

任务8-1　　汽车车载网络系统概述

班级		姓名		学号	
地点				等级	
任务目的					
任务过程	1. 画出别克威朗轿车车辆进入防盗系统网络结构示意图，并说明防盗启用及解除的过程。 （1）结构图：				

续表

<table>
<tr><td>任务过程</td><td colspan="5">（2）启用与解除过程：

2. 根据下图回答问题。
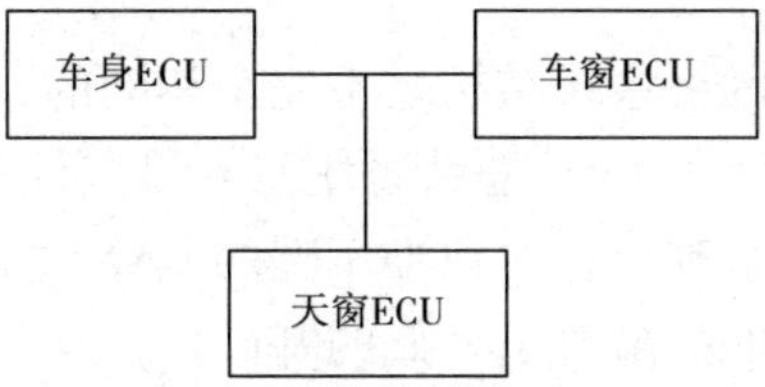
车身 ECU 的功能：

车窗 ECU 的功能：

天窗 ECU 的功能：</td></tr>
<tr><td rowspan="9">考核评价</td><td colspan="2">考评项目</td><td>分值</td><td>教师考核</td><td>备注</td></tr>
<tr><td rowspan="3">素质考评</td><td>团队协作</td><td>10 分</td><td></td><td></td></tr>
<tr><td>语言表达</td><td>10 分</td><td></td><td></td></tr>
<tr><td>实训纪律</td><td>10 分</td><td></td><td></td></tr>
<tr><td rowspan="4">过程考评</td><td>工具使用</td><td>10 分</td><td></td><td></td></tr>
<tr><td>任务实施</td><td>30 分</td><td></td><td></td></tr>
<tr><td>完成情况</td><td>20 分</td><td></td><td></td></tr>
<tr><td>工位整理</td><td>10 分</td><td></td><td></td></tr>
<tr><td>合计</td><td colspan="4"></td></tr>
</table>

任务二　CAN 总线技术及控制功能

任务描述

CAN 总线是当前车载网络系统所使用的主体类型，该总线的结构具有成本低、响应快、可靠性高、抗高温和高噪声等优点。本任务从 CAN 总线的特点、组成和控制出发，介绍了该系统的工作原理，在分析 CAN 总线结构原理的基础上，对典型车型的 CAN 总线常见控制功能进行分析。

任务分析

不同车型的车载网络系统结构是不完全相同的，但各国汽车的整车车载网络系统也具有许多共性。在了解了 CAN 总线系统具有哪些优点，总线技术是如何将各系统联合起来进行控制等知识的基础上，对典型车型的 CAN 总线常见控制功能进行分析，为解决当前汽车网络问题导致的故障打下良好的基础。

知识链接

一、CAN 总线的特点、组成及控制

1. CAN 总线的特点

CAN 总线是一种多主总线，通信速率可达 1Mbps。CAN 总线通信接口中集成了 CAN 协议的物理层和数据链路层功能，可完成对通信数据的成帧处理，包括位填充、数据块编码、循环冗余检验、优先级判别等工作。

（1）CAN 协议的一个最大特点是废除了传统的站地址编码，取而代之的是对通信数据块进行编码。

（2）CAN 总线为多主站总线，各节点可在任意时刻向网络上的其他节点发送信息，不分主从，通信灵活。

（3）CAN 总线采用独特的非破坏性总线仲裁技术，优先级高的节点优先传送数据，可满足实时性要求。

（4）CAN 总线具有点对点、一点对多点及全局广播传送数据的功能。

（5）CAN 总线采用短帧结构，每帧有效字节数最多为 8 个，数据传输时间短，并有 CRC 及其他校验措施，数据出错率极低。

（6）CAN 总线上某一节点出现严重错误时，可自动脱离总线，而总线上的其他操作不受影响。

（7）CAN 总线系统扩充时，可直接将新节点挂在总线上，因而走线少，系统扩充容易，改型灵活。

（8）CAN 总线最大传输速率可达 1Mbit/s（此时通信距离最长为 40m），直接通信距离最远可达 10km（速率 5kbps 以下）。

（9）CAN 总线上的节点数主要取决于总线驱动电路。在标准帧（11 位报文标识符）可达 110 个，而在扩展帧（29 位报文标识符）其个数几乎不受限制。

2. CAN 总线的组成

如图 8－6 所示，CAN 数据总线由一个控制器，一个收发器，两个数据传输终端以

及两条数据线组成。除数据传输线外，其他元件都置于控制单元内部，控制单元功能不变。

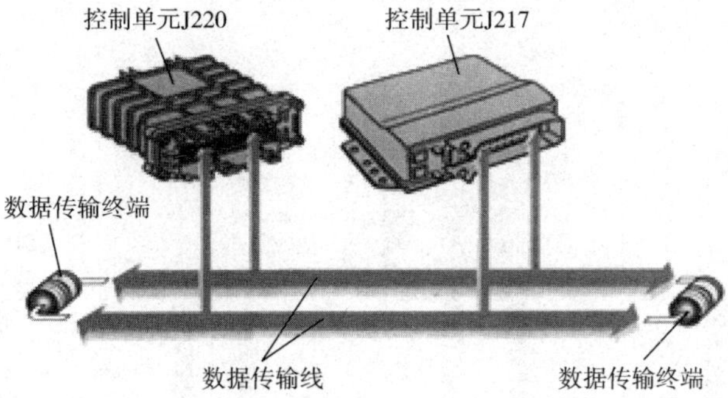

图8－6　CAN总线的组成

（1）CAN控制器是用来接收控制单元中微电脑传来的数据，对这些数据进行处理并将其传往CAN收发器。同样CAN控制器也接收CAN收发器传来的数据，对这些数据进行处理并将其传往控制单元中的微电脑。

（2）CAN收发器将CAN控制器传来的数据转化为电信号并将其送入数据传输线。它也为CAN控制器接收和转发数据。

（3）数据传输终端是一个电阻器，其作用是防止数据在线端被反射，并以回声的形式返回。数据在线端被反射会影响数据的传输。

（4）数据传输线（也称BUS线）是双向对数据进行传输的。两条传输线分别被称为CAN（H）和CAN（L），如图8－7所示，为了防止外界电磁波的干扰和向外辐射，CAN总线将两条线缠绕在一起。

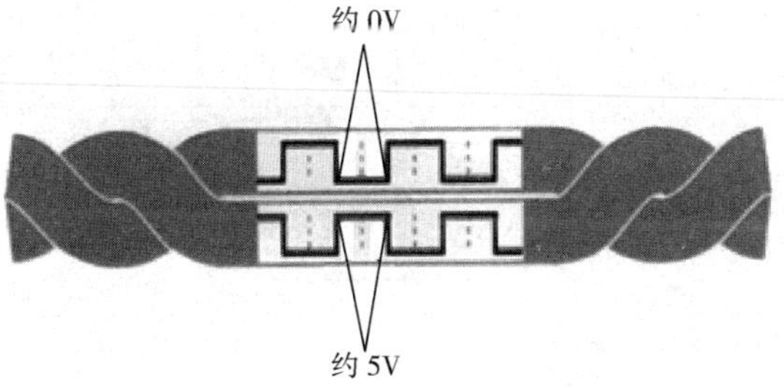

图8－7　数据传输线

这两条线的电位相反，如果一条是5V，另一条就是0V，始终保持电压总和为一常数。通过这种方法，CAN数据总线得到了保护，使其免受外界的电磁场干扰。

（5）数据传递过程（图8－8）。

1）提供数据：控制单元向CAN控制器提供数据用于传输。

2）发送数据：CAN收发器从CAN控制器处接收信号，并将其转化为二进制电信号发送出去。

3）接收数据：CAN 网络系统所有的控制单元的收发器都接收数据。

4）检验数据：控制单元对接收到的数据进行检测，看此数据是否是其功能所认可数据，如果接收到的数据是有用的，将被认可及处理，反之则忽略掉。

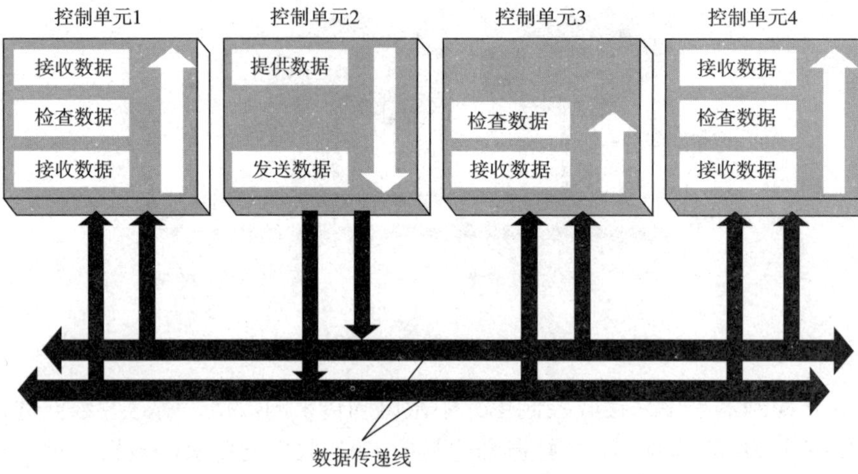

图 8－8　数据传递过程示意图

二、典型车型的总线结构

各车型车载网络系统结构大同小异，在此，我们以上汽大众 POLO 轿车车载网络系统为例讲解该车车载网络总线结构。如图 8－9 所示，在此车载网络系统中，以控制单元为核心部件，它位于驾驶员侧仪表板饰件后，承担以前一直由单独的断电器和控制单元所执行的功能。

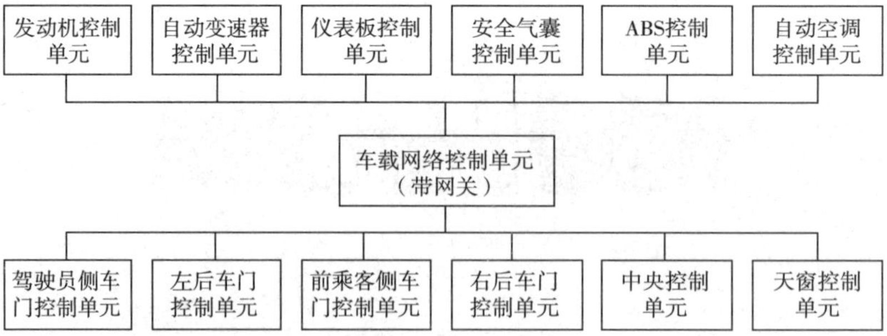

图 8－9　上汽大众 POLO 轿车车载网络系统总线结构

主要功能如下：负荷控制，转向信号灯控制，燃油系统供给控制，后窗刮水器控制，前窗刮水器控制，后视镜控制，后窗加热控制，后座椅靠背控制，车内灯控制，报警灯控制，编码。

1．负荷控制

在行驶中如座椅加热装置、后窗加热装置、外后视镜加热和电子辅助加热装置等舒适性装备和电热器会引起发电机过载，进而导致蓄电池放电。这尤其出现在距离极短的短途行车和冬季行驶时，以及时停时走和装备过多的车辆中。

2. 转向信号灯和报警灯控制

该系统控制了汽车转向信号灯和报警灯，根据J519收到的指令，控制前后侧左右转向信号灯和报警指示灯的通断，如图8－10所示。

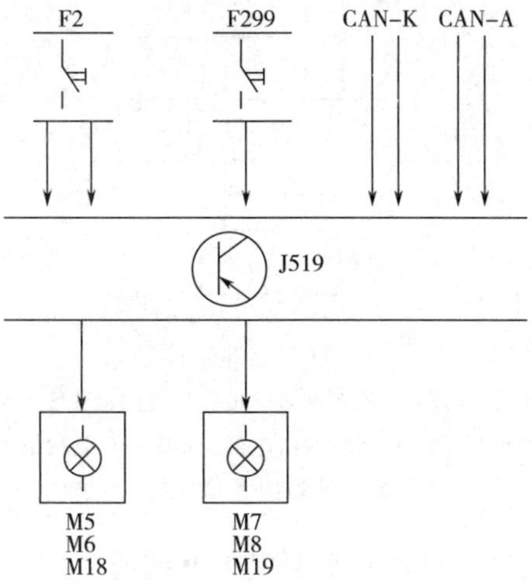

图8－10　转向信号灯和报警灯控制

CAN－A—CAN驱动装置数据总线　CAN－K—CAN舒适模式数据总线　F2—转向信号灯开关
F299—报警灯按钮　J519—车载网络系统控制单元　M5—左前转向信号灯
M6—左后转向信号灯　M7—右前转向信号灯　M8—右后转向信号灯
M18—左侧转向信号灯　M19—右侧转向信号灯

3. 燃油泵供给控制

汽油发动机有一个新的燃油泵供给ECU，它是由燃油泵继电器J17和燃油供给继电器J643并联来代替单个集成防撞燃油关闭装置的燃油泵继电器。这两个继电器位于车载网络系统控制单元J519上的继电器托架上，当驾驶员打开驾驶员侧车门后，车门触点开关F2（或集控门锁F220的关闭单元）将信号发送到车载网络系统控制单元。接着车载网络系统控制单元控制燃油供给继电器J643，并使燃油泵G6运行大约2s，打开点火开关或启动发动机后，燃油泵G6通过燃油泵继电器J17由发动机控制单元控制，电路图如图8－11所示。

在车载网络系统控制单元中有一个定时开关，它有两个作用：

（1）当驾驶员侧车门短暂开启时，避免燃油泵持续运行。

（2）如果驾驶员侧车门开启超过30min，燃油泵重新受控。

（3）当打开点火开关或启动发动机后，燃油泵通过燃油继电器由发动机控制单元控制。

4. 刮水器控制

如图8－12所示，如果风窗玻璃刮水器已接通间歇挡（取决于车速的间歇运行模式或下雨运行模式），并且同时打开发动机盖，信号将从发动机盖接触开关F266发送至车载网络系统控制单元。控制单元将阻止刮水器运动，直到发动机盖再次关闭。

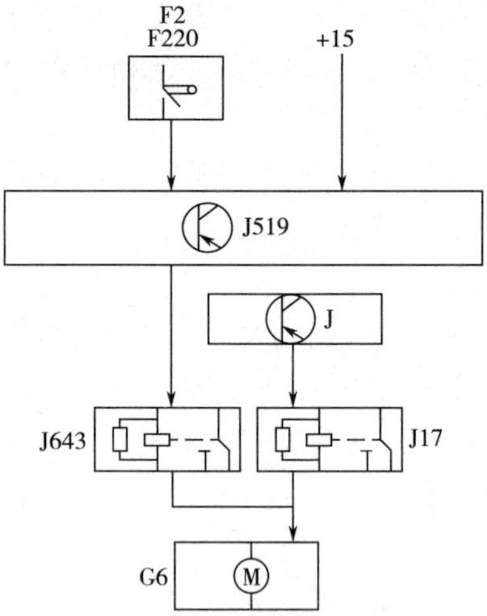

图 8－11　燃油泵控制

F2—驾驶员侧车门触点开关　F220—驾驶员侧集控门锁关闭单元　G6—燃油泵
J—发动机控制单元　J17—燃油泵继电器　J519—车载网络系统控制单元
J643—燃油供给继电器

如图 8－13 所示，在前风窗玻璃刮水器置于 1 挡或 2 挡或间歇挡的条件下，当在进入倒挡后，后风窗刮水器将自动刮水一次。

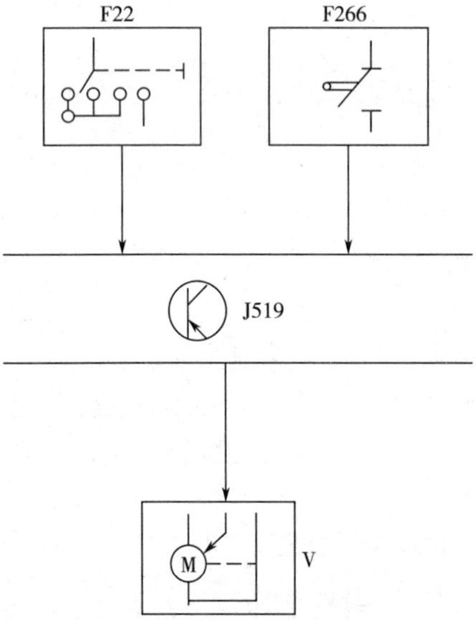

图 8－12　前刮水器控制

F22—间歇运行刮水器开关
F266—发动机盖接触开关
J519—车载网络系统控制单元
V—刮水器电动机

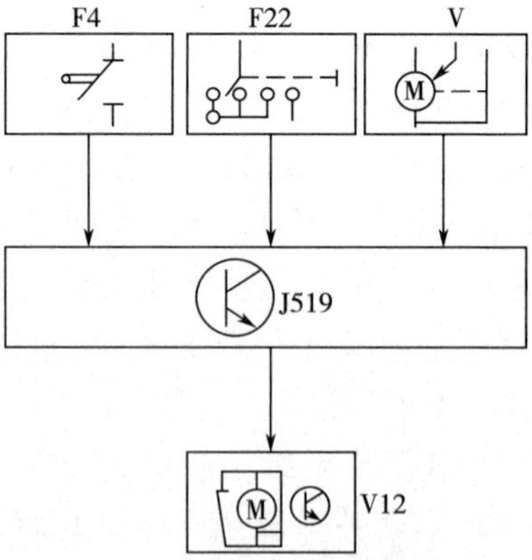

图 8－13　后刮水器控制

F22—间歇运行刮水器开关
F4—倒车灯开关　J519—车载网络系统控制单元
V—刮水器电动机　V12—后窗刮水器电动机

5. 外后视镜和后窗加热控制

如图 8－14 所示，外后视镜和后窗加热装置只有在发动机运行时才能接通，接通约 20min 后，加热装置将自动关闭，以达到保持蓄电池电量的目的。

6. 后座椅靠背监控

如图 8－15 所示，后排座椅的中间位置带有三点式安全带的车辆具有后座椅靠背监控功能。如果后排座椅中间位置靠背部分安装不正确，在打开点火开关后，仪表板中的一个指示灯亮起约 20s。

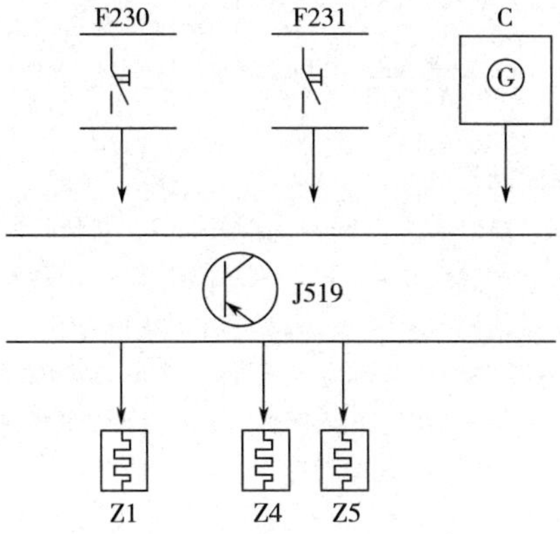

图 8－14　外后视镜和后窗加热控制

F230—可加热式后窗按钮

F231—外后视镜加热按钮　C—发电机

J519—车载网络系统控制单元

Z1—后窗加热器　Z4—驾驶员侧外后视镜加热器

Z5—前座乘客侧外后视镜加热器

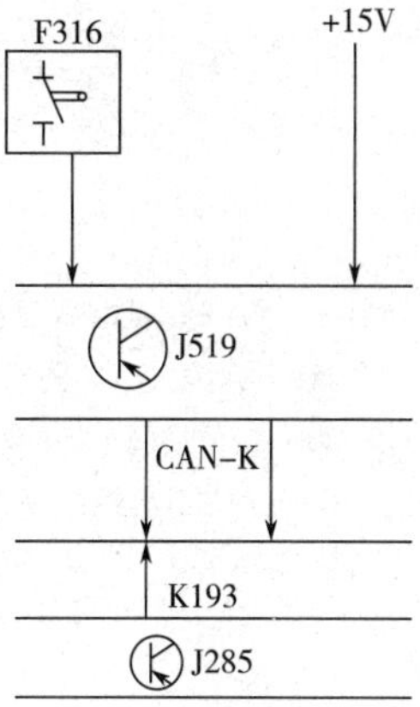

图 8－15　后座椅靠背监控

CAN－K—CAN 舒适模式数据总线

F316—右后座椅靠背接触开关

J285—操作面板中带显示的控制单元

K193—后座靠背连锁装置指示灯

J519—车载网络系统控制单元

7. 车内灯控制

如图 8－16 所示，如果解除车辆遥控门锁或拔出点火钥匙，30s 后车内灯自动接通。在车辆锁止或打开点火开关后车内灯立即关闭。车内灯在撞车时自动接通。车内灯控制的另一个作用是：在点火开关关闭约 30min 后，自动关闭由手动打开的灯（车内灯、前后阅读灯、行李舱照明灯、杂物箱照明灯和化妆镜）。该功能同样有利于保持蓄电池电量。

任务实施

一、实施环境

（1）汽车实训基地。

（2）大众或别克整车 4 台。

（3）车载网络系统实训台 4 台。

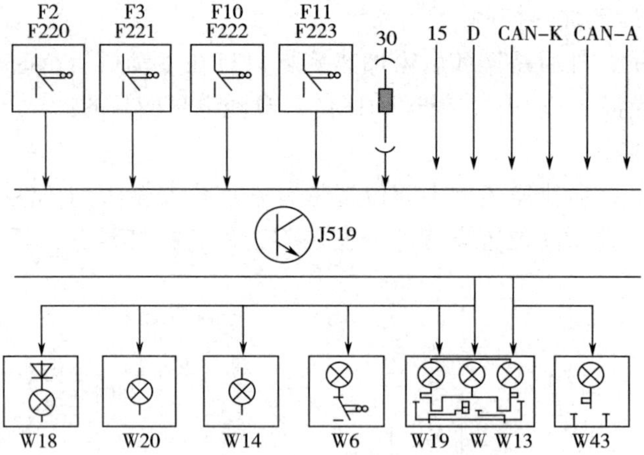

图 8－16　车内灯控制

CAN－A—CAN 驱动装置数据总线　CAN－K—CAN 驱动模式数据总线　D—点火开关　F2—驾驶员侧车门触点开关　F3—前乘客侧车门触点开关　F10—左后车门触点开关　F11—右后车门触点开关　F220—驾驶员侧车控门锁关闭单元　F221—前乘客侧车控门锁关闭单元　F222—左后集控门锁关闭单元　F223—右后集控门锁关闭单元　J519—车载网络系统控制单元　W—前部车内灯　W6—杂物箱照明灯　W13—前乘客侧阅读灯　W14—带照明的化妆镜（前乘客侧）　W18—左行李箱照明灯　W19—驾驶员侧阅读灯　W20—带照明的化妆镜（驾驶员侧）　W43—后部车内灯

（4）维修手册。

二、实施步骤

1. 维修手册电路识读

（1）网络结构。

（2）启动系统控制。

（3）舒适系统控制。

（4）空调系统控制。

（5）照明与信号系统控制。

2. 根据汽车故障现象分析网络系统引起的故障原因

（1）画各系统网络结构图。

（2）互设置故障。

（3）分析排除故障。

（4）评价总结。

任务工单

任务 8－2　　CAN 总线技术及控制功能

班级		姓名		学号	
地点				等级	
任务目的					

续表

任务过程	根据下图回答相关问题 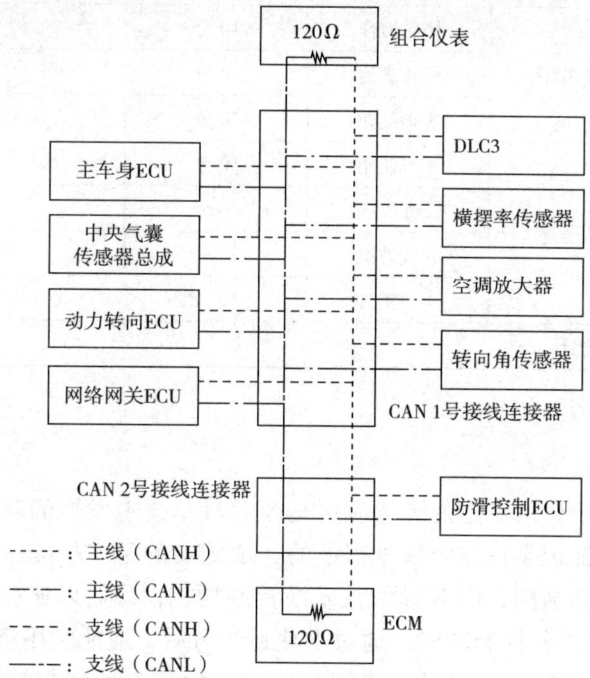 该图是控制电路，电路解读： 组合仪表 ECU 功能： DLC3 功能： 中央气囊传感器总成功能： 动力转向 ECU 功能： 转向角传感器功能： 横摆率传感器功能： 网络网关 ECU 功能： CAN 2 号接线连接器功能： 防滑控制 ECU 功能：

续表

考核评价	考评项目		分值	教师考核	备注
	素质考评	团队协作	10 分		
		语言表达	10 分		
		实训纪律	10 分		
	过程考评	工具使用	10 分		
		任务实施	30 分		
		完成情况	20 分		
		工位整理	10 分		
	合计				

项目小结

车载网络系统在现代汽车上的大量应用是今后汽车技术发展的趋势，所以掌握汽车车载网络系统的相关知识是汽车维修过程中的一项重要的基本技能，本项目讲述了汽车车载网络系统的类别和结构，CAN 总线技术及控制功能，最后以典型车型的车载网络系统为例分析了 CAN 总线各控制功能。通过本项目学习后，应能利用汽车车载网络系统相关知识，分析和排除汽车车载网络系统相关故障，为汽车检测与故障诊断打下良好的基础。

思考题

1. 汽车信号传输的类型有哪些？
2. CAN 总线系统具有哪些优点？
3. 总线技术是如何将各系统联合起来进行控制的？

项目九　汽车全车电路图的识读

学习目标

1. 知识目标

（1）掌握汽车电路图的表达方法及其特点。

（2）掌握汽车电气系统的组成、控制元件及电路图。

（3）学会在电路图中查找各组成部件。

（4）初步掌握典型车系的全车电路图的分析方法。

2. 能力目标

（1）能正确分析汽车电路图。

（2）能运用原车电路图分析和查找电路故障。

任务一　汽车电气电路

任务描述

随着汽车工业的迅速发展，汽车性能的逐渐提高，汽车电器日益增多，汽车电路也日趋复杂。汽车电路图趋于简化、规范化已是当今世界各国汽车电路图表达方法的总趋势。

任务分析

熟悉汽车的全车电器电路，了解汽车电器间的内在联系，为正确使用汽车电器设备，迅速地分析与排除电器故障提供了方便。

知识链接

一、汽车电路图

汽车电路图是将汽车的电源及各种用电设备按照它们各自的电路连接关系，通过开关、导线、熔断丝等配电设备连接起来构成完整的电路，且用特定的符号形式表示出来的图形。它可以清楚地表示出汽车电器设备各系统和装置的工作原理及相互之间的内在联结关系。汽车电路图常用的表达方法有电气电路图、汽车电路原理图、汽车线束图三种，下面分别介绍。

1. 电气电路图

电气电路图是传统的汽车电路表达方法，它是按汽车电器在汽车上的实际位置，用线从电源至搭铁一一连接起来所构成的电路图（图 9 - 1）。这种画法的优点是由于电器设备的外形、安装位置都与实际情况一致，因此可以循线跟踪地查线，导线中间的分支、接点容易找到，便于制作线束，故仍有不少厂家沿用。缺点是电路图中线束密集、纵横交错、读图和查找、分析故障不便，特别是在如今电控系统广泛应用的车型，使用很少。

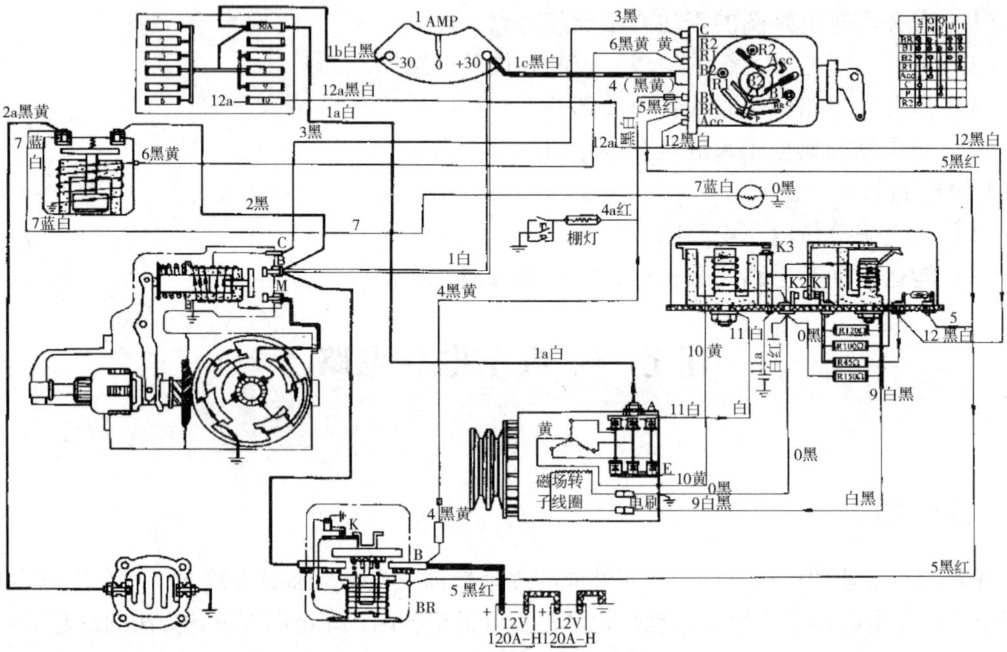

图 9 - 1　汽车电气电路图

2. 汽车电路原理图

原理图是用简明的图形符号按电路原理将每个系统由上到下合理地连接起来，再将每个系统排列起来而成。这种画法对电路图作了高度地简化，图面清晰、电路简单明了、通俗易懂、电路连接控制关系清楚，因此对迅速分析排除电器设备的故障十分有利，如图 9 - 2 所示。

3. 汽车线束图

线束图是将有关电器的导线汇合在一起组成线束，常用于汽车厂总装线和修理厂的连接、检修与配线。线束图主要表明电线束在各用电器的连接部位、接线柱的标记、线头、插接器（连接器）的形状及位置等，它是人们在汽车上能够实际接触到的汽车电路

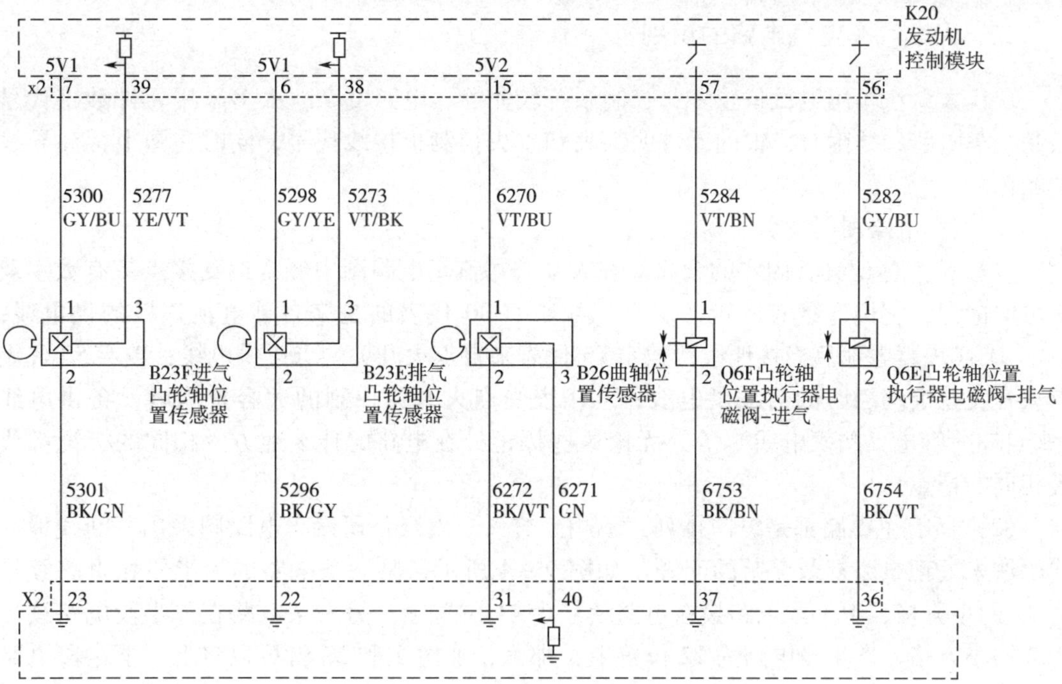

图9-2 汽车电路原理图

图。这种图一般不去详细描绘线束内部的电线走向，只将露在线束外面的线头与插接器详细编号或用字母标记。它是一种突出装配记号的电路表现形式，非常便于安装、配线、检测与维修，如图9-3所示。

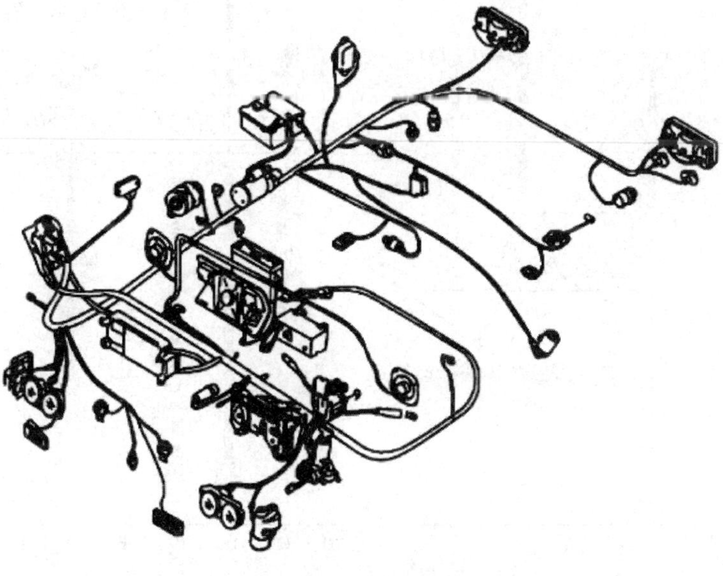

图9-3 汽车线束图

二、大众汽车电气电路的识别

现代大众汽车用电设备较多，控制系统较完善，电路复杂，大多采用元件数字代号绘制全车电路，并附有详细的元件明细表和中央控制板接线代号，同时在图上标注导线的颜色。

1．汽车电路图的特点

（1）接点标记具有固定的含义。在大众公司汽车电路图中经常遇到接点带有数字及字母的标记，它们都具有固定的含义，如数字 30 代表的是来自蓄电池正极的供电线；数字 31 代表蓄电池负极接地线；数字 15 代表来自点火开关的点火供电线；数字 50 代表点火开关在启动挡时的启动供电线；X 代表受点火开关控制的大容量用电设备供电线（来自卸荷继电器的供电线）等。无论这些标记处在电路的什么地方，相同的标记都代表相同的接点。

（2）所有主电路都是纵向排列，不相互交叉。大众公司汽车电路图采用了断线地址代码法来处理电路复杂交错的问题。如图 9－4 所示，某一条电路的上半段在电路续号为 22 的小方格，下半段电路接在电路续号为 11 位置上。另一条电路在下半段电路续号为 2 的小方格，上半段电路为 22 位置上，那么，通过 2 和 22 就可以将上、下半段电路连在一起了。

（3）带星号电路图说明。图中折走部分为配置不同或年款不同的车型，带一个星号的线束表示截至 2012 年 8 月发动机的电路，带两个星号的线束表示从 2012 年 8 月起发动机的电路。有些也表示发动机排量不同，所以读图时可以拆分为两幅图来理解，如图 9－5、图 9－6 所示。

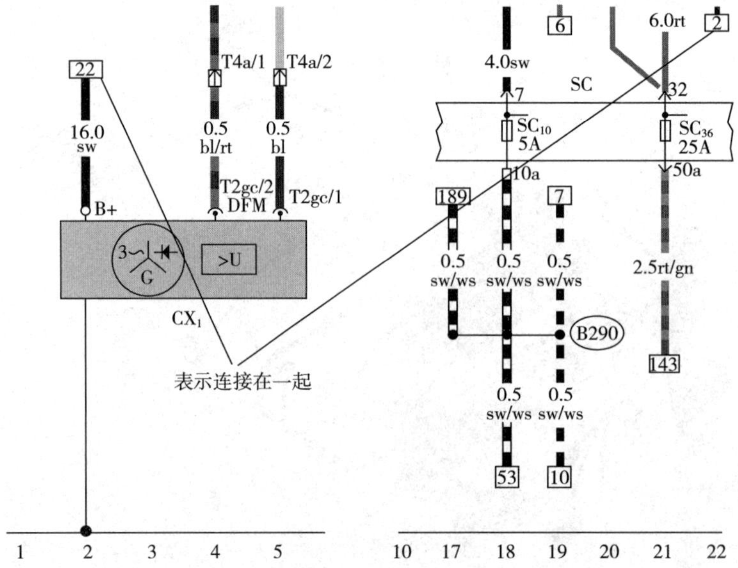

图 9－4　电路续接识读

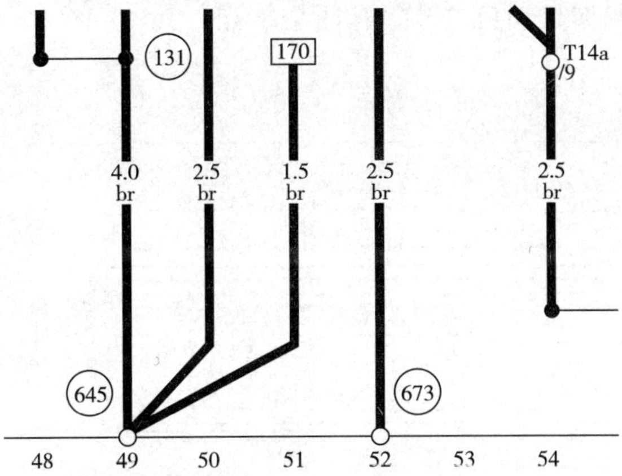

图 9－5　带星号电路识读

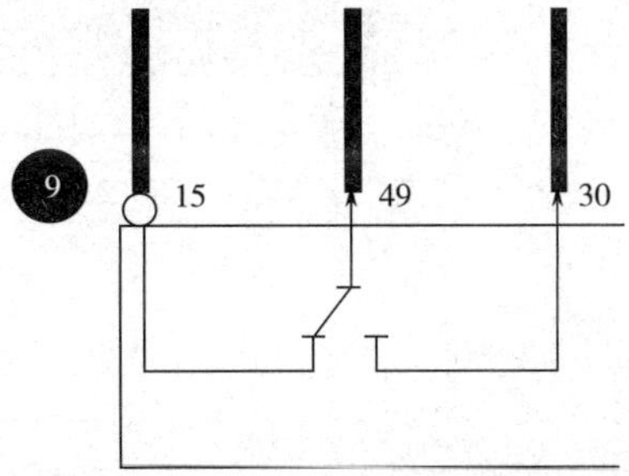

图 9－6　故障诊断用的检测点

（4）电路图表明电器的搭铁方式和部位。电路图底部横线表示搭铁线，导线搭铁端标注有带圈的数字代号。不是所有用电器搭铁都直接与金属车体相连接的，有的通过搭铁插座，有的则通过其他电器或电子设备再搭铁。

（5）接点标志具有固定的含义。在电路图中经常遇到接点标志的数字及字母，它们都有固定的含义。例如，在电路图中的连接插头统一用字母 T 作为代号，紧接的数字表示该插头的孔数以及连接导线对应的孔的序号，如 T7/1 表示该插头为 7 孔，连接导线对应的插孔序号为 1。

2. 电路图区域划分

如图 9－7 所示，大众汽车电路图划分为三个区域：上部区域、中部区域、下部区域。

（1）上部区域。包括上方表示整车电气电路、电源电路的 4 条水平线和下面的汽车中央控制电路板的继电器与熔断器。

电路上部标有“30”字样的电路为常火线，它与蓄电池直接相连，中间不经过任何开关，为停车或发动机熄火后还需要使用的用电设备供电。电路上部标有“15”字样的电路为小容量用电设备的电源正极，它是点火开关在“ON”或“START”接通后才工作的火线。电路上部标有“X”字样的电路为大容量用电设备的电源正极，它也是点火开关在“ON”或“START”接通后才工作的火线。它只有在发动机运转时，由其供电的用电设备接通方能使用，如后风窗除霜器、空调系统的鼓风电动机等。

电路上部标有“31”字样的电路为接地线，许多重要电气的接地线均采用直接与蓄电池的负极相连。发动机与车身、变速器与车身之间除了金属接触外还有专门的接地线相连，以保证工作的可靠性。

继电器、熔断器及其连接件部分。这一部分在图上反映的内容有继电器位置号、继电器名称、继电器盒上插接件符号、继电器盒上连接件符号、熔断器位置号及熔断器额定电流等。

（2）中部区域。电路图中部区域是各种用电设备，电气元件在图中用框图辅以相应的标号表示。每个元件都有一个代号，如“D”表示点火开关等。电器元件的连接点都以标号标出，标号在元件上可以找到。例如起动机“B”有两个接点，其中一个标号为30，另一个为50。

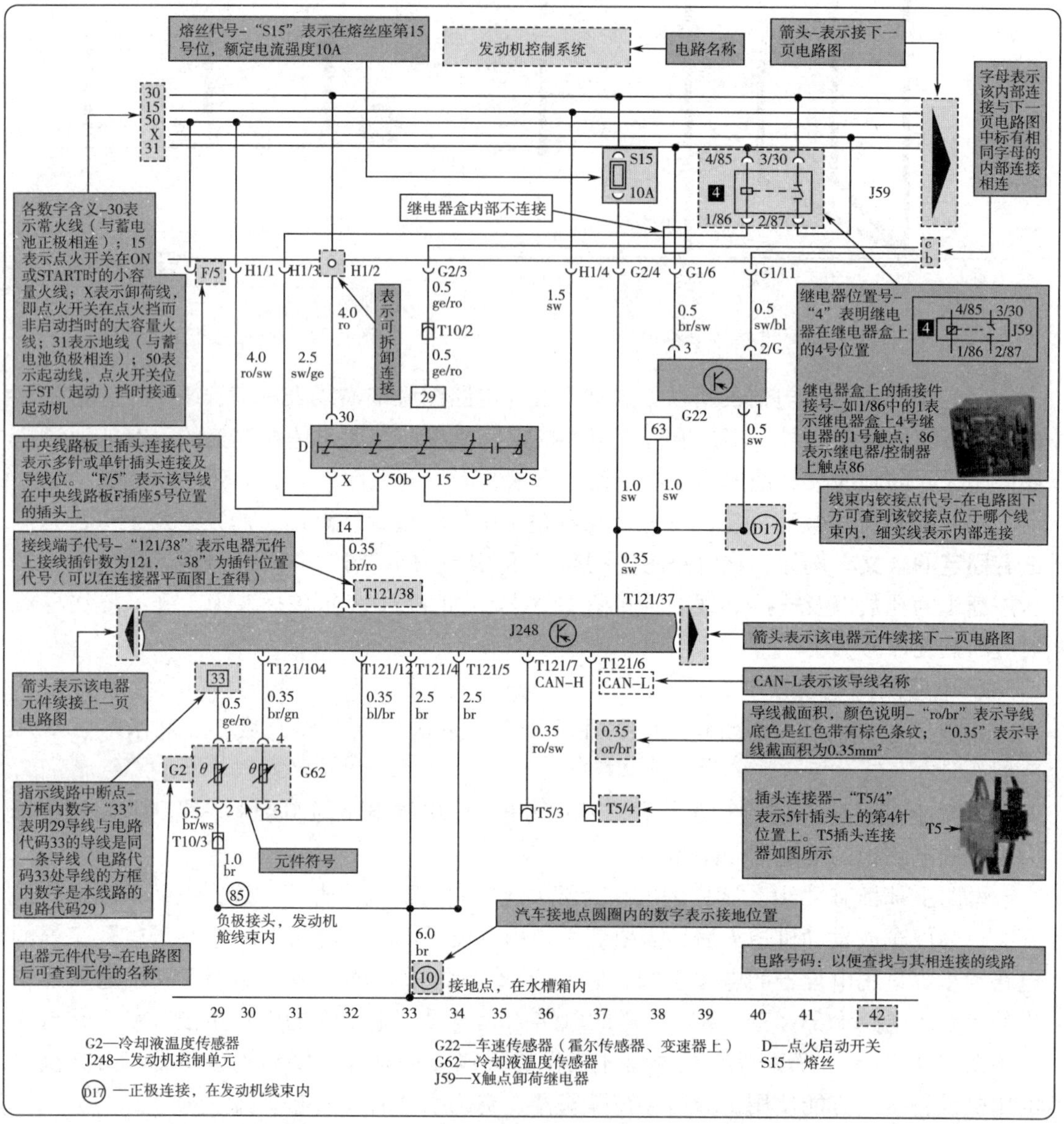

图 9-7　大众奥迪轿车发动机电控单元电路原理识读说明

另外电路图标注中还有如图 9-6 中所示，在黑色圆圈内标注数字，这是故障诊断用的检测点，用于故障诊断程序。

（3）下部区域。电路图下部区域为接地点代号和电器元件在电路图中的位置号，以便查阅。

1）接地点。如图 9-7 所示的“⑩”表示接地点，在水槽箱内。

2）电器元件在电路图中的位置号。如图 9-5 所示在最下方横线处标有“48 49

50……”一系列数字，表示它们所对应的电器元件的位置号。这一标号只是制图和识图的位置号，数字大小没有实际的物理意义。它的作用一方面是顺序表达整车电路的全部内容，便于每一个部分相互独立；另一方面便于查找电路图中的连续部分。

（4）连接部分。电路图中的连接部分可分为外线连接部分和内线连接部分。外线连接部分在图中以粗实线画出，集中在图的中间部分。每条线上都标有导线的颜色和横截面积。线端有接线柱号或插口号，标示其连接关系。如果导线是双色的，则以两种颜色的字母共同标注，主色（所占面积大者）在先，辅助色在后，如红/蓝，紫/绿，紫/红，紫/蓝等，有的用英文的缩写字母表示，如 ws/sw，sw/ge 等，其中 ws = 白色，sw = 黑色，ro = 红色，br = 棕色，gn = 绿色，bl = 蓝色，gr = 灰色，li = 紫色，ge = 黄色。导线的横截面积以数字标示在导线颜色上方，如 2.5，1.0，0.5 等，单位为“mm”。横截面积的大小表示导线的粗细，是导线的身份标志之一。

内线连接部分在电路图上以细线画出，这种内容连接不存在内部实际的电路，标示电路只是为了说明这种连接关系，便于进行原理和电路分析。如图 9－6 所示故障诊断用的检测点。弄清了电路图上的上述特点，按照读图要领去识读电路图，并结合电路图下方的注解和说明，读懂电路图就容易多了。识读一定数量的电路图后，就会发现不同车型全车电路具有一定的共同点，及时归纳整理共性及差异，举一反三，就能熟练地掌握电路图的识读难题。

（5）电路符号说明。大众汽车电路符号说明如表 9－1 所示。

三、识读汽车电路图方法

（1）认真读几遍图注。图注说明了该汽车所有电气设备的名称及其数码代号，通过读图注可以初步了解该汽车都装配了哪些电气设备，然后通过电气设备的数码代号在电路图中找出该电气设备，再进一步找出相互连线、控制关系。

（2）牢记电气图形符号。汽车电路图是利用电气图形符号来表示其构成和工作原理的。因此，必须牢记电路图形符号的含义，才能看懂电路原理图。

（3）熟记电路标记符号。为了便于绘制和识读汽车电器电路图，有些电器装置或其接线柱等上面都赋予了不同的标志代号。

（4）牢记汽车电路特点。单线制、负极搭铁、用电设备并联、两个电源。

（5）牢记回路原则。任何一个完整的电路都是由电源、熔断器、开关、控制装置、用电设备、导线等组成。电流流向必须从电源正极出发，经过熔断器、开关、控制装置、导线等到达用电设备，再经过导线（或搭铁）回到电源负极，才能构成回路。因此电路读图时，有三种思路。

思路一：沿着电路电流的流向，由电源正极出发，顺藤摸瓜查到用电设备、开关、控制装置等，最后回到电源负极。

思路二：逆着电路电流的方向，由电源负极（搭铁）开始，经过用电设备、开关、控制装置等，最后回到电源正极。

思路三：从用电设备开始，依次查找其控制开关、连线、控制单元，到达电源正极和搭铁（或电源负极）。实际应用时，可视具体电路选择不同思路，但有一点值得注意：

表 9－1　　大众汽车电路符号说明

符号	名称	符号	名称
	手动开关 车内灯开关、内部锁开关		线圈 防盗器读出线圈
	手动按钮开关 喇叭按钮、点烟器按钮		发光二极管
	点火开关、灯开关 手动多级开关		二极管
	电阻		蓄电池
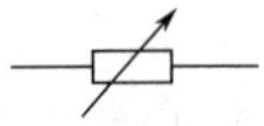	可变电阻 节气门传感器、燃油表传感器	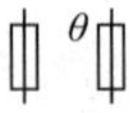	保险丝
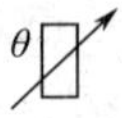	热敏电阻 进气温度传感器、 冷却液温度传感器	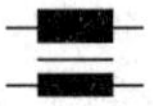	点火线圈
	加热器加热电阻		火花塞
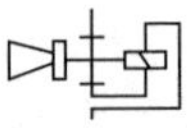	喇叭		电子控制器
	电磁阀		指针式仪表
	速度传感器		继电器
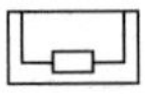	感应式速度传感器	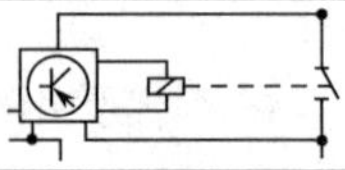	电子控制式 继电器
	机械控制开关 车门接触开关、制动灯开关	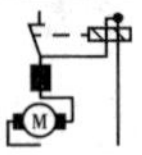	起动机
	热敏开关 风扇热敏开关、 座椅调整电机热敏开关	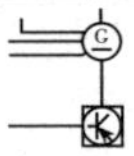	带电压调节器 的交流发电机
	压力开关 机油压力开关、空调压力开关	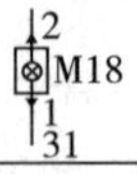	灯泡
	电机	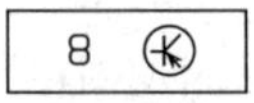	数字式时钟
			多功能显示器

随着电子控制技术在汽车上的广泛应用，大多数电气设备电路同时具有主回路和控制回路，读图时要兼顾两回路。

（6）浏览全图，分割各个单元系统，读懂汽车电路图。首先必须掌握组成电路的各个电器元件的基本功能和电器特性。在大概掌握全图的基本原理的基础上，再把一个个单元系统电路分割开来，这样就容易抓住每一部分的主要功能及特性。在框划各个系统时，一定要遵守回路原则，注意既不能漏掉各个系统中的组件，也不能多框划其他系统的组件。一般规律是：各电气系统只有电源和总开关是公共的，其他任何一个系统都应是一个完整的独立的电器回路，即包括电源、开关（保险）、电器（或电子电路）、导线等。从电源的正极经导线、开关、熔丝至电器后搭铁，最后回到电源负极。

（7）熟记各局部电路之间的内在联系和相互关系。从整车电路来讲，各局部电路除电源电路公用外，其他单元电路都是相对独立的，但它们之间也存在着内在联系（如信号共享）。因此，识图时，不但要熟悉各局部电路的组成、特点、工作过程和电流流经的路径，还要了解各局部电路之间的联系和相互影响。这是迅速找出故障部位、排除故障的必要条件。

（8）掌握各种开关在电路中的作用。对多层多挡接线柱的开关，要按层、按挡位、按接线柱逐级分析其各层各挡的功能。有的用电设备受两个以上单挡开关（或继电器）的控制，有的受两个以上多挡开关的控制，其工作状态比较复杂。当开关接线柱较多时，首先抓住从电源来的一两个接线柱，再逐个分析与其他各接线柱相连的用电设备处于何种挡位，从而找出控制关系。对于组合开关，实际电路是在一起的，而在电路图中又按其功能画在各自的局部电路中，遇到这种情况必须仔细研究识读。

（9）全面分析开关、继电器的初始状态和工作状态。在电路图中，各种开关、继电器都是按初始状态画出的。即按钮未按下、开关未接通、继电器线圈未通电，其触点未闭合（指常开触点），这种状态称为原始状态。在识图时，不能完全按原始状态分析，否则很难理解电路的工作原理，因为大多数用电设备都是通过开关、按钮、继电器触点的变化而改变回路的，进而实现不同的电路功能。所以，必须进行工作状态的分析。

（10）掌握电器装置在电路图中的位置。大量电器装置是机电合一的，在电路图上表示时，厂家为了使画法既简单又便于识图，多根据实际情况采用集中或分开表示法。集中表示法是把一个电器装置的各组成部分在图上集中绘制的一种表示方法。此法仅适用于较简单的电路。分开表示法，如把继电器的线圈、触点分别画在不同的电路中，用同一文字符号或数字符号将分开部分联系起来。

（11）先易后难。有些汽车电路图的某些局部电路可能比较复杂，一时难以看懂，可以暂时将其放一放，待其他局部电路都看懂后，结合看懂图中与该电路有联系的有关信息，再来进一步识读这部分电路。

（12）注意搜集资料和经验积累。对于看不懂的电路要善于请教有关人员，同时还要善于查找收集相关资料，注意深入研究典型汽车电路，做到触类旁通，特别注意实际工作经验的积累，新技术、新工艺的应用和创新。此外，汽车电子控制系统越来越多，其读图方法除以上所述要领适用外，以下方法与步骤对汽车电子控制系统的读图很有帮助。要以电控系统的 ECU 为中心，因为这是整个系统的控制中心，所有电器部件都必然与这里发生关系。对 ECU 的各个接脚有大致印象，要弄清楚分为几个区域，各区接脚排列的规律。找出该系统给 ECU 供电的电源线有哪些，注意一般 ECU 都不止一根电源线，要弄清楚各电源线的供电状态（如常火线或开关控制）。找出该系统的搭铁线有哪些，注意分清哪些是在ECU内部搭铁，哪些是在车架上搭铁，哪些是在各总成机体上搭铁。找出哪些是系统的信号输入传感器，各传感器是否需要电源，并找出相应的电源线，该传感器哪里搭铁。找出系统的执行器有哪些，弄清电源供给和搭铁情况，电脑控制执行器的方式（控制搭铁端或电源端）。

任务实施

一、实施环境

（1）汽车实训基地。

（2）大众或别克发动机及全车电路示教台4台。

（3）常用工具4套，万用表12只、导线若干。

二、实施步骤

1. 汽车电路图特点及读图要领介绍

（1）特点。

（2）读图要领。

（3）继电器位置编号与名称。

（4）全车电路识读。

①电源系统电路。

②启动系统电路。

③点火系统电路。

④灯光系统电路。

⑤辅助系统电路。

2. 各系统故障诊断要点

（1）电源系统故障诊断：不充电，充电压过低故障。

（2）启动系统故障诊断：不启动、运转无力、工作异响故障。

（3）点火系统故障诊断：高压无火、火花弱、点火不正时等故障。

（4）灯光系统故障诊断：前照灯不亮、转向灯不工作（闪烁）、小灯不工作、组合开关坏等故障。

（5）辅助系统：A喇叭不响，B仪表（机油、水温、燃油）故障，C点烟器不工作故障。

任务工单

任务 9－1　　　　**汽车电气电路**

<table>
<tr><td>班级</td><td></td><td>姓名</td><td></td><td>学号</td><td></td></tr>
<tr><td>地点</td><td colspan="3"></td><td>等级</td><td></td></tr>
<tr><td>任务目的</td><td colspan="5"></td></tr>
<tr><td>任务过程</td><td colspan="5">1. 识读下列电路符号的含义。
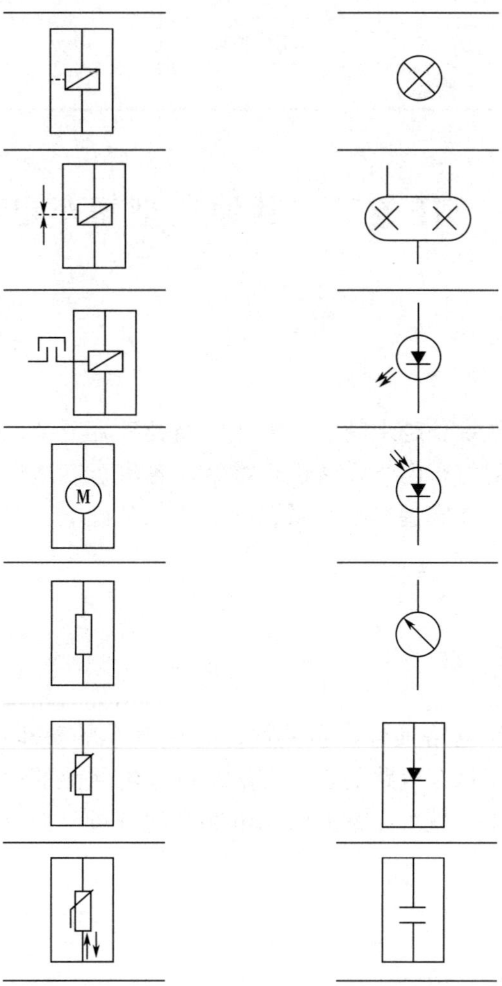
2. 汽车电路图的分类有哪些？

3. 汽车电路图识读原则是什么？

4. 汽车电路图读图的思路主要有哪些？</td></tr>
</table>

续表

<table>
<tr><td rowspan="9">考核评价</td><td colspan="2">考评项目</td><td>分值</td><td>教师考核</td><td>备注</td></tr>
<tr><td rowspan="3">素质考评</td><td>团队协作</td><td>10 分</td><td></td><td></td></tr>
<tr><td>语言表达</td><td>10 分</td><td></td><td></td></tr>
<tr><td>实训纪律</td><td>10 分</td><td></td><td></td></tr>
<tr><td rowspan="4">过程考评</td><td>工具使用</td><td>10 分</td><td></td><td></td></tr>
<tr><td>任务实施</td><td>30 分</td><td></td><td></td></tr>
<tr><td>完成情况</td><td>20 分</td><td></td><td></td></tr>
<tr><td>工位整理</td><td>10 分</td><td></td><td></td></tr>
<tr><td>合计</td><td colspan="4"></td></tr>
</table>

任务二　其他典型轿车电路分析

任务描述

现代汽车电气设备越来越多，电气电路越来越复杂，这就要求必须能够读懂汽车电路图，才有可能对汽车电气设备进行维修。各汽车制造厂绘制的电路图不尽相同，但识图原则基本相同。在掌握典型车系识读方法的基础上，对其他车系的电路图就可以触类旁通。

任务分析

不同车型全车电路具有许多共性，各国汽车的整车电路形式大致可划分为几种类型。因此在掌握了汽车电路的表达方法、汽车电路图的识读原则和方法、典型汽车电路特点等知识基础上，就可以掌握汽车电路图的分析与识读，为解决汽车故障打下良好的基础。

知识链接

一、通用车系电路分析举例

上汽通用汽车 ABS 系统电源、搭铁和串行数据电路如图 9－8 所示，分析过程如下：

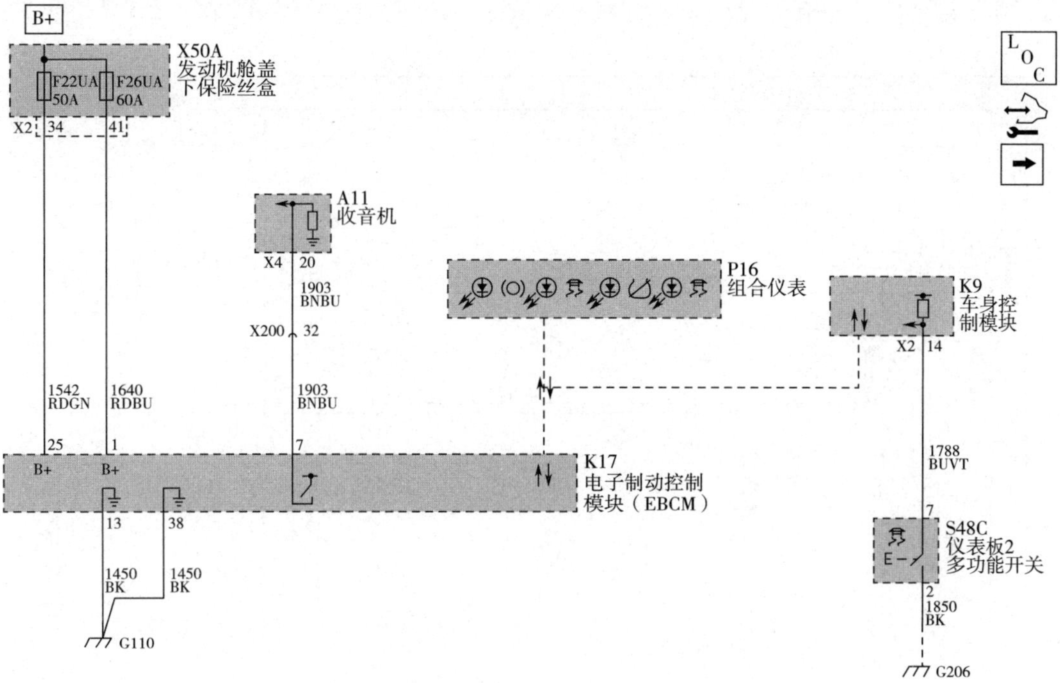

图 9－8　上汽通用汽车 ABS 系统电源、搭铁和串行数据电路

（1）制动警告指示灯。发生以下情况时，组合仪表会点亮制动警告指示灯：组合仪表执行灯泡检测；电子制动控制模块检测到泵电机和电磁阀故障、内部硬件故障或者电池电压过高或过低，会发送串行数据至组合仪表请求点亮指示灯，车身控制模块（BCM）检测到驻车制动器已接合，组合仪表接收到来自车身控制模块请求点亮指示灯的串行数据信息。

（2）防抱死制动系统指示灯。发生以下情况时，防抱死制动系统会点亮防抱死制动系统指示灯：组合仪表执行灯泡检测；电子制动控制模块检测到防抱死制动系统停用故障时，发送串行数据信息至组合仪表请求点亮指示灯。

（3）牵引力控制/稳定性控制启用指示灯。发生以下情况时，组合仪表会点亮牵引力控制/稳定性控制启用指示灯：组合仪表执行灯泡检测，防抱死制动系统处于牵引力控制或稳定性控制模式，电子制动控制模块检测到牵引力控制/稳定性控制禁用故障，发送串行数据信息至组合仪表请求点亮指示灯。

（4）牵引力控制停用指示灯。发生以下情况时，组合仪表点亮牵引力控制停用指示灯：组合仪表执行灯泡检测；驾驶员按下牵引力控制开关，手动停用牵引力控制系统；电子制动控制模块向组合仪表发送串行数据信息，请求点亮指示灯。

（5）稳定性控制停用指示灯。发生以下情况时，组合仪表点亮稳定性控制停用指示灯：组合仪表执行灯泡检测；驾驶员按下牵引力控制开关，手动停用稳定性控制系统；电子制动控制模块向组合仪表发送串行数据信息，请求点亮指示灯。

二、雪铁龙车系电路分析举例

雪铁龙轿车车内照明系统控制电路如图 9－9 所示，分析过程如下。

（1）阅读灯工作电路。点火开关打到 A 挡或 M 挡时，阅读灯才可以工作，其工作电路为：

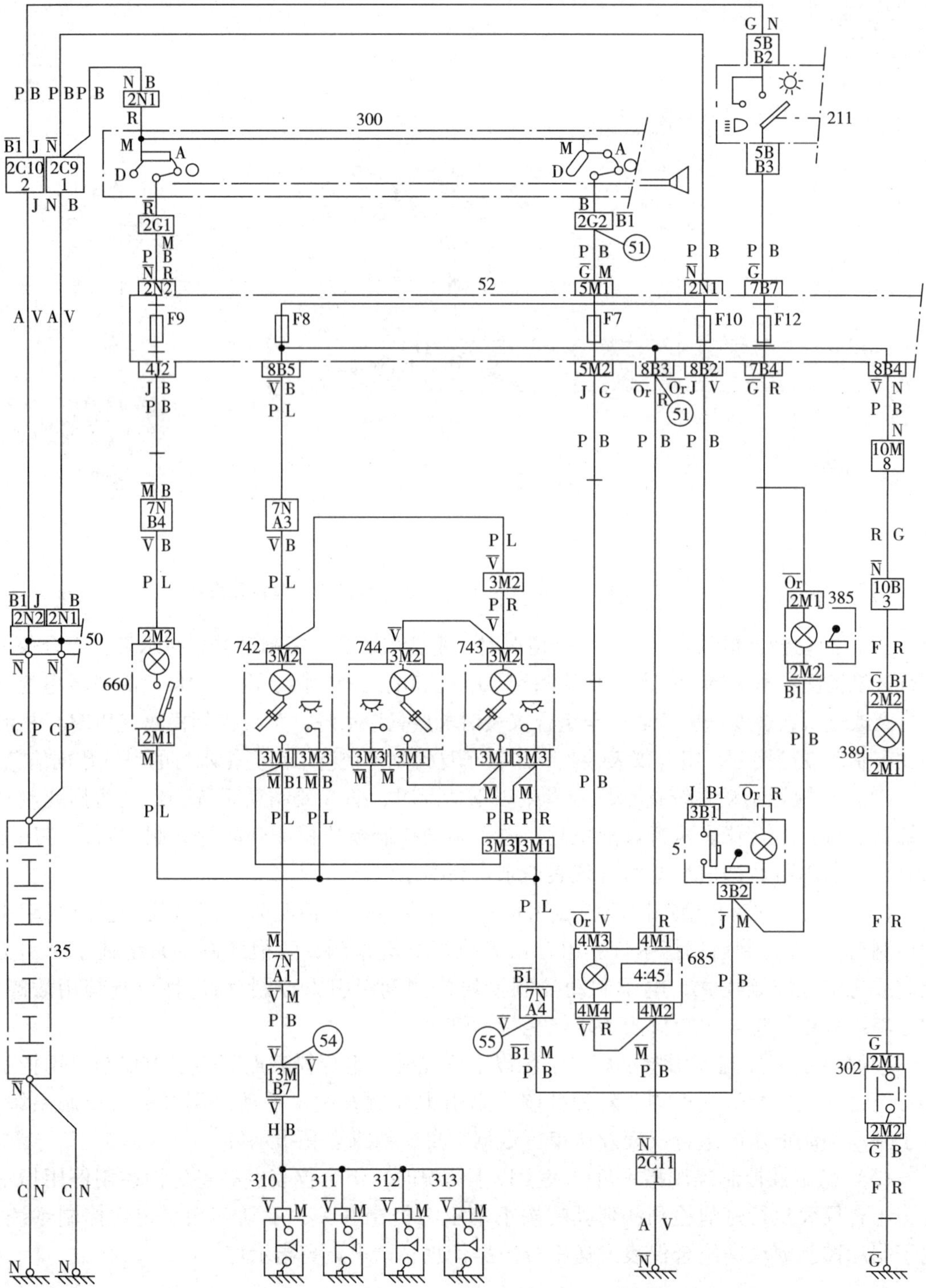

图 9-9　雪铁龙轿车车内照明系统控制电路

蓄电池正极→黑色的蓄电池正极电缆线→发动机罩下熔断器盒50→黑色2脚插接器的1号线→前围板插接器的第9组2脚插头的1号线→仪表板线束PB的黑色线→黑色2脚插接器的1号线（点火开关供电端）→点火开关300→灰色2脚插接器的1号线（点火开关输出端）→驾驶室内熔断器盒52中的黑色2脚插接器的2号线→熔断器F9→柠檬黄色4脚插接器的2号线→黑色7脚双排插接器的B列第4号线→顶灯线束PL→阅读灯660→黑色7脚双排插接器的A列第4号线→仪表板线束PB→前围板插接器的第11组2脚插头的1号线→前部线束AV→搭铁→蓄电池负极。

（2）前顶灯工作电路。前顶灯的工作不受点火开关的控制，但可以监测车门的关闭。当前顶灯开关打至监测挡，车门未关闭时前顶灯亮。前顶灯监测车门关闭的工作电路为：蓄电池正极→黑色的蓄电池正极电缆线CP→发动机罩下熔断器盒50→黑色2脚插接器的1号线→前围板插接器的第9组2脚插头的1号线→仪表板线束PB的黑色线→驾驶室内熔断器盒52中的黑色2脚插接器的1号线→熔断器F8→白色8脚插接器的5号线→黑色7脚双排插接器的A列第3号线→顶灯线束PL→前顶灯742（开关打至监测挡）→黑色7脚双排插接器的A列第1号线→仪表板线束PB→栗色13脚双排插接器的B列第7号线→驾驶室线束HB→任一门控开关310、311、312、313（车门未关闭时开关闭合）→搭铁→蓄电池负极。

（3）点烟器照明工作电路。点烟器照明灯受灯光开关控制，灯光开关打开时，点烟器照明灯亮。其工作电路为：蓄电池正极→黑色的蓄电池正极电缆线→发动机罩下熔断器盒50→黑色2脚插接器的2号线→前围板插接器的第10组2脚插头的2号线→仪表板线束PB→白色5脚双排插接器的B列第2号线→组合开关211（灯光开关打开）→白色5脚双排插接器的B列第3号线→驾驶室内熔断器盒52中的白色7脚插接器的7号线→熔断器F12→白色7脚插接器的4号线→前点烟器5的照明灯与前烟灰缸照明灯385（二者并联）→白色3脚插接器的第3号线→仪表板线束PB→前围板插接器的第11组2脚插头的1号线→前部线束AV→搭铁→蓄电池负极。

任务实施

一、实施环境

（1）汽车实训基地。

（2）大众或别克发动机及全车电路示教台4台。

（3）笔、绘图纸。

二、实施步骤

1．大众汽车电路识读与拆画

（1）电源系统。

（2）启动系统。

（3）点火系统。

（4）燃油喷射控制系统。
（5）照明与信号系统。
（6）空调控制系统。
2. 别克汽车电路识读与拆画
（1）电源系统。
（2）启动系统。
（3）点火系统。
（4）燃油喷射控制系统。
（5）照明与信号系统。
（6）空调控制系统。

任务工单

任务 9－2　　　　典型汽车电路识读

<table>
<tr><td>班级</td><td></td><td>姓名</td><td></td><td>学号</td><td></td></tr>
<tr><td>地点</td><td colspan="3"></td><td>等级</td><td></td></tr>
<tr><td>任务目的</td><td colspan="5"></td></tr>
<tr><td>任务过程</td><td colspan="5">1. 识读下列汽车电路

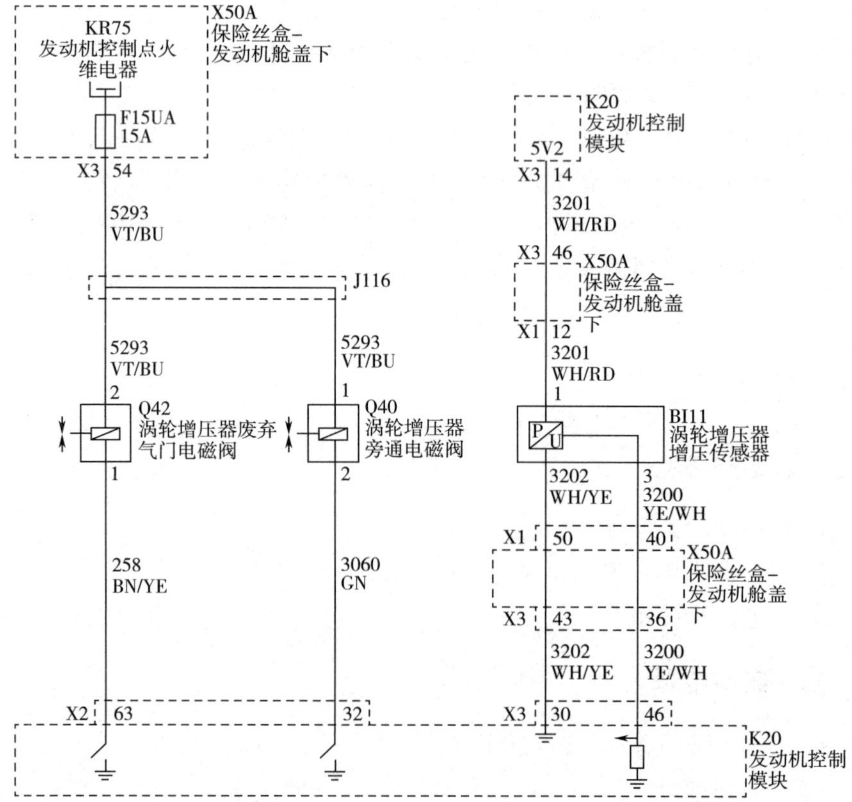

该电路是控制电路，电路解读：</td></tr>
</table>

续表

<table>
<tr><td>任务过程</td><td colspan="5">2. 识读下列汽车电路
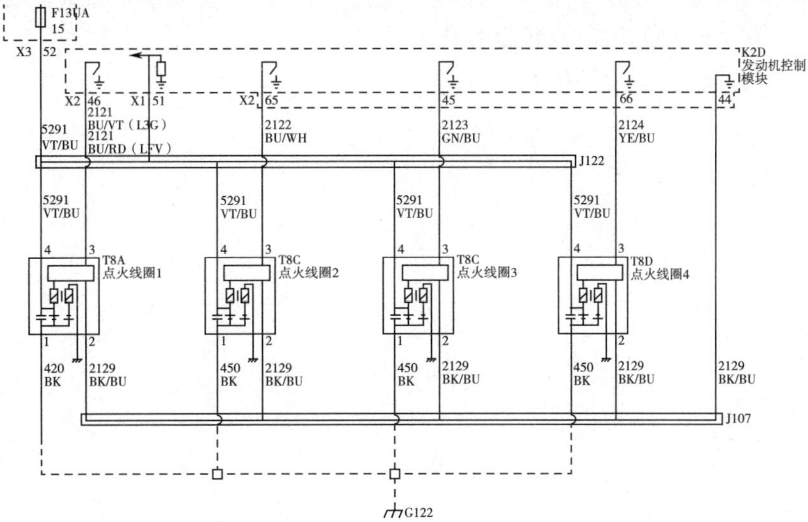
该电路是控制电路，电路解读：</td></tr>
<tr><td rowspan="9">考核评价</td><td colspan="2">考评项目</td><td>分值</td><td>教师考核</td><td>备注</td></tr>
<tr><td rowspan="3">素质考评</td><td>团队协作</td><td>10 分</td><td></td><td></td></tr>
<tr><td>语言表达</td><td>10 分</td><td></td><td></td></tr>
<tr><td>实训纪律</td><td>10 分</td><td></td><td></td></tr>
<tr><td rowspan="4">过程考评</td><td>工具使用</td><td>10 分</td><td></td><td></td></tr>
<tr><td>任务实施</td><td>30 分</td><td></td><td></td></tr>
<tr><td>完成情况</td><td>20 分</td><td></td><td></td></tr>
<tr><td>工位整理</td><td>10 分</td><td></td><td></td></tr>
<tr><td>合计</td><td colspan="4"></td></tr>
</table>

项目小结

汽车电路识读是汽车维修过程中的一项重要的基本技能，本项目讲述了汽车电气电路的识读方法，包括汽车电路的类型、汽车电路的读图要领、汽车电路识读的基本原则等。最后以现在常见车型的电路为例进行了汽车电气各系统电路识读的讲解。通过本项目学习后，应能利用汽车电路的基本识读要领，分析和排除汽车电气系统电路故障，为汽车检测与故障诊断打下良好的基础。

思考题

1. 汽车电路的分类有哪几种？
2. 汽车电路的识读要领是什么？
3. 汽车电路识读的原则是什么？

参考文献

［1］郝孟军，陈丹．汽车电气设备原理与检修［M］．北京：机械工业出版社，2018.

［2］尹万建．汽车电气设备原理与检修［M］．北京：高等教育出版社，2008.

［3］贺剑，刘金华．汽车空调结构与检修［M］．北京：北京理工大学出版社，2010.

［4］麻友良．汽车照明、信号及仪表系统原理与故障检修实例［M］．北京：机械工业出版社，2011.

［5］于万海．汽车电气设备原理与检修［M］．北京：电子工业出版社，2014.

［6］凌永成．汽车空调技术［M］．北京：机械工业出版社，2015.

［7］高洪一，康国初．汽车电子技术［M］．北京：北京交通大学出版社，2007.

［8］康腊德·莱夫．BOSCH 汽车工程手册：第 4 版［M］．魏春源，译．北京：北京理工大学出版社，2016.

［9］赵亦林．车辆定位与导航系统［M］．北京：电子工业出版社，1999.

［10］轩浩．大众汽车电路维修速查手册［M］．北京：化学工业出版社，2015.

［11］郝军．汽车自动空调［M］．北京：高等教育出版社，2007.

［12］姚美红，陈燕．丰田车系电气系统维修手册［M］．辽宁：辽宁科学技术出版社，2015.

［13］史文库．现代汽车新技术［M］．北京：国防工业出版社，2006.

［14］赵振宁．汽车电气构造、原理与检修（下）：汽车电气辅助设备［M］．北京：北京理工大学出版社，2015.